L'ALUMINIUM

FABRICATION, EMPLOI, ALLIAGES

BIBLIOTHÈQUE DES ACTUALITÉS INDUSTRIELLES. No 48.

L'ALUMINIUM

FABRICATION, EMPLOI, ALLIAGES

PAR

M. Adolphe MINET

Avec 38 figures dans le texte.

PARIS

BERNARD TIGNOL, ÉDITEUR
LIBRAIRIE SCIENTIFIQUE, INDUSTRIELLE & AGRICOLE
Acquéreur des Publications Eugène Lacroix
53BIS, QUAI DES GRANDS-AUGUSTINS, 53BIS

AVANT-PROPOS

La production industrielle de l'aluminium a subi, depuis quelques années, de nombreuses modifications ; des progrès considérables ont été réalisés sur la méthode chimique d'Henry Sainte-Claire Deville, par Castner, Netto, en Angleterre, Grabau en Allemagne ; d'autres procédés, où l'électricité joue un rôle prépondérant, ont pris naissance et se sont rapidement développés.

Ces derniers nous paraissent devoir être exclusivement employés, en raison de leur simplicité.

En fait, c'est grâce aux méthodes électriques que le prix de l'aluminium a pu être abaissé au taux actuel, qui est de 15 francs le kilogramme.

Ce chiffre ne doit pas être considéré comme un minimum. De nouveaux perfectionnements nous font entrevoir qu'avant peu de temps la valeur de l'aluminium sera voisine de 10 francs le kilogramme, pour ne parler que du métal pur. Pour ce qui concerne les alliages, leur valeur au titre de l'aluminium sera sensiblement plus faible en raison de la facilité avec laquelle ils peuvent être obtenus.

Parmi ces alliages, ceux qui sont appelés au plus grand avenir sont les *ferro-silicium-aluminium* utilisés dans l'affinage de l'acier et les *silicium-aluminium*, spécialement préconisés par nous, qui pourront remplacer l'acier doux dans nombre de constructions mécaniques où la légèreté est le facteur principal.

L'étude des procédés électriques présente un grand intérêt en ce sens que, le problème se trouvant résolu pour un métal, il sera facile de généraliser les méthodes nouvelles et de les appliquer aux autres branches de la chimie, ainsi qu'à l'industrie métallurgique ; par exemple, à la fonte des métaux, la formation des alliages, etc.

Si les méthodes purement chimiques ont reçu leurs plus grands perfectionnements en Angleterre, en revanche, c'est à la France et aux États-Unis que revient l'honneur d'avoir pris l'initiative des procédés électriques, et d'en avoir fait les premiers une application industrielle ; il convient également de citer la Suisse, où l'on exploite, depuis l'année 1888, un des procédés français.

Il est facile de faire ressortir les raisons pour lesquelles les méthodes basées sur l'emploi de l'électricité devaient entrer rapidement en faveur, en France et aux États-Unis.

Pour la première de ces deux nations surtout, la question est d'une importance de premier ordre.

On s'en rendra compte en parcourant les tableaux suivants qui donnent : les deux premiers, l'état comparatif de la richesse minérale de tous les pays, pour l'année 1889 ; les autres, le détail des produits bruts obtenus dans les mines et les usines métallurgiques, pour les quatre premières nations, par ordre d'importance :

TABLEAU I

Richesse minérale en 1889 (par nations)

	Années	Valeur en francs
Angleterre et colonies	1889	2.758.999.800
États-Unis	1888	2.586.479.000
Allemagne	1889	978.677.000
France et colonies	1889	411.875.000
Russie	1887	316.586.000
Mexique	1889	291.529.000
Belgique	1889	277.377.000
Autriche-Hongrie	1889	272.053.000
Espagne et Cuba	1888	182.800.500
Chili	1888	128.611.000
Hollande et Détroits	1888	68.943.000
Italie	1888	57.390.000
Bolivie	1889	51.635.000
Suède	1888	46.999.000
Chine	1888	46.350.000
Japon	1888	39.823.000
République Sud-Africaine	1889	34.112.000
Luxembourg	1880	26.421.000
Colombie	1889	20.600.000
Pérou	1888	17.161.000
Vénézuéla	1889	14.790.000
Amérique centrale	1888	11.973.000
Norvège	1885	2.832.000
Grèce	1887	3.875.000
République Argentine	1888	3.237.000
Brésil	1889	2.293.000
Suisse	1881	1.625.000
Portugal	1885	282.084
Valeur totale		8.656.000.000

Dans la richesse minérale, on comprend : les combustibles minéraux (houille, anthracite, lignite, tourbe) ; les minerais bitumeux, les naphtes et pétroles, le sel gemme ou sel marin, les métaux à l'état de fonte, quelle que soit l'origine des minerais traités.

Il est intéressant de connaître les proportions avec lesquelles entre chacun des produits dans la production minière du monde entier.

TABLEAU II (1)

Richesse minérale en 1889 (par produits)

Nature des produits	Quantité		Valeurs en francs
Combustibles minéraux..	484.809.000	ton.	4.067.455.000
Fonte................	24.217.000	—	1.673.213.000
Argent...............	4.242.018	kilos	870.922.800
Or...................	181.420	—	585.997.000
Cuivre	368.930	ton.	510.932.000
Plomb...............	6300016	—	249.953.000
Naphte et Pétrole......	68.343	—	200.855.000
Zinc	349.112	—	165 095.000
Sel gemme et sel marin..	8.474.700	—	140.683.000
Étain	34.771	—	94.102.700
Soufre	540.840	—	26.351.000
Mercure..............	3.990	—	23.146.000
Minerais bitumineux.....	2.488.345	—	20.843.284
Platine..............	4.400	kilos	8.800.000
Graphite.............	43.052	ton.	6.422.600
Nickel...............	837	—	4.959.000
Cobalt	509	—	3.941.000
Antimoine	1.578	—	1.891.000
Arsenic..............	12.627	—	1.155.000
Aluminium...........	29	—	1.267.000
Bismuth	18	—	99.600
Manganèse...........	16	—	53.000
Valeur totale...........			8.656.000.000

Les combustibles minéraux viennent en tête et

(1) Voir, pour plus nombreux détails, le journal *La Lumière électrique*, numéros des 20 septembre, 18 octobre 1890, 23 mai, 20 juin 1891.

représentent presque la moitié, en valeur, de la richesse minérale totale; puis, vient la fonte.

En l'état actuel de l'industrie, l'avantage, au point de vue métallurgique, devait rester aux nations qui possèdent le plus de ces produits.

Les deux pays les plus favorisés sont ainsi l'Angleterre et les États-Unis.

L'Angleterre occupe le premier rang.

Angleterre et Colonies (1888)

Grande-Bretagne, Irlande, Guyane, Canada, Terre-Neuve, la Trinité, Australie, Tasmanie, Nouvelle-Zélande, le Cap, Possessions anglaises en Asie et en Afrique.

Nature des produits	Quantité		Valeur en francs
Combustibles minéraux..	188.028.000	ton.	1.801.551.000
Minerais bitumineux	2.135.000	—	16.239.000
Naphte et pétrole.......	95.030	—	3.812.000
Sel gemme et sel marin .	3.082.700	—	38.798.000
Fonte................	8.478.800	—	516.437.000
Plomb...............	69.006	—	35.468.000
Zinc	19.412	—	9.840.000
Cuivre...............	86.900	—	124.124.000
Etain................	15.020	—	39.190.000
Antimoine............	53	—	82.000
Bismuth..............	18	—	99.000
Graphite.............	11.300	—	3.871.000
Aluminium	5.000	kilos	151.000
Argent...............	45.354	—	6.620.000
Or...................	52.789	—	161.663.800
Arsenic..............	12.627	ton.	1.155.000
Total...............			2.758.999.800

Etats-Unis (1888)

Nature des produits	Quantité		Valeur en francs
Combustibles minéraux..	134.825.000	ton.	1.082.317.000
Minerais bitumineux	48.000	—	1.707.000
Pétrole	3.522.000	—	126.683.000
Sel gemme et sel marin..	1.023.000	—	22.543 000
Fonte	5.593.000	—	551.058.000
Plomb....	154.000	—	82.013.000
Zinc	50.700	—	28.329.000
Cuivre	104.000	—	174.245.000
Antimoine	91	—	103.000
Mercure	1.145	—	7.278.000
Nickel	93	—	661.000
Cobalt...............	6	—	95.000
Fer chromé	1.500	—	103.000
Graphite..............	180	—	178.000
Aluminium............	7.000	kilos	335.000
Argent	1.555.486	—	332.927.000
Or...................	49.953	—	168.920.000
Total...............			2.586.479.080

Les États-Unis suivent de très près l'Angleterre. Sa richesse minérale est encore de beaucoup supérieure à celle du pays qui vient immédiatement après. Un seul métal manque à l'Amérique : l'étain. Or, l'aluminium peut remplacer ce métal dans un grand nombre d'alliages ; il était donc naturel que les États-Unis se préoccupassent des procédés nouveaux d'extraction de l'aluminium par l'électricité qui permettent d'obtenir ce métal tout à la fois en grande quantité et à bas prix.

Les procédés électriques, appliqués en Amérique dès l'année 1885, étaient dus à Cowles ; mais, on n'arrivait à produire, en suivant la méthode imaginée par cet ingénieur, que de l'aluminium allié avec le cuivre ou le fer et non un métal pur ; nous devons dire cependant qu'avec les procédés plus récents de Hall, exploités actuellement à Pittsbourg, les Américains ont réussi à produire de l'aluminium à l'état pur.

On sait combien se sont vite répandues, aux États-Unis, et dès le début, les applications de l'électricité à l'éclairage, à la transmission de la force, etc., etc.

Les applications de l'*électro-chimie* ont suivi, dans ce pays, la même marche ascendante.

A côté de l'intérêt que présente en elle-même l'électro-chimie, il existe toute une série de problèmes qui s'y rattachent et dont l'étude s'impose, aussi bien en France qu'en Amérique ; l'un des principaux se rapporte à l'utilisation des forces naturelles.

La quantité d'énergie nécessaire à la production d'un kilogramme d'alumiuium, variable du reste, peut devenir, avec certains procédés, assez considérable ; c'est ainsi qu'elle oscille entre 30 et 200 chevaux-heures.

Il importait, au premier chef, pour abaisser le prix de revient du métal, de réduire au minimum les dépenses de la force motrice qui actionne les générateurs d'électricité.

L'emploi des forces naturelles était tout indiqué ; aussi, les Américains installèrent-ils, dès le commencement, leurs usines d'électrométallurgie dans le voisinage de chutes d'eau puissantes qui donnaient la force nécessaire à l'industrie naissante.

Si cette partie du problème de l'électrométallurgie a son intérêt aux Etats-Unis, alors que la quantité des combustibles minéraux, extraite annuellement dans ce pays, est supérieure à celle que nécessite son industrie, combien est-elle plus importante pour la France, qui est tributaire, vis-à-vis de l'étranger, de plus de 10 millions de tonnes de houille, ce qui représente une somme annuelle de 200 millions de francs.

Toute industrie nouvelle, appelée à diminuer, en France, la consommation du combustible, soit par elle-même, soit en raison des progrès que son étude et son application apportent à l'utilisation des forces naturelles, doit être prise en sérieuse considération.

L'électrométallurgie de l'aluminium présente pour notre pays ce double intérêt.

La France a une richesse minérale très peu forte relativement à celle de l'Angleterre et des Etats-

Unis. Elle n'occupe que le quatrième rang, venant immédiatement après l'Allemagne.

Allemagne (1889)

Saxe, Bavière, autres pays allemands.

Nature des produits	Quantité		Valeur en francs
Combustibles minéraux.....	84.933.000	ton.	515.644.000
Minerais bitumineux	55.000	—	606.000
Naphte et pétrole	9.500	—	1.084.000
Sel marin................	1.038.000	—	17.632.000
Fonte	3.963.000	—	240.938.000
Plomb...................	101.000	—	31.553.000
Zinc	135.000	—	60.681.000
Cuivre	25.000	—	35.620.000
Etain....................	340	—	255.000
Manganèse...............	16	—	53.000
Antimoine	161	—	92.000
Nickel...................	282	—	1.472.000
Cobalt...................	499	—	3.696.000
Graphite.................	3.500	—	212.000
Argent...................	403.037	kilos	62.500.000
Or......................	1.958	—	6.722.000
Total................			978.677.000

France et colonies (1889)

Nature des produits	Quantité		Valeur en francs
Combustibles minéraux.....	24.304.000	ton.	253.197.000
Minerais bitumineux	215.000	—	1.486.000
Soufre....................	3.800	—	63.000
Sel marin................,...	777.400	—	14.525.000
Fonte	1.734.000	—	106.508.000
Plomb....................	5.400	—	1.627.000
Zinc	18.000	—	8.467.000
Cuivre....................	1.600	—	2.520.000
Antimoine	316	—	493.000
Nickel....................	330	—	1.700.000
Aluminium................	15.000	kilos	781.000
Argent	80.942	—	12.951.000
Or.......................	2.024	—	7.547.000
Total.................			411.875.000

Non seulement nous ne produisons pas d'étain,
ce qui nous place au même rang que l'Amérique au
point de vue de l'intérêt général qu'offre l'usage de
l'aluminium dans la formation des alliages, mais encore nous faisons venir de l'étranger la plus grande
partie des métaux usuels nécessaires à notre industrie, ainsi que le montrent les chiffres des importations et des exportations :

	Importation	Exportation
Plomb......................	61.249 ton.	10.569 ton.
Cuivre ou laiton..............	15.107 —	13.681 —
Zinc........................	27.786 —	5.606 —
Étain	5.705 —	651 —
Nickel.....................	582 —	
Antimoine	248 —	33 —
Mercure....................	168 —	5 —
Or { Battus, laminés, filé.	1.712 kilos	1.428 kilos
et Platine { Bijouterie, orfévrer.	1.801 —	2.792 —
Platine brut.................	1.341 —	116 —
Argent { Battu, laminé, filé....	1.167 —	5.512 —
Argent { Bijouterie, orfèvrerie .	6.546 —	14.375 —
Cendres et déchets d'orfèvre....	527.153 —	63.321 —

	Consommation	Rapport de la production à la consommation
Plomb...............	56.000 tonnes	10 %
Zinc.................	40.220 —	45
Cuivre[1]............	3.000 —	54 %
Étain...............	5.000 —	0
Nickel..............	835 —	40
Aluminium..........	15 —	100

L'aluminium est le seul métal que nous produisons en quantité suffisante pour nos besoins.

Il est possible que l'aluminium arrive à remplacer dans l'industrie, sinon complètement au moins en partie, un ou plusieurs métaux usuels ; l'étain cer-

(1) La consommation du cuivre pour l'année 1889 est tout à fait anormale ; les années précédentes elle atteignait un chiffre moyen dix fois plus grand, alors que la production ne dépassait guère 1600 tonnes ; par suite le rapport de la production à la consommation est normalement de 5 0/0 environ.

tainement ; pour une foule d'applications, le cuivre ; et pour quelques cas particuliers, l'acier.

La densité de l'aluminium n'étant que le tiers de celle de l'étain, la valeur de ces deux métaux sera la même *à volume égal* lorsque le prix de l'aluminium s'abaissera à 8 fr. 50 le kilogramme ; or, nous avons annoncé que le prix de l'aluminium serait de 10 fr. au commencement de l'année 1892 et qu'il tendra à diminuer encore. Nous ne sommes pas loin d'opérer déjà la substitution de l'aluminium à l'étain.

L'utilisation de l'aluminium dans l'industrie aura donc, pour première conséquence, d'apporter une diminution à nos importations métalliques.

D'autre part, l'installation d'usines importantes, mûes par les forces naturelles et établies spécialement pour l'électrométallurgie de l'aluminium, entraînera certainement la création d'industries similaires et favorisera l'extension des autres applications de l'électricité ; il en résultera par la suite une notable économie de combustible. En plus, il nous sera possible de traiter la totalité des minerais que nous extrayons, et d'importer des minerais étrangers même, pour en extraire électriquement les métaux qu'ils renferment.

Voici le mouvement des mines autres que les houillères pour la France et l'Algérie pendant l'année 1889 :

Importations et exportations (France)

	Importation	Exportation
Minerais de plomb........	3.975 tonnes	12.601 tonnes
Minerais de cuivre........	10.468 —	11.079 —
Minerais de zinc..........	35.682 —	20.468 —
Minerais de manganèse....	37.968 —	452 —
Minerais d'antimoine......	70 —	1.923 —
Minerais de nickel........	737 —	156 —
Minerais d'étain..........	413 —	140 —
Pyrite de fer.............	39.505 —	31.846 —
Minerais non dénommés....	6.904 —	202 —
Minerais d'or et de platine..	28.972 kilos	
Minerais d'argent.........	973.263 —	20.540 kilos

Exportations de l'Algérie

Minerais de cuivre............	4.512 tonnes en Angleterre
Minerais de zinc : 11.664 tonnes..	1.575 — en France
	9.139 — en Belgique
	650 — en Angleterre
	250 — en Italie
Minerais de plomb : 10.494 tonnes	11 tonnes en France
	9.552 — en Angleterre
	494 — en Belgique
	457 — en Espagne

En général, les importations de la France dépassent ses exportations, les minerais de manganèse, d'or, de platine et d'argent seuls font exception.

Il n'y a en effet aucun intérêt, pour la France, tant que les méthodes *électrométallurgiques* ne se seront pas généralisées, d'importer des minerais ; il faudrait en même temps demander à l'étranger le charbon que nécessiterait leur traitement ; d'où il résulterait une double manutention ; il est, par suite, plus avantageux d'importer les métaux bruts.

Presque la totalité des minerais extraits en Algérie va à l'étranger : en Belgique pour le zinc ; en Angleterre pour le cuivre et le plomb. Peut-être faut-il chercher la raison de ce qui paraît être une anomalie de prime abord dans ce fait que la Belgique et l'Angleterre tirent plus d'avantages à importer d'Algérie le minerais de cuivre et de zinc que nous n'en trouverions nous mêmes, par la raison que nous donnions plus haut relativement à l'importation des minerais en France.

Il n'y a, en résumé, qu'une seule solution et nous croyons qu'elle s'imposera pour un avenir plus ou moins prochain :

Emprunter aux forces naturelles l'énergie nécessaire pour mouvoir les machines électriques et traiter les minerais par l'électricité.

On peut se demander si la quantité d'énergie naturelle disponible et *facilement accessible*, sera suffisante pour satisfaire à tous les besoins de notre industrie transformée ; actuellement, on évalue à 800.000 chevaux vapeur. la puissance utilisée dans toutes les usines de la France ; or, c'est plusieurs millions de chevaux que peuvent fournir les forces naturelles de ce pays. Dans ce chiffre on ne comprend que les cours d'eau et les chutes d'eau ; l'énergie que pourrait fournir le mouvement des marées est indéfinie.

Il y a quelques années les stations hydrauliques étaient peu nombreuses ; si l'on ne tient pas compte des petites roues hydrauliques installées sur les cours d'eau et dont la force moyenne ne dépasse guère, en général, trente à quarante chevaux on n'en comptait qu'une seule d'une certaine importance. Celle deBellegrade, à la chute du Rhône, où il avait été installé deux turbines d'une puissance de 600 chevaux chacune. Cette force de 1200 chevaux ne représentait que la sixième partie environ de ce qui est réellement disponible.

Un peu plus tard M. Dumont installa également à Bellegarde, sur la Valserine, une usine hydraulique d'une puissance de mille chevaux ; le tiers seulement de la puissance disponible étant utilisé.

La première de ces stations devait fournir dans le principe, purement et simplement de l'énergie mécanique aux usines environnantes au moyen de câbles télédynamiques. L'usine de M. Dumont a été créée au contraire pour faire du transport de la force par l'électricité et de l'éclairage.

M. Dumont, peu après l'installation de l'usine de

Bellegarde, a établi dans le département de l'Ain, à Culoz, Tenay, etc., toute une série de stations hydrauliques dont la puissance varie entre 20 et 500 chevaux, destinées surtout à l'éclairage.

Tandis que l'éclairage électrique, pendant l'année 1889, se développait rapidement, la transmission de la force ne se manifestait guère que par les stations de Bourganeuf (Creuse), de Domènes à Revel (Isère) et de Saint-Ouen.

Dans les stations de Bourganeuf et de Saint-Ouen on utilise les machines de M. Marcel Deprez ; la première seule est mue par les forces naturelles.

L'installation de Domènes a été créée par M. Chevraut, avec la collaboration de M. Hillairet ; cette usine, où 300 chevaux étaient utilisés, subit en ce moment une transformation complète. M. Chevrault la porte à 2000 chevaux, qui seront transmis à Grenoble ; des postes recepteurs, la force pourra être distribuée aux diverses industrie de la ville et de ses environs (tannerie, ganterie, construction mécanique, etc.) la distance entre Grenoble et Domènes est de 14 kilomètres ; la force électromotrice de la génératrice sera de 3500 volts.

Cette nouvelle installation est confiée aux soins de MM. Hillairet et Bouvier.

M. Hillairet s'occupe également d'un transport de force à Bayel, près Bar-sur-Aube dont l'importance est de 200 chevaux transmis à 2 kilomètres ; et à Lahaye-Descartes, près de Tours, où 600 chevaux vapeur devront être rendus à 6,5 kilomètres. Cette dernière installation a été étudiée par M. Charles de Montgolfier.

C'est dans l'Isère et en Savoie que se trouveront certainement les plus grandes industries qui emprunteront aux forces naturelles leur puissance motrice.

La plus grande partie de l'énergie disponible sera appliquée à *l'électrochimie*.

A Froges près de Grenoble, il existe depuis l'année 1888 une usine où l'on exploite les procédés de MM. Héroult et Kiliani pour l'extraction de l'aluminium par l'électricité. Cette usine dispose d'une force de 400 chevaux.

Comme station type, on pourra citer celle qu'installent en ce moment MM. Chevrant et Bernard frères, à Saint-Michel, et qui sera d'abord appliquée à l'électrométallurgie de l'aluminium, avec la méthode de Creil.

La station de Saint-Michel, en raison de l'importance qu'elle acquerra bientôt, mérite qu'on s'y arrête.

Le cours d'eau utilisé est la Valloirette, petite rivière qui se jette dans l'Arc, à Saint-Michel même.

On opérera successivement deux dérivations ; la première, prise à 600 mètres environ de l'usine, fournira de l'eau à une hauteur de 133 mètres avec un débit de 3 m³5 par seconde ; 6000 chevaux en totalité dont 4000 chevaux électriques utiles.

Cette première installation servira principalement à l'électrométallurgie de l'aluminium par le procédé de Creil et au travail électrique des métaux en général.

Plus tard, cette dérivation étant supprimée, une nouvelle, prise sur la même rivière à un point beaucoup plus éloigné, amènera à l'usine une égale quantité d'eau (3,5 m. cubes) à une hauteur de 630 mètres 30000 chevaux en totalité, dont 20000 chevaux électriques utiles.

MM. Chevrant et Bernard frères fourniront à d'autres industries la force disponible, c'est-à-dire celle qui ne sera pas appliquée à l'électrométallurgie de l'aluminium ou d'autres métaux.

Ce sont MM. Bouvier, Hillairet et Joya qui sont chargés de cette installation.

La France possède-t-elle des minerais d'aluminium en quantité suffisante, pour le cas où les procédés électriques d'extraction de ce métal prendraient l'importance qu'on entrevoit ? On peut dès maintenant répondre affirmativement à cette question.

La statistique officielle indique que la quantité de minerais proprement dits d'aluminium extraite anlement en France est de 190000 tonnes ; elle est supérieure à celle qui est produite par toutes les autres nations réunies.

Ce chiffre peut être aisément dépassé chez nous, suivant la nécessité, alors que la production des autres pays est limitée à cause de la rareté des gisements.

Par minerai d'aluminium, nous entendons plus spécialement le *corindon*, les *bauxites* ou oxydes d'aluminium hydratés, la *cryolithe*.

La France possède peu de corindon ; pour ce minerai, l'Amérique est plus favorisée que notre pays ; nous n'avons également pas de *cryolithe*, ce minerai ne se trouve qu'au Groënland et il serait du reste difficile de baser une industrie sur la cryolithe ; le gisement unique que l'on connaît n'est sans doute pas illimité, mais la cryolithe ne renferme que 13 0/0 d'aluminium environ.

En revanche, la France est très riche en bauxites. Elle en extrait de deux sortes : la bauxite blanche et la bauxite rouge.

Un des principaux lieux de gisement de la bauxite blanche, d'après une étude effectuée par M. Francis Laur, se trouve à Villeveyrac (Héraut); 200.000 tonnes de minerai d'aluminium ont déjà été extraites dans cette localité.

La bauxite occupe en cet endroit une couche de

8 mètres d'épaisseur dans un bassin de 9 kilomètres de large, sur 10 à 12 kilomètres de long.

On trouve également, dans les départements du Var et des Bouches-du-Rhône, de la bauxite blanche au milieu de la bauxite rouge, et en quantité très importante.

Cette bauxite blanche est de même qualité que celle de Villeveyrac.

La bauxite rouge est en formation géologique dans les départements du Var, des Bouches-du-Rhônes, dans l'Ariège, dans le Puy-de-Dôme, etc.

Elle est subordonnée à des terrains sédimentaires parfaitement connus. Les points exploités sont au nombre de 50 à 60, et les couches atteignent parfois des épaisseurs de 30 à 40 mètres.

Les principaux centres de production sont les environs de Luc, le Thoronet, Brignoles.

Il y a aussi quelques gîtes de bauxite rouge aux Baux, près de Tarascon.

La composition de la bauxite blanche et de la bauxite rouge est sensiblement la même quant à la proportion d'alumine anhydre qui entre dans leur constitution et qui varie entre 70 et 80 0/0 de la masse totale.

Le reste est représenté par de l'eau, à l'état de combinaison, de la silice pour la bauxite blanche, des oxydes de fer pour la bauxite rouge. La bauxite blanche ou rouge vaut en moyenne 20 francs la tonne.

De toutes les considérations, on déduit que si l'aluminium est appelé à jouer un rôle important dans l'industrie métallurgique, la France sera une des nations les plus favorisées, puisqu'elle possède tout ce qui est nécessaire pour une production à bon marché de quantités considérables de ce métal.

La plupart des autres nations sont mêmes tributaires de notre pays. Nous expédions en Amérique, en Angleterre déjà, d'assez fortes proportions de minerai d'aluminium, et l'Allemagne nous prend annuellement 30.000 tonnes de bauxite rouge destinée en grande partie à la fabrication d'alumine hydratée.

Notre étude se divisera en trois parties : on s'occupera dans la *première partie* des principales méthodes et applications de la *métallurgie* et de l'*électro-métallurgie* en général ; des lois qui régissent ces deux sciences ; des principaux appareils employés actuellement dans l'industrie électrique. La *deuxième partie* aura trait plus spécialement aux procédés de fabrication de l'aluminium, mis en œuvre jusqu'à ce jour ; on y passera également en revue les diverses tentatives faites pour résoudre ce problème. La *troisième partie* comprendra l'étude des propriétés de l'aluminium pur et alliages, des usages et applications de ce métal à chaque état.

Le cadre de ce recueil ne permettant pas de nous étendre longuement sur tous les détails des méthodes employées et des appareils qui se rattachent au sujet traité, nous aurons soin, chaque fois que cela nous paraîtra utile, d'indiquer au lecteur les ouvrages et publications où il pourra trouver les renseignements complémentaires sur la question qui aura pour lui un intérêt particulier, tant au point de vue industriel que purement scientifique.

PREMIÈRE PARTIE

MÉTALLURGIE ET ÉLECTROMÉTALLURGIE

Ces deux sciences sont intimement liées à la chimie et à l'électricité ; elles en représentent les applications les plus importantes ; toutes deux s'occupent de l'extraction des métaux, de leurs minerais naturels, de leur affinage et du traitement des résidus de fabrication.

On donne le nom de *métallurgie* à l'ensemble des méthodes d'extraction et de travail des métaux où seuls, les agents mécaniques, caloriques et chimiques sont mis en jeu, et d'*électrométallurgie* au groupe des procédés où l'électricité apporte son aide sous l'une des formes de l'énergie (mécanique, lumineuse, calorique, chimique).

L'électrométallurgie fait partie d'une science plus générale : l'*électrochimie*, qui, comme son nom l'indique, s'occupe des applications de l'électricité à la chimie, comprenant ainsi la galvanoplastie, la formation des accumulateurs, l'étude des piles et les méthodes analytiques fondées sur l'électrolyse.

Principes et méthodes employés en métallurgie.

Les procédés métallurgiques sont basés sur un principe

général qui n'est autre que le principe du *travail maximum*, dans les réactions chimiques, énoncé par M. Berthelot.

« Lorsque plusieurs éléments ou composés chimiques se trouvent en présence et ne sont soumis à l'influence d'aucun agent extérieur, le *sens* des réactions est indiqué par le signe thermique ; *les réactions qui donnent lieu au plus grand dégagement de chaleur tendent à se former de préférence.* »

On peut, en se basant uniquement sur le principe du travail maximum, lorsqu'on connait les chaleurs de formation des composés possibles, c'est-à-dire des composés qui pourraient résulter de réactions entre les divers groupes d'éléments en présence, fixer *à priori* ces réactions et déterminer les combinaisons qui en seront la résultante. Il importe, toutefois, de tenir compte, dans le calcul, de l'influence du dissolvant et de l'état des corps en présence.

La réaction dans un grand nombre de cas ne peut se produire qu'avec le secours d'un agent étranger ; en métallurgie, cet agent est la chaleur.

Le principe du travail maximum peut là encore servir de guide à l'opérateur et permet de prévoir la réaction.

Si l'on en excepte les métaux alcalins et alcalino-terreux, l'aluminium et quelquefois l'argent, les principales méthodes appliquées en métallurgie, s'appuient sur le traitement des oxydes par le carbone ; ceux-ci existent le plus souvent tout formés dans le minerai ; dans les autres cas, les sels naturels sont transformés en oxyde par un grillage préalable.

Cette considération nous a amenés à établir un tableau comprenant la chaleur de formation des principaux oxydes avec cette condition que leur formule chimique soit ramenée à un seul équivalent d'oxygène, ce qui permet de les comparer entre eux, quel que soit leur degré d'oxydation.

TABLEAU III

Chaleur de formation des oxydes.

ÉLÉMENTS électro-positifs.	Molécules électrolytiques		Chaleur de formation	
	Formules	Poids	Etat solide	Etat dissous
		grammes	gr. calories	gr. calories
Or	$Au_{\frac{2}{3}}O$	74	-1.9	—
Argent (pro)	AgO	116	3.5	—
Argent (per)	$Ag_{\frac{2}{3}}O$	80	3.5	—
Platine	PtO	107	7.5	—
Palladium (per)	$Pd_{\frac{1}{2}}O$	34.5	7.6	—
Palladium (pro)	PdO	61	10	—
Carbone (pro)	CO	14	13	—
Mercure (per)	HgO	108	15.5	—
Cuivre (per)	CuO	39.7	20.2	—
Nickel (per)	$Ni_{\frac{2}{3}}O$	27.7	20.3	—
Cuivre (pro)	Cu^2O	71.4	21	—
Mercure (pro)	Hg^2O	208	21.1	—
Antimoine (per)	$Sb_{\frac{1}{5}}O$	32	22.9	—
Bismuth	$Bi_{\frac{1}{3}}O$	78	23	—
Thallium	TlO	212	21.5	20
Cobalt	$Co_{\frac{2}{3}}O$	27.7	35.1	—
Plomb	PbO	111.5	25.5	—
Antimoine (pro)	$Sb_{\frac{1}{3}}O$	48	27.9	—
Manganèse (per)	$Mn_{\frac{1}{2}}O$	21.8	29	—
Antimoine (hyp)	$Sb_{\frac{1}{4}}O$	38	31.1	—
Nickel (pro)	NiO	37.5	30.7	—
Fer (per)	$Fe_{\frac{2}{3}}O$	26.7	31.9	—

ÉLÉMENTS électro-positifs.	Molécules électrolytiques		Chaleur de formation	
	Formules	Poids	État solide	État dissous
		grammes	gr. calories	gr. calories
Cobalt (pro)	CoO	37.5	33	—
Cadmium	CdO	64	33.2	—
Fer magnétique	$Fe^{\frac{3}{}}O$	29	33.4	—
Étain (per)	$Sn^{\frac{1}{2}}O$	37.5	34	—
Étain (pro)	SnO	67	34.9	—
Fer (pro)	FeO	36	34.5	—
Hydrogène	HO	9	35.2	34.5
Zinc	ZnO	40.5	43.2	—
Manganèse (pro)	MnO	35.6	47.4	—
Potassium	KO	47.1	48.6	82.3
Carbone (per)	$C^{\frac{1}{2}}O$	11	50	49.8
Sodium	NaO	30	50.1	77.6
Silicium	$Si^{\frac{1}{2}}O$	15	54.8	51.9
Aluminium	$Al^{\frac{2}{3}}O$	17.1	65.3	—
Strontium	SrO	51.8	65.7	79.1
Baryum	BaO	76.5	x	x + 74
Calcium	CaO	28	66	75
Magnésium	MgO	29	74.9	—
Lithium	LiO	15	70	83.3

La place occupée par le carbone, dans le tableau, légitime le choix qu'on en a fait comme réducteur des oxydes des métaux proprement dits ; ces oxydes, en effet, dégagent moins de chaleur que le carbone, lorsqu'il se combine avec l'oxygène pour former de l'anhydride carbonique CO_2.

L'alumine ou oxyde d'aluminium Al_2O_3 ne peut être réduit d'après l'inspection du tableau que par le lithium, le magnésium et peut-être le calcium et le strontium.

Nous passerons, du reste, en revue les principaux procédés métallurgiques, en indiquant pour chaque classe les métaux qui y sont traités.

La métallurgie d'un métal subit deux phases bien distinctes :

1º *Préparation mécanique des minerais ;*

2º *Traitement métallurgique proprement dit.*

1º Préparation mécanique des minerais. — Les minerais ne sont pas des composés métalliques définis et purs de tout mélange. Les métaux qui entrent principalement dans leur composition, soit à l'état natif, soit à l'état de combinaison, sont mélangés avec des substances terreuses ou métalliques qui prennent le nom de *gangues.*

Ces derniers ayant une densité différente des composés métalliques, peuvent être séparés par des procédés purement mécaniques, au moyen d'opérations successives.

Les parties les plus riches sont séparées des plus pauvres et de celles qui sont complètement stériles. Les portions reconnues traitables sont ainsi divisées :

(*a*) Minerais bons à traiter aux usines ;

(*b*) Minerais à broyer gros, le mélange du minerai et de la gangue n'étant pas très intime ;

(*c*) Minerais à broyer fin, le mélange du minerai et de la gangue étant très intime.

Les appareils mécaniques au moyen desquels on opère ces diverses séparations se divisent en plusieurs groupes :

Appareils de broyage : Concasseur américain, cylindres broyeurs, meules, bocards.

Appareils de classement par grosseurs : Cribles, tramails.

Appareils fondés sur une chute libre ou un courant d'eau ascendant.

Appareils fondés sur la vitesse, le frottement : **Tables dormantes à balais, tables à toile, tables tournantes, tables dormantes ordinaires, tables Brunton et Rund-Ruddle.**

Appareils divers : **Cribles continus à secousses rapides, dits cribles de Hartz, tables à secousses.**

2º Traitements métallurgiques proprement dits. — Les traitements métallurgiques se divisent en deux classes principales :

1º *Méthodes par séparation ;*
2º *Méthodes par réduction.*

1º Méthode par séparation. — Elles comprennent deux groupes :

(*a*) *Voie sèche.* — (α) Extraction de l'or. Les minerais d'or se présentent sous la forme de sables où sont disséminées des particules d'or plus ou moins fines.

Lorsque ces particules ou pépites sont suffisamment grosses, leur séparation s'opère mécaniquement. On utilise le mercure pour retirer les parties de métal les plus fines.

Le mercure a la propriété d'absorber l'or en se combinant avec lui.

L'amalgame est recueilli et passé à travers une peau de chamois, puis distillé.

On peut absorber également l'or au moyen du plomb et opérer ensuite la coupellation.

(β) Extraction du cuivre natif.

(γ) Extraction du platine.

(*b*) *Voie humide.* — (α) Procédé d'amalgamation américaine de l'argent.

(β) Méthode de Hartz, appliquée dans les usines d'Ocker et de Lauthenthal. Le cuivre noir argentifère est dissous par l'action successive de l'air et de l'acide sulfurique, qui laisse l'argent à l'état métallique et qui transforme le cuivre à l'état de sulfate, lequel sera réduit par la fonte.

(γ) Minerais d'or traités par le chlore en dissolution ou même gazeux ; un lessivage sépare le chlorure d'or, et ce métal est précipité ultérieurement par l'hydrogène sulfuré ou le sulfate ferreux.

(δ) Il existe également quelques procédés où le métal à retirer fait partie d'un sel soluble et en est extrait par précipitation à l'état métallique ou à l'état d'oxyde.

(ε) Purification du mercure.

2⁰ Méthodes par réduction. — Appliquées directement aux minerais lorsque le métal à extraire s'y trouve à l'état d'oxyde, ou après un traitement transformant le sel naturel en oxyde.

Ce traitement consiste en une calcination préalable ou grillage.

(*a*) *Réduction par le carbone* :

Fer. — Oxyde magnétique ; en Laponie, Norwège, Suède, au Canada.

— Hématite rouge ou sesquioxyde ; dans l'île d'Elbe et le Devonshire.

— Hématite brune ou sesquioxyde hydraté.

— Carbonate spathique : Ersberg en Styrie.

— Fer argileux.

Cuivre. — Natif au lac supérieur, au Chili, au Pérou, en Bolivie, dans l'Oural, dans les Cornouailles, en Espagne (traité aussi par séparation mécanique).

— Cuivre oxydulé, dans l'Oural et l'Amérique du Sud.

— Carbonate brun, dans l'Hindoustan.

— Carbonate bleu ou azurite, à Chessy.

— Carbonate vert ou malachite : en Sibérie, sur les côtes d'Afrique, au sud du Sénégal, dans l'Amérique du Sud.

— Cuivre pyriteux (traité après grillage) ; à Rio-Tinto, Huelva, Agordo, Fahlun, Christiania, Saint-Bel, Freyberg, etc.

— Cuivre panaché ; sulfure de fer et sulfure de cuivre ; en Toscane, en Californie.

— Cuivre gris ou arsénio-sulfures et antimonio-sulfures, renfermant aussi du nickel, du cobalt, du plomb, du zinc.

Étain. — Oxyde d'étain ; dans le comté de Cornouailles, en Espagne, en Saxe. en Bohême, au Chili, au Mexique, aux Indes. En France, dans le Morbihan.

Zinc. — Oxyde rouge de zinc.

— Calamine ou carbonate de zinc.

— Blende ou sulfure de zinc.

Plomb. — Galène ou sulfure de plomb, souvent argentifère.

— La clausthalite ou séléniure de plomb.

— Le plomb carbonaté, sulfaté, chlorophosphaté, molybdaté.

Cadmium. — Sulfure de cadmium, qui se trouve mélangé au sulfure de zinc.

Chrome. — Chromate de plomb ; fer chromé.

Potassium. — Carbonate de potassium.

Sodium. — Carbonate de sodium.

Manganèse. — Oxydes.

(*b*) *Réductions par d'autres métaux* :

Potassium. — De la potasse par le fer.

Sodium. — De la soude par le fer.

Ammonium. — A l'état de gaz ammoniac par l'action de
la potasse ou de la soude sur le sulfate ou le chlorure d'ammonium.

Baryum. — De la baryte par le potassium.

Strontium. — De la strontiane par le potassium.

Calcium. — De la chaux par le potassium ; de l'iodure de
calcium par le sodium.

Magnésium. — Du chlorure anhydre du magnésium par
le sodium.

Aluminium. — Du chlorure anhydre d'aluminium par le
sodium ; du fluorure d'aluminium par le sodium ; du chlorure ou du fluorure d'aluminium
par le fer ou le cuivre (formation d'alliages).

De toutes ces réactions, il en est bien peu qui se produisent sans l'action de la chaleur ; dans tous les cas. l'agent
calorique est utile pour activer la réaction, la compléter,
pour séparer en un mot le métal des matières étrangères qui
l'accompagnaient dans le minerai, et des composés chimiques auxiliaires qu'on introduit souvent, sous la forme de
flux, de modérateur ou de diviseur, en même temps que
l'élément réducteur.

Dans quelles conditions peut-on employer purement et
simplement l'électricité au lieu et place des manipulations
ou réactions diverses qui font l'objet du traitement métallurgique ?

L'électricité peut agir, on le sait, suivant la manière dont
elle est utilisée comme *oxydant*, *réducteur*, et comme *véhicule* de la chaleur dont elle peut accumuler une grande
quantité en un point donné.

Étant données ces propriétés multiples, il était tout naturel qu'on cherchât à l'appliquer aux traitements des mine-

rais, à l'affinage des métaux, à leur travail, à la formation des alliages.

PRINCIPES ET MÉTHODES APPLIQUÉES EN ÉLECTRO-MÉTALLURGIE.

Définition.

Les composés chimiques à fonctions acides, basiques, amenés à un état particulier de *fluidité*, et rendus bons conducteurs de l'électricité, peuvent être décomposés par le passage d'un courant électrique.

Cette décomposition est le plus souvent accompagnée de réactions secondaires, comme la reconstitution totale ou partielle de la molécule chimique influencée par le courant, ou sa tranformation en des composés nouveaux aux dépens des parties séparées de la molécule même ou du milieu ambiant.

On donne le nom d'*électrolyse* à l'ensemble de ces phénomènes.

On appelle *électrolyte* le corps qui subit l'influence du courant.

La tige, le fil ou la plaque par laquelle entre le courant dans le bain *électrolytique*, se nomme *électrode positive* ou *anode*; et l'organe, souvent de même forme que l'anode par où s'échappe le courant, *électrode négative* ou *cathode*.

On appelle également *ions* les particules mises en liberté par la *ségrégation* de la molécule électrolytique et qui ubissent une *orientation* du courant ; plus spécialement *anions* ou éléments *électro-négatifs*, celles qui se portent au pôle positif, *cathions* ou éléments *électro-positifs*, les particules qui se dirigent vers le pôle négatif ou s'y déposent.

L'électrolyse s'opère de trois manières : par *dissolution*, par *fusion aqueuse*, par *fusion ignée*. Le premier de ces trois modes a été le plus employé, jusqu'à ce jour, particulièrement dans l'affinage des métaux comme le cuivre, le plomb, le nickel, et en *galvanoplastie* ou revêtement par un métal d'une pièce métallique ou non métallique, rendue conductrice.

On ne connaît pas d'exemple d'électrolyse par fusion aqueuse.

L'électrolyse par fusion ignée s'utilise surtout dans le cas où l'élément que l'on veut recueillir ne peut se former au sein de l'eau, à cause de sa grande affinité pour l'oxygène.

Ainsi, l'aluminium, le magnésium et en général les métaux alcalins et alcalino-terreux.

Ce troisième mode opératoire offrait, jusqu'à ces derniers temps, il est vrai, des difficultés d'ordre matériel qui ont successivement été levées, comme il sera démontré dans l'article qui traite de l'électrométallurgie de l'aluminium.

On peut dire aujourd'hui qu'il présente sur les autres modes électrolytiques de très grands avantages, tirés des *propriétés mêmes* de l'agent électrique ; et parmi ces propriétés, nous entendons surtout celle, en vertu de laquelle l'électricité peut accumuler, dans un *espace restreint*, une grande somme d'énergie.

Nous reviendrons sur cette dernière observation au moment où il sera question des applications de l'électrolyse par fusion ignée.

Les *lois générales* de l'électrolyse s'appliquent indistinctement aux trois méthodes.

A côté de ces lois et pour chacun des modes électrolytiques, il existe nombre de dispositions consacrées par la pratique.

Avant d'en faire l'énoncé, il est utile de rappeler les symboles qui représentent les constantes mécaniques, chimiques, électriques, du système électrolytique, de les définir et d'en donner l'expression mathématique.

Constantes diverses.

Eq Equivalent chimique, exprimé en grammes.

zy Equivalent électrochimique des corps simples lorsqu'ils remplissent la fonction d'éléments *électro-négatifs*, exprimé en milligrammes.

t^o Température en degrés centigrades.

c Energie calorique en grandes calories.

j Equivalent mécanique de la chaleur (428.4) Joule.

g Accélération de la pesanteur (9,8094).

Constantes électriques.

R,r Résistances des solides exprimées en ohms.

ρ »   des liquides   »   »

I,i Intensité du courant électrique exprimée en ampères.

$Q = (It)$ Quantité d'électricité, en coulombs.

E Force électromotrice en volts.

E' Force électromotrice d'une source d'électricité.

e Force électromotrice minima de décomposition.

z Force électromotrice ou différence de potentiel à l'entrée et à la sortie du bain électrolytique (aux électrodes).

U   Capacité électrique, en farads.

u »   »   en micro-farads.

H   Intensité d'un champ magnétique en unités
         C. G. S.

Constantes relatives au travail électrique.

T   Travail exprimé en kilogrammètres-secondes, dé-
         veloppé par un courant d'une intensité I, tra-
         versant une résistance R (solide ou liquide)
         pendant un temps θ.

$$T = \frac{RI^2\theta}{g}$$

T_c Travail précédent, exprimé en grandes calories.

$$T_c = \frac{RI^2\theta}{g \times j}$$

W_k Energie, en kilogrammètres-secondes, d'un cou-
         rant électrique d'une intensité I et d'une force
         électromotrice, égale à E, pendant un temps θ.

$$W_k = \frac{EI\theta}{g}$$

W_{ch} Energie en chevaux-vapeur-secondes.

$$W_{ch} = \frac{EI\theta}{g \times 75}$$

W_c Energie en grandes calories.

$$W_c = \frac{EI\theta}{g \times j}$$

Pour calculer la quantité d'énergie électrique dépensée

dans tout un système et fourni par une source unique d'électricité, ou dans les bains électrolytiques, ou seulement dans le travail de ségrégation moléculaire, il suffit de remplacer dans les expressions qui donnent les valeurs de W_k ; W_{ch} ; W_c ; le symbole E par les termes respectifs E', e et ε.

Unités électriques.

Les unités électriques, adoptées en pratique, sont des multiples ou des sous-multiples des unités électriques absolues, du système C. G. S ; elles sont dites *unités dérivées*.

L'*ampère* est l'unité d'intensité agissant pendant une seconde ; il est pris comme unité de quantité électrique et prend le nom de *coulomb*.

Le *coulomb* est déterminé en valeur absolue par la première des lois générales de l'électrolyse.

Un courant électrique, d'une quantité égale à l'unité, traversant un voltamètre dégage :

	Poids, milligrammes.	Volume.
Au pôle positif. Oxygène. . .	0,08288	0.058
Au pôle négatif. Hydrogène. .	0,01036	0,116
Gaz tonnant. . .	0,09324	0,174

Voici la quantité de métal que dépose au pôle négatif un courant d'une intensité égale à un ampère agissant pendant une heure (3,600 secondes) et dont la quantité est de 3,600 coulombs par conséquent.

Nickel. . .	1,102 grammes
Cuivre . .	1,844 »
Argent . .	4,025 »
Platine . .	3,693 »
Or.	3,675 »

pour ne parler que des métaux qui sont le plus fréquemment utilisés en galvanoplastie.

L'*ohm*, l'unité de résistance, est représentée par une colonne de mercure, longue de 106 centimètres et d'un millimètre carré de section ; ou encore, par 48,64 mètres d'un fil de cuivre, chimiquement pur et recuit, d'un diamètre égal à 1 millimètre, c'est-à-dire d'une section de 0,7854 millimètre carré.

Le *volt*, l'unité de force électromotrice est la tension électrique capable de faire passer un courant d'une intensité égale à 1 *ampère*, à travers une résistance d'un *ohm*.

Ces trois unités sont liées entre elles par la loi de ohm :

$$E = RI \quad \text{ou} \quad I = \frac{E}{R}$$

Le *farad*, l'unité de capacité, équivaut à la capacité d'un condensateur capable d'une quantité d'électricité égale à un *coulomb*.

Le *micro-farad* qui est égal au millionième du farad est l'unité pratique généralement employée.

LOIS GÉNÉRALES DE L'ÉLECTROLYSE

1o *Lois de quantité*. — Dérivée des lois de Faraday et de Becquerel. Les travaux récents de Weber, Mascart (1881),

Kohlrausch (1884), lord Raileigh et Sedgwich permettent d'en faire un énoncé rigoureux.

« *Lorsqu'un électrolyte est traversé par une quantité d'électricité égale à 96512 coulombs, la quantité des matières décomposées est représentée, en valeur absolue, par leurs poids moléculaires exprimés en grammes, avec cette condition que l'élément électro-négatif entre dans la formule chimique avec un seul équivalent* ».

Exemple : Si l'on fait passer un courant de force électromotrice suffisante dans plusieurs électrolytes établis en tension dont les formules chimiques sont :

$$\text{Chlorure de sodium.} \quad \ldots \ldots \quad Na\,Cl$$
$$\text{Bichlorure d'étain} \quad \ldots \ldots \quad Sn\,Cl^2$$
$$\text{Sesquifluorure d'aluminium} \quad \ldots \quad Al^2\,Fl^3$$

et que la quantité d'électricité agissant sur chacun d'eux soit de $(I\theta) = 96512$ coulombs, le poids des matières décomposées sera représenté par les formules électrolytiques :

$$\text{Chlorure de sodium.} \quad \ldots \quad Na\,Cl$$
$$\text{Bichlorure d'étain} \quad \ldots \quad Sn^{\frac{1}{2}}\,Cl$$
$$\text{Sesquifluorure d'aluminium} \; . \quad Al^{\frac{2}{3}}\,Fl$$

Remarques. — 1° On donne le nom d'*équivalent d'électricité* à la quantité d'électricité : 96512 coulombs.

2° L'*équivalent électrochimique* εq d'un élément représente en valeur absolue la quantité de cet élément mis en liberté au pôle positif, c'est-à-dire lorsqu'il joue le rôle d'élément électro-négatif.

On a, d'après la définition même de la loi de quantité :

$$(1) \qquad\qquad \varepsilon q = \frac{Eq}{96512}$$

3º Pour calculer le poids vrai des éléments mis en liberté à chacune des électrodes, par une quantité d'électricité $q_1 = (I_1\,\theta_1)$, on multiplie, pour les corps qui se portent à l'*anode*, leur équivalent *électro-chimique* par le nombre de coulombs q_1 qui traversent l'électrolyte, soit :

$$(2) \qquad \text{Au pôle positif} \quad p = \varepsilon q \times (I_1\,\theta_1).$$

Pour les éléments qui se portent à la *cathode*, on affecte le produit $(\varepsilon q \times I_1\,\theta_1)$ du coefficient, avec lequel, les corps qui jouent alors le rôle d'éléments *électro-positifs* entrent dans la formule électrolytique.

C'est ainsi qu'on aura pour l'expression de la quantité d'étain et d'aluminium qui résulte de l'électrolyse des sels donnés plus haut.

$$\text{Au pôle négatif.} \quad \left\{ \begin{array}{l} \text{Etain, } p_1 = \varepsilon q \times I_1\,\theta_1 \times \dfrac{1}{2} \\[2ex] \text{Aluminium, } p_2 = \varepsilon q \times I_1\,\theta_1 \times \dfrac{2}{3} \end{array} \right.$$

2º *Loi de la force électromotrice minima*, c'est-à-dire de la plus petite force électromotrice capable de décomposer un électrolyte donné.

« *La force électromotrice minima e est proportionnelle à la chaleur de formation C, de la molécule électrolytique, c'est-à-dire de la molécule dans laquelle l'élément électro-négatif entre avec un seul équivalent, le gramme étant pris pour l'unité du poids moléculaire* ».

On a :

$$(3) \qquad\qquad e = 0{,}04355\ C$$

0,04355, le coefficient de proportionnalité est déduit des grandeurs électriques, caloriques, mécaniques indiquées plus haut.

En appliquant au phénomène électrolytique le principe de la conservation de l'énergie et si l'on considère la quantité d'énergie calorique absorbée par la ségrégation d'une molécule chimique due à l'action d'une quantité d'électricité égale à 96512 coulombs, avec une tension minima e. On peut écrire l'identité :

$$(4) \qquad C = \frac{e \, (10)}{g=j} = \frac{e \times 96512}{9.8094 \times 428.4}$$

d'où :

$$C = 22.96 \, e$$

l'expression (3) se déduit directement de cette dernière équation.

3° *Loi de Sprague.* — Elle est comme le corollaire de la loi de la force électromotrice minima. Elle s'applique au cas, très fréquent en électro-métallurgie, où l'électrolyte est formé d'un mélange de plusieurs composés.

« *L'ordre de décomposition est fixé par la chaleur de formation des électrolytes en présence ; les électrolytes dont la chaleur de formation est la plus faible, sont décomposés les premiers* ».

Observation. — On sait que lorsque deux éléments se trouvent en présence ; qu'ils aient subi un frottement, ou qu'ils proviennent d'une ségrégation, ils se chargent chacun d'une électricité de polarité différente.

Pour un élément déterminé, le sens de cette polarité n'est pas invariable ; c'est ainsi que le soufre est électro-négatif par rapport à l'hydrogène, dans l'*hydrogène sulfuré,* HS ; et *électro-positif* par rapport à l'oxygène dans l'acide sulfureux, SO^2. Le tableau IV comprend la série des corps, disposés de façon que chacun d'eux est électro-négatif par rapport à tous ceux qui le suivent.

On y remarque que l'hydrogène et les métaux sont électro-positifs, par rapport aux métalloïdes (Cl, Br, I, etc.),
ou groupes métalloïdiques (CO^3, SO^4, AzO^6, etc.).

L'oxygène est le plus *électro-négatif* de tous les corps; le
potassium le plus *électro-positif*.

TABLEAU IV

1. Oxygène.	20. Cuivre.
2. Soufre.	21. Bismuth.
3. Azote.	22. Etain.
4. Fluor.	23. Plomb.
5. Chlore.	24. Cobalt.
6. Brome.	25. Nickel.
7. Iode.	26. Fer.
8. Phosphore.	27. Zinc.
9. Arsenic.	28. Manganèse.
10. Chrome.	29. Aluminium.
11. Bore.	30. Ammonium.
12. Carbone.	31. Magnésium.
13. Antimoine.	32. Calcium.
14. Silicium.	33. Baryum.
15. Hydrogène.	34. Strontium.
16. Or.	35. Lythium.
17. Platine.	36. Sodium.
18. Mercure.	37. Potassium.
19. Argent.	

On peut admettre que *les corps ont une tendance d'autant
plus grande à se combiner avec un élément, pris comme terme
de comparaison, qu'ils sont dans la série la plus éloignée de cet
élément.*

En chimie, cette puissance d'attraction prend le nom de

force d'affinité et la mesure en est donnée par les chaleurs de combinaison. On pourra donc établir, *a priori*, si notre hypothèse se vérifie, la série des corps suivant leur polarité, en comparant la chaleur de formation que dégage chacun d'eux en se combinant avec un élément déterminé ; on choisira de préférence ce dernier parmi les corps qui occupent une place voisine d'une des extrémités de la série.

L'oxygène qui occupe le sommet de l'échelle, se trouvait tout indiqué.

Mais il faut remarquer que cette comparaison doit s'effectuer, non seulement sur des composés semblables, c'est-à-dire des composés comprenant un seul atome électro-négatif, mais encore que ces composés doivent se trouver à l'état de dissolution.

D'après Favre, en effet, les corps à l'état solide ne présentent pas des conditions comparables ; on ne connaît pas toujours les quantités variables de chaleur mises en jeu, lorsque le corps se constitue dans tel ou tel système cristallin, ou à des états différents de cohésion, en passant à l'état solide.

Toutes les conditions de comparabilité sont remplies, au contraire, lorsque les corps se trouvent à l'état dissous.

D'après cette observation, il est tout naturel de prendre comme terme de comparaison pour les métaux, le chlore. au lieu de l'oxygène et de tracer l'échelle des polarités, d'après la série croissante des chaleurs de formation des chlorures avec cette condition que dans chacun des chlorures considérés, le chlore n'entre qu'avec un seul équivalent, exprimé en grammes.

TABLEAU V

Chaleur de formation des chlorures à l'état dissous.

Numéros dans l'échelle des polarités	ÉLÉMENTS	Formules électro-lytiques	Poids moléculaires	Chaleur de formation
			grammes	gr. calories
15	Hydrogène	HCl	36.5	39.3
16	Or................	$Au^{\frac{2}{3}}$	101.2	9.1
17	Platine	$PtCl$	134.5	20.9
18	Mercure	$HgCl$	135.5	29.8
19	Argent	$AgCl$	143.5	29.2 (S)
20	Cuivre	$CuCl$	67.2	31.3
21	Bismuth..........	—	—	—
22	Étain.............	$SnCl$	94.5	40.6
23	Plomb............	$PbCl$	139	59.2
24	Cobalt............	$CoCl$	65	47.4
25	Nickel............	$NiCl$	65	46.8
26	Fer...............	$FeCl$	63.5	50
27	Zinc............ ..	$ZnCl$	68	56.4
28	Manganèse	$MnCl$	63	64
29	Aluminium	$Al^{\frac{2}{3}}$	44.6	79.3
30	Ammonium.........	A_2H^4Cl	53.5	72.7
31	Magnésium	$MzCl$	47.5	93.5
32	Calcium	$CaCl$	55.5	93.8
33	Baryum	—	—	—
34	Strontium	$SnCl$	79.3	97.8
35	Lithium	$LiCl$	42.5	101.9
36	Sodium...........	$NaCl$	58.5	96.2
37	Potassium.........	KCl	74.6	100.8

La chaleur de formation, inscrite dans la cinquième colonne du tableau, va en augmentant à mesure que l'élément considéré s'éloigne du corps pris comme terme de
comparaison, à quelques petites expressions près.

On constate cependant une anomalie assez marquée pour ce qui concerne l'acide chlorhydrique et les chlorures de mercure, d'argent et de cuivre, dont les chaleurs de formation assigneraient, d'après notre hypothèse, à chacun de ces métaux, une place différente de celle qu'ils occupent en réalité dans l'échelle des polarités.

Cependant la chaleur de formation des composés hydrogénés doit être supérieure à celle des composés qui possèdent comme éléments électro-positifs, le mercure, le plomb et le cuivre, puisque l'hydrogène déplace ces métaux dans la plupart de leurs composés.

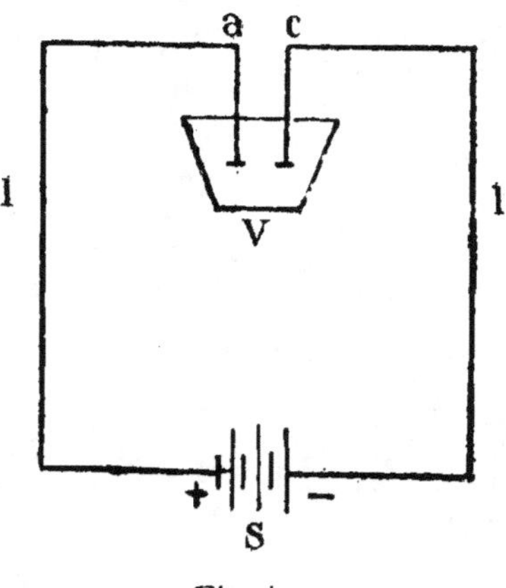

Fig. 1.

Travaux électrolytiques. — Lorsqu'on veut faire l'analyse complète du phénomène électrolytique, on peut être amené à calculer plusieurs travaux, surtout lorsque le phénomène étudié sert de base à une industrie électrométallurgique.

La figure 1 représente un système électrolytique simple.

S Source d'électricité, d'une résistance intérieure égale à R, exprimée en ohms ; d'une force électromotrice de E′ volts.

V Voltamètre renfermant l'électrolyte dont la résistance est de ρ ohms.

ε Différence de potentiel en ac ; à l'entrée et la sortie du bain ; c'est-à-dire à l'anode et à la cathode.

ll Fil conducteur transmettant le courant de la source d'électricité au voltamètre, d'une résistance égale à r ohms.

e Force contre-électromotrice de décomposition exprimée en volts.

I Intensité du courant en ampères.

θ Durée de l'expérience.

On calcule ainsi toute la série des divers travaux, en partant du travail électrique total fourni par la source et en finissant à l'énergie absorbée par la ségrégation moléculaire.

Ces travaux seront exprimés en chevaux-heure :

Travail total $\dfrac{E'I\theta}{g \times 75}$.

Travail perdu dans la source $\dfrac{RI^2\theta}{g \times 75}$.

Travail perdu dans les conducteurs $\dfrac{rI^2\theta}{g \times 75}$.

Travail reçu par le voltamètre $\dfrac{\varepsilon I\theta}{g \times 75}$.

Travail perdu dans le voltamètre $\dfrac{\rho I^2\theta}{g \times 75}$.

Travail chimique absorbé par la décomposition de la molécule $\dfrac{eI\theta}{g \times 75}$.

Enfin si nous voulons égaliser le travail total à la somme des travaux partiels, nous écrirons :

$$\frac{E'I\theta}{g \times 75} = \frac{RI^2\theta + vI^2\theta + \rho I^2\theta + eI\theta}{g \times 75}.$$

soit R_1 la résistance totale du système :

$$R_1 = (R + r + \rho).$$

Nous avons finalement :

$$(5) \qquad \frac{E I\theta}{g \times 75} = \frac{(R_1 I^2 + cI)\theta}{g \times 75}.$$

Si l'on supprime les facteurs communs, l'expression mathématique représentera la relation entre la force électromotrice de la source, la résistance totale du circuit (comprenant la résistance de la source, des conducteurs, de l'électrolyte), la force contre-électromotrice de décomposition de l'électrolyte et l'intensité du courant.

$$E' = R_1 I + e.$$

De même, si l'on considère seulement le travail absorbé par le voltamètre, on peut écrire successivement :

$$\frac{\varepsilon I\theta}{g \times 75} = \frac{\rho I^2\theta}{g \times 75} + \frac{eI\theta}{g \times 75}.$$

$$(6) \qquad\qquad \varepsilon = \rho I + e.$$

Rendements du système. — On peut envisager le rendement d'un système électrolytique à deux points de vue : Un premier calcul donne un rendement γ *en fonction de la quantité d'électricité* qui a traversé l'électrolyte.

Soient :   P le poids du métal déposé ;

P_1 le poids du métal qui aurait dû être déposé d'après la loi de quantité, s'il n'y avait pas eu de perte :

On a successivement :

$$P_1 = \varepsilon q \, (I_1 \theta_1)\cdot$$

(7)
$$\varphi = \frac{P}{P_1} = \frac{P}{\varepsilon q(I_1 \theta_1)}\cdot$$

Un second calcul exprime un autre rendement φ_1 *en fonction de la quantité d'énergie absorbée par l'électrolyte*; en d'autres termes, φ_1 représente la quantité de métal déposé, correspondant à une quantité d'énergie absorbée égale à un cheval-heure.

On a, d'après les définitions données plus haut :

(8)
$$\varphi_1 = \frac{P}{W_{ch}} = \frac{P \times g \times 75}{\varepsilon(I_1 \theta_1)}\cdot$$

Le rendement φ est très élevé ; lorsqu'on opère par voie humide, il se confond avec l'unité, en général. Dans tous les cas, il reste constant pour un système électrolytique donné, à condition que pendant toute la durée de l'expérience la composition de l'électrolyte reste constante et que l'on fasse varier *la surface des électrodes proportionnellement à l'intensité du courant*. Admettons :

$$P = P_1 = \varepsilon q \, (I_1 \theta_1).$$

Si dans l'expression (8) on remplace P_1 par sa valeur, on a :

$$\varphi_1 = \frac{\varepsilon q \times (I_1 \theta_1)\, g \times 75}{\varepsilon(I_1 \theta_1)}\cdot$$

d'où

$$\varphi_1 = \frac{\varepsilon q \times g \times 75}{\varepsilon}$$

d'où encore

(9)
$$\varphi_1 = \frac{K}{\varepsilon}\cdot$$

On en déduit que le rendement ρ_1 est *indépendant de la quantité* $(I_1\theta_1)$ *d'électricité qui traverse l'électrolyte et que sa valeur est en raison inverse de la différence de potentiel ε prise aux électrodes.*

Nous avons dit que la différence de potentiel ε était formée de deux termes :

 e la forme contre-électromotrice de décomposition de l'électrolyte ;

 (φI) le produit de la résistance de l'électrolyte par l'intensité.

Le terme e dépend, comme on sait, de la chaleur de formation de la molécule chimique décomposée ; l'opérateur, quelle que soit l'électrolyse à réaliser, peut disposer les électrodes de façon que le produit φI reste constamment égal à un volt.

Il suffit pour cela d'agir, suivant le cas, sur la surface des électrodes et leur écartement.

Si l'on suppose donc que le terme (φI) est toujours égal à un volt, on peut calculer les constantes relatives à un système électrique donné. Le tableau VI renferme toutes celles qui se rapportent à l'électrolyse des chlorures.

TABLEAU VI

Constantes électrolytiques des chlorures correspondant à 1000 ampères-heure.

ÉLÉMENTS électro-positifs	Formules électrolytiques	Poids du métal déposé P	Force électro-motrice de décomposition e	Énergie électrique absorbée par l'électrolyte $Wch = \dfrac{e \times 360\,000}{g \times 75}$	Poids du métal déposé pour 1 cheval-heure $p = \dfrac{P}{Wch}$	Dépense en chevaux-heure pour la production de 1 kilog. de métal
		kilos	volts	chev.-heure	kilos	chev.-heure
Or..............	$Au^{\frac{2}{3}}Cl$	2.450	0.397	1.86	1.320	0.76
Chrome.......	$Cr^{\frac{1}{3}}Cl$	0.652	0.745	2.35	0.280	3.60
Palladium......	PdCl	1.971	0.880	2.54	0.780	1.29
Platine.........	PtCl	3.700	0.910	2.55	1.430	0.70
Arsenic........	$As^{\frac{1}{3}}Cl$	0.932	1.00	2.71	0.360	2.80
Argent.........	AgCl	4.030	1.28	3.03	1.330	0.75
Mercure........	HgCl	3.740	1.30	3.10	1.200	0.83
Bismuth	$Bi^{\frac{1}{3}}Cl$	2.610	1.32	3.13	0.830	1.20
Antimoine	$Sb^{\frac{1}{3}}Cl$	1.490	1.33	3.14	0.470	2.11
Cuivre.........	CuCl	1.180	1.36	5.15	0.375	3.66
Thallium.......	TlCl	7.607	1.68	3.62	2.011	0.48
Plomb	PbCl	3.850	1·71	3.64	1.070	0.93
Hydrogène.....	HCl	0.0373	1.72	3.65	0.010	96.5
Sillicium	$Si^{\frac{1}{4}}Cl$	0.131	1.73	3.67	0.036	28
Etain (per).....	$Sn^{\frac{1}{2}}Cl$	1.1	1.73	3.67	0.300	3.3
Etain (pro).....	SnCl	2.2	1.77	3.68	0.600	1.67
Fer (per).......	$Fe^{\frac{2}{3}}Cl$	0.695	1.86	3.81	0.183	3.46
Nickel	NiCl	1.1	2.04	4.04	0.271	3.67
Cobalt	CoCl	1.1	2.07	4.08	0.269	3.71
Cadmium	CdCl	2.08	2.10	4.12	0.500	2.00
Fer (pro).......	FeCl	1.04	2.18	4.23	0.243	4.07
Zinc...........	ZnCl	1.31	2.46	4.60	0.263	3.80
Manganèse.....	MnCl	1.03	2.79	5.04	0.208	4.80

ÉLÉMENTS électro-positifs	Formules électrolytiques	Poids du métal déposé P	Force électro-motrice de décomposition e	Énergie électrique absorbée par l'électrolyte $Wch = \dfrac{\varepsilon \times 360\,000}{g \times 75}$	Poids du métal déposé pour 1 cheval-heure $p = \dfrac{P}{Wch}$	Dépense en chevaux-heure pour la production de 1 kilog. de métal
		kilos	volts	chev.-heure	kilos	chev.-heure
Ammonium	ArH_4Cl	0.67	3.46	5.53	0.121	8.25
Aluminium	$Al^{\frac{2}{3}}Cl$	0.338	3.16	5.93	0.057	17.50
Baryum........	$BaCl$	2.560	—	—	—	—
Magnésium.....	$MgCl$	0.470	4 08	6.67	0.070	14.2
Calcium........	$CaCl$	0.745	4.09	6.77	0.110	9.09
Sodium	$NaCl$	0.860	4.20	6.92	0.124	8.05
Strontium......	$StCl$	1.360	4.25	6.98	0.233	4.28
Potassium......	KCl	1.460	4.40	7.18	0.203	4.92
Lithium........	$LiCl$	0.273	4.45	7.15	0.037	266.

Remarques : 1° Un ampère-heure égale 3.600.000 coulombs ;

2° La valeur de ε est calculée par l'expression :

$$\varepsilon = e + 1.$$

C'est du moins le résultat auquel on peut facilement atteindre en pratique.

ÉLECTROLYSE PAR VOIE HUMIDE

Les applications de l'électrolyse par voie humide, c'est-à-dire des sels en dissolution, ont été jusqu'à ce jour plus nombreuses que les applications de l'électrolyse par voie sèche ou des sels à l'état de fusion ignée.

Toutefois elles ont été limitées à la galvanoplastie et à

l'affinage des métaux : les tentatives faites pour le traitment des minerais n'ont pas été heureuses jusqu'à présent.

Le cadre de cet ouvrage ne nous permet pas de traiter cette dernière question, qui cependant offre le plus grand intérêt.

Nous nous contenterons, pour ce qui concerne l'électrolyse par voie humide, de rappeler la composition des bains électrolytiques qui donnent en galvanoplastie, les meilleurs dépôts métalliques, ou qui sont le plus communément employés dans les procédés d'extraction.

Cet aperçu sera suivi de quelques considérations relatives aux dimensions à donner aux électrodes, particulièrement à la cathode.

Les lecteurs trouveront de plus grands détails sur les manipulations et les appareils qu'on utilise, lorsqu'on opère l'électrolyse par voie humide, dans la série des ouvrages, contenus dans la bibliographie (1).

Nous avons tenu à donner le plus grand nombre de formules possibles ; il en est parmi elles qui ne doivent pas être facilement applicables ou qui ne me paraissent pas devoir donner de bons résultats.

Ce sera au praticien à faire un choix judicieux. Il trouvera facilement, après quelques expériences préliminaires

(1) *Bibliographie*. 1883. *Électrolyse,* par Hippolyte Fontaine, Paris, 1885.

Électrolyse, par Édouard Japing. Bernard Tignol, éditeur, Paris, 1885.

Électrochimie et *Électrométallurgie*, par H. Ponthière, Louvain et Paris, 1891.

Dorure, Argenture, par Donato Tommasi, docteur ès-sciences, 1890, BernardTignol, éditeur.

« *La Lumière Électrique* » (années 1879-1891).

Galvanoplastie, par Bouant, Paris, 1887.

celle des formules la plus favorable pour le cas particulier qu'il aura à résoudre.

SÉLÉNIUM

Extraction. — 1° Solution d'acide sélénhydrique, le sélénium obtenu est soluble dans le sulfure de carbone.

2° Solution d'acide sélénieux. On obtient une variété de sélénium soluble en partie seulement dans le sulfure de carbone.

3° Solution de séléniate de nickel additionnée de séléniate de sodium et d'acide sélénique, ou d'un mélange d'acide fluorhydrique étendu et d'acide sélénique.

4° M. Schicht aurait retiré le sélénium des solutions acides et alcalines de ce métalloïde.

TELLURE

Extraction. — 1° Solution de chlorure de tellure traversée par un faible courant, et dans laquelle plongent des électrodes de platine à grandes surfaces.

2° La méthode, déjà employée par M. Schicht pour l'extraction du sélénium, conviendrait également au tellure.

ARSENIC

Extraction. — 1° Fluorure d'arsenic, additionné d'acide fluorhydrique.

2º Solution d'arséniate ou d'arsénite de potassium additionnée de quelques gouttes d'acide sulfurique. Le tout est contenu dans un creuset de platine ; une lame de zinc reliée au creuset de platine au moyen d'un fil métallique plonge dans la solution. L'arsenic se dépose sur les parois du creuset de platine.

ANTIMOINE

Extraction. — Première méthode :

	1er mélange.	2e mélange.
Eau distillée	12 parties	30 parties
Acide chlorhydrique pur. . .	1,5 »	2 »
Acide tartrique.	1 »	5 »
Émétique.	1 »	5 »

2º Solution chlorhydrique de chlorure d'antimoine additionnée d'oxalate de potassium.

3º Solution de chlorure double d'antimoine et d'ammonium à la température ordinaire. Le dépôt ainsi obtenu se comporte très bien au brunissage et peut remplacer le platinage noir.

4º Chlorures, bromures, iodures d'antimoine obtenus en dissolvant une partie d'oxyde d'antimoine dans 5 parties d'acide chlorhydrique, ou 10 parties d'acide bromhydrique, ou encore 15 parties d'acide iodhydrique.

5º M. *Borchers* dissout le minerai d'antimoine dans un sulfure de sodium ; la solution ne doit pas être saturée ; sa densité : 12º Beaumé. On y ajoute 3 0/0 de chlorure de sodium pour rendre le bain plus conducteur.

Le fer peut être employé comme cuve contenant l'électrolyte et servir de cathode. Les anodes sont constituées de plaques de plomb.

Dépôts. — 1° Antimoine amorphe et éclatant :

> Sulfate d'antimoine. . . . 500 gr.
> Carbonate de potassium. . 1 kilogr.
> Eau . . . . 8 litres.

2° Antimoine gris, cristallisé :

> Tartre émétique. . . . . . 30 gr.
> Acide tartrique 30
> Acide chlorhydrique . . . 45
> Eau 350

Les revêtements d'antimoine présentent un faible intérêt au point de vue industriel.

ÉTAIN

Extraction. — 1° Solution de stannate d'étain.

Dépôts galvanoplastiques. — 1° *Roseleur* emploie un bain ainsi composé :

> Protochlorure d'étain fondu. 50 gr.
> Pyrophosphate de sodium. . 500 »
> Eau . . . . 50 litres.

Les anodes sont en étain.

2° *M. Tearn* dont le procédé est appliqué par la compagnie électro-stanneuse de Birmingham emploie le mélange suivant :

12 kilogrammes de tartrate de potassium dans 230 litres d'eau.

34 kilogrammes de potasse caustique dans 230 litres d'eau.

20 kilogrammes de chlorure d'étain dans 1.000 litres d'eau.

M. Téarn fait subir aux objets en fer et en fonte à étamer un cuivrage intermédiaire.

3° *M. Maistrasse* donne la préférence au bain suivant :

Solution de soude caustique à 3° Beaumé. .   1000 lit.
Chlorure d'étain. . . . .   100 gr.
Cyanure de potassium . . . .   300 gr.

Anodes en étain ; les objets étamés sont portés à la température de fusion de l'étain, ce qui leur donne une grande solidité.

4° *M. Birgham* emploie pour l'étamage de tous les métaux les solutions : chlorure d'étain et lessive de potasse, mélangée avec des solutions plus concentrées de potasse et de cyanure de potassium.

L'étamage ordinaire par le trempage des métaux dans de l'étain fondu donne d'aussi bons résultats que les procédés électriques.

« *Utilisation des déchets de fer blanc* (1). — La fabrication des boîtes de conserves et autres objets en fer blanc donne un déchet d'environ 6 0/0, qui, vu la quantité produite. atteint plusieurs milliers de tonnes annuellement.

Les vieilles boîtes rejetées après avoir servi forment un tonnage énorme. Ainsi la Nouvelle-Écosse et le Nouveau-Brunswick produisent annuellement cinq millions de boîtes d'une livre pour conserves de homard, et la partie inférieure de la rivière Columbia, 19 millions de boîtes à sau-

____

(1) Extrait du journal *La Revue de Chimie Industrielle*. Bernard-Tignol, éditeur, Paris.

mon. Baltimore en consomme chaque année 45 millions qui renferment surtout des fruits et des légumes. Nantes consomme 2750 tonnes de fer-blanc pour ses conserves.

On a cherché à utiliser l'étain contenu dans les déchets et dans les boîtes rejetées. Bien des brevets ont été pris, mais peu ont donné de bons résultats. L'emploi du courant électrique seul, appliqué dans certaines conditions, peut résoudre économiquement le problème à la condition toutefois de faire usage des forces naturelles pour produire le courant nécessaire. Voici d'abord le procédé de N. S. Keith (1) :

L'appareil employé pour effectuer l'opération se compose d'une chaudière en fer à fond en trémie, remplie d'une solution de sel marin rendue alcaline par la soude caustique. Cette solution est chauffée à l'aide de tuyaux de vapeur. Au-dessus de la chaudière, se trouve un arbre muni de deux rouleaux; par lesquels passent deux chaînes sans fin qui descendent à peu près jusque dans le fond de la chaudière. Les chaînes sont construites de façon à pouvoir recevoir des barres en fer, placées horizontalement d'une chaîne à l'autre et que l'on peut enlever. Les morceaux de fer-blanc sont fixés à ces barreaux, de manière à ne pas se recouvrir mutuellement. En faisant tourner lentement l'arbre, les morceaux de fer-blanc plongent dans le liquide de la cuve ; l'arbre, et par suite, les chaînes et les barres sont reliés avec le pôle positif et la cuve communique avec le pôle négatif de la dynamo. Pendant que le courant passe dans l'appareil, l'étain est dissous et précipité au fur et à mesure, sous forme de poudre, sur les parois de la cuve, d'où il tombe dans le fond de l'appareil.

(1) *Wieck's Gewerbe Zeitung.*

La chaudière employée par M. Keith a 1 m. 20 de large, 1 m. 80 de long et 4 m. 80 de profondeur ; les barreaux en fer ont une longueur de 1 m 50 et sont espacés de 0 m. 30; les morceaux de fer-blanc demeurent plongés dans le liquide, pendant 15 minutes. La machine dont on se sert exige une force motrice d'environ 5 chevaux ; 3 ouvriers peuvent travailler en 10 heures 700 kilogrammes de déchets, fournissant environ 4 pour 100 d'étain. La production journalière est donc de 28 kilogrammes d'étain.

On a simplifié ce procédé en jetant les débris dans une fosse en maçonnerie dans laquelle se trouve une dissolution de sel marin ; ces rognures sont reliées au pôle positif. Le fil négatif se termine par une électrode d'étain. On fait agir le courant jusqu'à ce que tout l'étain soit dissous, ce qui ne peut se déterminer que par l'expérience.

Une méthode plus indirecte consiste à produire du chlore électriquement, comme nous l'avons déjà indiqué, et à attaquer les débris de fer-blanc par ce corps dans une colonne, de façon à dissoudre seulement l'étain que l'on isole ensuite du liquide.

M. Adolphe Minet, connu par ses travaux sur l'électrométallurgie de l'aluminium, a imaginé le procédé suivant :

Les rognures de fer-blanc sont mises dans une chaudière tournante avec une solution de soude caustique à 25 0/0, mélangée d'un peu de plombite ou de nitrite de soude. On envoie dans la masse un courant d'air chaud, d'oxygène ou d'air ozonisé, jusqu'à ce que l'étain soit presque entièrement dissous. On doit conduire cette première phase de l'opération assez rapidement et il est inutile d'attendre que l'étain soit tout à fait enlevé. Les dernières portions seront dissoutes à la faveur de l'oxygène naissant que l'on produit en introduisant dans la chaudière une plaque de fer étamée qui est isolée, mais plongée dans la solution sodique.

On fait passer un courant électrique de la force de trois volts, la chaudière sert d'électrode positive. L'eau est décomposée, l'oxygène oxyde les dernières parcelles d'étain, qui forment de l'acide stannique, lequel s'unit à la soude qui n'est pas encore combinée.

Le liquide extrait de la chaudière est traité par un courant d'acide carbonique dans une série de barboteurs, l'étain est précipité à l'état d'acide stannique ; on lave cet acide, on le sèche et on le calcine avec du charbon pour le transformer en étain métallique ».

BISMUTH

Extraction. — 1° Solution à 3 0/0 de chlorure double de bismuth et d'antimoine additionné d'acide chlorhydrique.

2° Solution d'iodure double de potassium et de bismuth.

CADMIUM

Extraction. — 1° Solution de chlorure et de bromure additionnée d'acide sulfurique, en faible quantité.

2° Solution acidulée de chlorure, iodure, ou bromure de cadmium et de calcium.

3° Solution acidulée d'hydrate de cadmium fraîchement précipité, dans du cyanure de potassium à 40 degrés.

Dépôts.—1° Solution de sulfate de cadmium ammoniacal.

2° Solution de nitrate de cadmium mélangée avec une solution de carbonate de sodium. Le précipité ainsi obtenu est redissous dans une solution de cyanure de potassium.

Le dépôt de cadmium est mou et n'est pas susceptible d'un grand avenir.

MERCURE

Extraction. — Solutions mercuriques.

CUIVRE

Extraction.—*Pattera (1867)* a fait connaître une méthode permettant de traiter les eaux cuivreuses de cémentation. Cette méthode consiste à remplir de morceaux de fonte une série de bacs en sapin contenant la solution des sels de cuivre mélangés avec certaines proportions de sel marin. Les parties métalliques constitueraient l'anode ; la cathode serait formée de morceaux de coke.

Elkington (1871) propose l'extraction du cuivre des mattes cuivreuses. Les mattes étaient fondues et coulées en plaques. Elles étaient plongées ensuite dans une solution de sulfate de cuivre et servaient d'anodes.

M. Keith. — Sépare le cuivre des résidus de fabrication de sulfate de cuivre qui renferment de 4 à 5 0/0 de cuivre, argent, nickel, étain, zinc, antimoine, fer.

Il introduit du fer dans une solution de sulfate de fer acide, contenue dans des vases d'argile poreux et place ces vases dans d'autres récipients beaucoup plus grands qui contiennent la solution de cuivre et une feuille de cuivre.

La fer et le cuivre sont reliés métalliquement. On dilue de temps en temps la solution de sulfate de fer, après en avoir enlevé une partie

Un établissement de Swansee exécute en grand, paraît-il, la séparation de l'or et de l'argent d'après ce procédé.

M. André (1877) extrait les métaux, tels que le nickel, le cobalt, le cuivre contenus dans les mattes, speiss, etc. Il dispose dans la dissolution du sulfate double de ces métaux, entre l'anode et la cathode un cadre rempli de grenailles d'un métal plus électronégatif que les métaux contenus dans les mattes, dont il veut éviter le dépôt sur la cathode.

M. Cobley (1878) grille les minerais sulfurés de cuivre de façon à les transformer en sulfates, qu'il dissout ensuite dans l'eau. Avant l'électrolyse, le fer que pourrait renfermer la solution est précipité par la chaux.

MM. Blas et Miest (1881) traitent directement les sulfures de cuivre et de plomb naturels qu'ils disposent en anodes, après les avoir agglomérés par la chaleur et la pression combinées. Ils prennent comme électrolyte la solution d'un sel du métal à extraire, dont le radical acide est capable de décomposer le sulfure. Ils emploient de préférence les nitrates.

M. Deligny (1881) propose une méthode pour le traitement des sulfures, analogue à celle de MM. Blas et Miest.

M. Marchese (1883) ingénieur à Gênes, réalise industriellement le traitement par l'électricité des mattes cuivreuses avec une méthode semblable à celle qu'avait préconisé Elkington. La particularité que présente le procédé de M. Marchese est de pouvoir traiter des *mattes de cuivre d'une teneur quelconque de fer.*

MM. Siemens et Halske (1887) ont adopté un mode de

traitement des minerais de cuivre et de zinc au moyen de voltamètres à circulation et à diaphragme poreux.

M. Hartmann, de Swansea, empêche la polarisation dans l'électrolyse des sels de cuivre avec anode insoluble, en faisant traverser le liquide par un jet d'anhydride sulfureux et chauffant à la vapeur. L'acide sulfureux se combine avec l'oxyde devenu libre au pôle positif et forme de l'acide sulfurique qui remplit la fonction de dissolvant.

M. Rovello propose de précipiter le cuivre des eaux cuivreuses obtenues dans les traitements métallurgiques par voie humide, en formant avec la cuve électrolytique un grand élément Daniell, dont les lames négatives sont en tôle ou en fonte au lieu de zinc et sont séparées des anodes en cuivre par des cloisons poreuses.

M.M. Siemens et Halske (1889), facilitent la dissolution du cuivre et du zinc, dans l'application de leur procédé de 1887 en rendant l'action électrolytique continue.

M. Gerrish Farmer, emploie de préférence, pour l'obtention du métal en feuille, une cathode cylindrique rotative (50 tours par minute) recouverte d'un vernis isolant ; aux points où l'on ne veut pas de dépôt on trace sur une génératrice un pointillé de vernis isolant qui détermine une ligne de rupture facile analogue à celle du piquetage des timbres-postes.

M. Elmore a imaginé un procédé d'affinage des mattes cuivreuses, semblable au précédent, en y apportant un perfectionnement toutefois.

Le dépôt formé sur le cylindre tournant est continu dans le procédé Elmore ; en plus le cuivre est laminé au fur et à mesure de sa formation, molécule par molécule pour ainsi dire au moyen de galets en agate qui possèdent un mouvement de va-et-vient continuel suivant la génératrice du cylindre.

Dépôts galvaniques. — *Procédé Oudry*. — Les pièces de fonte, qui sont destinées à recevoir une couche adhérente de cuivre, reçoivent d'abord une enveloppe isolante, vernis composé de minium et de matières résineuses ; la surface de cette enveloppe est rendue conductrice au moyen d'une couche de plombagine, ou encore d'une peinture épaisse formée d'huile chaude et de poudre de cuivre en suspension, séchée à l'étuve et brossée ensuite avec une brosse métallique et de la poussière de cuivre.

La pièce ainsi préparée est passée dans un bain galvanique de :

> Sulfate de cuivre à saturation
> Acide libre   10 0/0

où elle sert de cathode.

On donne à cette méthode, le nom de **cuivrage intermédiaire**.

Procédé Weil. — Le cuivrage s'y opère directement et le bain employé est une liqueur alcaline ainsi composée :

> Sulfate de cuivre
> Tartrate de soude et de potasse
> Soude caustique.

Cette solution dissout l'oxyde de fer ; le décapage de la pièce traitée se fait par suite en même temps que le dépôt.

Procédé Gauduin. — C'est aussi un cuivrage direct c'est-à-dire sans interposition d'une couche de matière entre le métal déposé et la pièce à galvaniser.

Le bain est formé de sels doubles de cuivre et d'un métal

alcalin dont les radicaux acides sont organiques ; on utilise principalement les acides organiques polybasiques : tartrique, oxalique, succinique, citrique, malique, etc., qui, combinés avec l'oxyde de cuivre et aux oxydes alcalins forment des bitartrates, bioxalates, bisuccinates, etc., de potassium et de cuivre. On ajoute à la solution de ces sels un petit excès de l'acide organique lorsque celui-ci a peu d'action sur le fer. Le dépôt obtenu est bon en général ; il fait ressortir toutes les finesses de la pièce galvanisée et son épaisseur peut être rendue considérable par l'emploi d'un courant électrique provenant d'une source étrangère.

On peut aussi, au moyen des bains préconisés par M. Gauduin déposer sur le fer, la fonte et l'acier des alliages de cuivre et d'étain, de cuivre et de zinc, de cuivre et d'aluminium.

Il suffit d'y mêler des sels semblables d'étain, de zinc, d'aluminium, etc.

Le sel double le plus employé est de l'oxalate de cuivre ammoniacal.

Aussitôt que la pièce est recouverte d'une couche de cuivre suffisante pour qu'on n'ait plus à redouter l'attaque du fer par le sel en dissolution, elle peut être plongée dans un bain au sulfate de cuivre, renfermant 10 0/0 d'acide sulfurique libre.

Le procédé Gauduin est exploité par la Société du Val d'Osne.

Procédé Walenn. — Bain employé :

> Cyanure de potassium.
> Tartrate neutre d'ammoniaque.
> Sel de cuivre.

Procédé Wilde. — Utilisé pour le cuivrage des rouleaux

d'impression. Le cylindre à revêtir après avoir été porté à une température de 80° par immersion dans de l'eau chaude est placé dans un bain de cyanure de cuivre entre deux anodes cylindriques. Dès qu'il a reçu une faible couche de métal il est disposé dans un bain au sulfate de cuivre où l'opération est terminée.

Procédé Watt. Cuivrage du zinc. — Les objets sont décapés d'abord dans de l'eau acidulée au vingtième d'acide sulfurique, frottés au sable avant d'être passés au bain de cuivre :

Sulfate de cuivre. . . . 230 gr.

Eau chaude . . . . . . 1 litre.

On ajoute à la solution refroidie, de l'ammoniaque (densité 0,88) et une solution concentrée de cyanure de potassium jusqu'à complète décoloration. Le bain doit conserver une température de 50 à 55 degrés centigrades.

Procédé Hockin. Cuivrage des corps non métalliques. — Les objets sont plongés dans un collodion ioduré, puis dans une solution de nitrate d'argent et exposés ensuite à la lumière durant quelques secondes. On en précipite l'argent à l'état métallique au moyen d'un bain de sulfate ferreux mélangé à de l'acide azotique.

Le bain employé ensuite pour la galvanisation est du sulfate de cuivre presque neutre.

ZINC

Extraction. — 1° Solution ammoniacale de sulfate de zinc; anode en zinc, cathode en cuivre.

2º Dissolution de zincate de potasse avec électrodes en zinc. On élimine d'abord le soufre. l'arsenic et l'antimoine qui se rencontrent fréquemment dans les minerais de zinc, par le grillage.

On forme ensuite le zincate de potasse en projetant dans de la potasse en fusion un mélange du minerai ainsi oxydé et de carbone. Après refroidissement, on épuise l'eau bouillante et on électrolyse la solution (Burghardt).

3º *M. Lambotte-Doucet* dissout les minerais de zinc, préalablement grillés dans l'acide chlorhydrique étendu ; il obtient ainsi une solution neutre de chlorure de zinc.

Le fer que renfermait le minerai se dissout également dans la solution acide ; on l'en élimine au moyen de chlorure de chaux et d'oxyde de zinc.

La solution chlorhydrique est ensuite électrolysée ; on emploie pour cette opération des anodes en graphite et des cathodes en zinc.

4º *M. Kiliani* a proposé l'électrolyse des solutions zinciques ammoniacales aux anodes en fer.

5º Procédé *Létrange* (1881), revendiqué par MM. *Parodi* et *Mascazzini*. On grille d'abord les blendes avec précautions pour produire du sulfate de zinc ; on dissout le sel ainsi formé et on l'électrolyse en solution concentrée en se servant d'anodes en graphite.

5º *M. Luckow* (1881) réalise l'extraction du zinc des solutions chlorhydriques avec des anodes formées d'un mélange de blende et de coke enfermé dans une caisse à claire voie.

M. Lalande, se sert d'une solution de zincate de potasse et d'une cathode constituée d'une couche de mercure ; l'anode est en fer.

7º *M. Watt* (1887) dissout l'oxyde ou le carbonate de

zinc dans l'acide acétique à 75 ou 20 0/0 ; avec des anodes au charbon platine ou zinc brut.

8° *M. Burghardt* prépare le zinc et l'étain par l'électrolyse d'une solution de zincate ou de stannate alcalin.

Dépôts galvaniques. — *Bain de Watt.*

Cyanure de potassium. . .	7 kilog.
Carbonate.	2,5
Ammoniaque.	2,5
Eau distillée	100 litres.

Employé avec des électrodes en zinc laminé.

Bain de *Person et Sire* :

Eau	100 parties
Alun	40 »
Oxyde de zinc. . . .	1 »

Le bain est maintenu à la température de 15°. On obtient un dépôt très adhérent, qui résiste très bien au polissage.

FER

Extraction. — 1° Solution saturée de 2 parties de sulfate ferreux et 1 partie de chlorure d'ammonium.

2° Solution de chlorure double de fer et d'ammonium à laquelle on ajoute un peu de glycérine pour retarder l'oxydation par l'air.

3° Mélange de chlorure et de sulfate ferroso-ammoniacal en solution très concentrée.

4° Solution de sulfate ferreux additionnée d'acide citrique et de citrate d'ammonium.

5º Solution très concentrée, très pure et neutre de sulfate de fer au minimum.

6º Solution de sulfate ferreux et de sulfate de magnésium rendue neutre par du carbonate de magnésium.

Dépôts galvaniques. — Première composition du bain. Chlorure de fer (60 gr. de fer dans l'acide chlorhydrique) Chlorhydrate d'ammoniaque, 55 gr.

D'après M. Sprague, une petite quantité de glycérine ajoutée à la solution en retarderait la suroxydation.

2º composition :

d'une part :

Prussiate jaune de potassium .	10 parties
Tartrate sodico-potassique . .	20 »
Eau	200 »

d'une autre part :

Sulfate ferrique. . . .	3 parties
Eau.	50 »

Les deux solutions sont mélangées et additionnées de soude caustique jusqu'à dissolution du précipité de bleu de Prusse qui se forme tout d'abord.

NICKEL

Extraction. — 1º Chlorure double de nickel et d'ammonium.

2º Bain composé de :

Eau.	60 parties
Chlorure d'ammonium . .	24 »

Le tout saturé d'hydrate de nickel fraichement précipité, puis filtré.

3° Sulfate de nickel rendu neutre par l'ammoniaque.

4° Sulfate double de nickel et d'ammoniaque.

5° Solution de séléniate de nickel, additionnée d'ammoniaque avec anode de nickel.

Dépôts galvaniques. — 1ᵉʳ mélange (*Adams* 1869).

Nickel pur dissous dans de l'acide chlorhydrique. . . . . 135 gr.

Eau froide. . . . . 2,25 litres.

Ammoniaque jusqu'à saturation.

Sel ammoniac (dissous dans l'eau). . . . 70 gr.

Etendre à 10 litres.

2ᵉ mélange. (*Adams*). — Nickel pur dans de l'acide sulfurique . . . . 135 gr.

Carbonate d'ammoniaque dissous et neutralisé par l'acide sulfurique. . . . . . 70 gr.

Porter à 10 litres et filtrer après dépôt.

3ᵉ mélange (*Gaiffe-Elmore*). — Dissoudre dans de l'eau chaude du sulfate double de nickel et d'ammonium.

4ᵉ mélange (*Roseleur*). Sulfate double de nickel et d'ammoniaque . . . . 400 gr.

Carbonate d'ammoniaque . . . . 300 gr.

Verser peu à peu la seconde solution dans la première et porter à 10 litres.

5ᵉ mélange (*Pfanhauser*). — Opérer comme pour le bain précédent avec deux solutions.

Sulfate de nickel . . . . 1 kilog.
Bisulfite de soude. . . . . 1 »
ou bien encore :
Sulfate de nickel . . . . 2 kilog.
Sel ammoniac. . . . . 1 »
porter à 50 litres.

6ᵉ mélange (*J. Weiss*). — Solution neutralisée par l'ammoniaque.

Sulfate de nickel. . . . . 2 kilog.
Sel ammoniac. . . . . 1 »
Acide citrique. . . . . 100 gr.
Porter à 50 litres.

7ᵉ mélange (*Powell*). — Dissoudre dans 10 litres d'eau.
Sulfate de nickel . . . . 270 gr.
Citrate de nickel. . . . . 200 »
Chauffer à l'ébullition et ajouter : acide benzoïque. . . . . 70 gr.

COBALT

Extraction. 1ᵉʳ *bain*. Chlorure d'ammonium . . . . 20 parties
Chlorure de Cobalt . . . . 40 »
Eau . . . . 100 »
avec cathode en cuivre ou laiton.

2ᵉ *Bain*. Solution concentrée de chlorure de cobalt, neutralisée par l'ammoniaque et maintenue neutre pendant tout le cours de l'opération.

3° *Bain*. Solution neutre de sulfate double de nickel et d'ammoniaque.

Dépôts galvaniques. *Bains de Ruolz, 1re solution.*

Cyanure de potassium . . . . 10 gr.
Eau. . . . . 100 »
mélangée à :
Chlorure de Cobalt . . . . 20 gr.
Eau . . . . 200 »
le précipité de cyanure de cobalt ainsi obtenu est filtré et jeté dans une solution de :
Hyposulfite de sodium . . . . 100 gr.
Eau . . . . 700 »
On opère l'électrolyse à chaud.

2° *solution* : Sulfocyanure de potassium . . 10 gr.
           Chlorure de cobalt . . . . 20 »
           Eau distillée

On obtient également un bon dépôt de cobalt avec une solution concentrée de chlorure de cobalt neutralisée par une addition de potasse caustique et d'ammoniaque.

PLOMB

Extraction et affinage. — 1° Solution d'acétate de plomb.

2° Dissolution d'hydrate de plomb dans du cyanure de potassium.

3° *Procédé Keith*, exploité par l'electrolytal Refining C° à New-York, pour le raffinage du base bullion, produit brut du traitement au four à cuve des minerais du Nevada, du Colorado, de la Californie, de l'Utah, de l'Arizona, etc.

Le base bullion contient 96 0/0 de plomb en moyenne :

Plomb. . .	66,39	Antimoine. . .	1,07
Argent. - .	0,55	Arsenic . . .	1,22
Cuivre. . .	0,31	Zinc, fer, etc. .	0,49

On forme avec cet alliage des plaques de 0^m61 de longueur, 0^m38 de largeur et 0^m003 d'épaisseur, que l'on place dans des sacs de mousseline et qu'on emploie comme anodes en les disposant dans un bassin contenant une solution de sulfate de plomb dans l'acétate de soude. Les cathodes sont constituées par des tôles de plomb pur.

Le résidu inattaqué de l'anode est recueilli dans les sacs de mousseline.

Le plomb raffiné ainsi obtenu aurait, d'après M. Keith, la composition suivante :

Plomb. .	99,6	Antimoine.	traces
Argent. .	0,000068	Arsenic. .	traces
Cuivre. .	0,0	Zinc, fer .	0,0

Voici également le résultat d'une expérience qu'a faite le docteur Hampe qui employait comme électrolyte une solution d'acétate de plomb contenant 77 gr. 92 de métal par litre et acidulée avec 4 0/0 d'acide acétique.

	Métal brut	Plomb déposé	Résidu argentifère.
Plomb par différence. .	98,7967	99,99297	23,97
Bismuth . . . , . .	0,00376	0,00305	11,20
Cuivre	0,37108	0,00060	14,44
Antimoine	0,53641	0,00099	29,70
Argent	0,25400	»	18,435
Etain.	0,00575	0,00041	traces
Nickel	0,00730	»	0,090
Zinc	0,00271	0,00198	1,800
Soufre	0,00132	»	»
	100,00000	100,00000	99,625

Le résidu recueilli dans les sacs de mousseline est séché, fondu au creuset avec du nitrate de soude et du borax.

L'or et l'argent restent inattaqués ; la scorie, contenant de l'antimoniate et de l'arséniate de soude, est traitée par l'eau chaude ; l'arséniate se dissout et on le fait cristalliser pour l'employer à faire des couleurs, ou bien on le réduit par sublimation. L'antimoniate restant est réduit par le charbon dans des creusets : le fer, le cuivre, etc., que le résidu renferme, ne sont pas récupérés.

4° *Procédé Blas et Miest*, analogue à celui qui a été décrit pour l'extraction du cuivre.

Dépôts galvaniques. — Composition du bain électrolytique :

    1° Litharge . . . . 10 gr.
       Potasse caustique . . 100 gr.
       Eau . . . . 2 litres.
    2° Solution de nitrate ou d'acétate de plomb dans l'eau.

On emploie des anodes en plomb.

ALUMINIUM

Extraction. — 1° Solution de cyanure de potassium contenant de l'hydrate d'alumine, préparée en dissolvant de l'alumine hydratée fraîchement précipitée dans une solution bouillante de cyanure de potassium.

2° Solution d'alun chauffée à 60°

3° Solution de chlorure double d'aluminium et de sodium.

4° Solution d'alun additionnée d'acide tartrique.

5° Solution saturée de sulfate d'aluminium séparée d'une solution saturée de chlorure de sodium par un vase poreux.

6° Solution concentrée et chaude (65°) de sulfate d'aluminium additionné d'acide sulfurique.

7° Solution de chlorure double d'aluminium et d'ammonium (anode en aluminium, cathode en cuivre).

Dépôts galvaniques. — 1° Solution de chlorure double d'aluminium et de sodium (*Bertrand*).

2° Sulfate d'aluminium concentré, additionné d'acide sulfurique.

3° *Procédé Wohle.* — On précipite l'alumine de la solution :

                Alun . . 2 kilogrammes
                Eau. . . 3 litres,

par le mélange de sels suivant :

    Carbonate de potasse. .   2 kilogrammes
    Carbonate d'ammoniaque   8 à 10 grammes
    Eau . . . .   3 litres.

Le précipité d'alumine est traité, après lavage, par la solution :

            Alun . . . . . .   4 kilogrammes
            Cyanure de potassium   2   »   »
            Eau . . . . . .   10 litres.

On fait bouillir pendant une heure environ et on ajoute :

            Cyanure de potassium   2 kilogrammes
            Eau . . . . . .   10 litres.

On filtre. La liqueur filtrée est électrolysée avec une anode soluble en aluminium perforé. Le dépôt d'aluminium mat est rendu brillant par immersion dans la soude.

GALLIUM

Extraction. — 1° Solution d'oxyde de gallium dans la potasse caustique avec des électrodes en platine.

2° Solution ammoniacale de sulfate de gallium.

MANGANÈSE

Extraction. — L'électrolyse des sels de manganèse par voie humide donne presque toujours du péroxyde hydraté.

CHROME

Extraction. — Un creuset de charbon, contenant de l'acide chlorhydrique et placé dans un bain-marie, forme le pôle positif de la pile. Au centre du creuset est disposé un vase poreux contenant une solution aqueuse de chlorure chromique mélangée avec un peu de chlorure chromeux. On plonge dans cette solution une lame de platine formant le pôle négatif. On doit opérer avec un courant intense ; le chrome ainsi précipité ressemble au fer.

ARGENT

Extraction et raffinage. — 1° Fluosilicate d'argent.

2° Solution d'azotate d'argent neutre ammoniacal.

3º Solution de chlorate d'argent.

4º Solution de fluorure d'argent (Minet).

5º Chlorure d'argent en suspension dans de l'eau aci-dulée.

6º On retrouve l'argent dans les résidus provenant de l'affinage du cuivre et du plomb.

(Procédés Moebius, Cassel, Rosing, Body).

Dépôts galvaniques. — Le bain généralement employé pour l'argenture et indiqué par Roseleur est de composition suivante :

  Cyanure de potassium . . 500 gr.
  Cyanure d'argent . . . . 250 gr.
  Eau . . . . 10 litres.

OR

Extraction et raffinage. — 1º Solution aussi neutre que possible et concentrée de chlorure d'or.

2º L'or se retrouve dans les résidus provenant de l'affinage du cuivre :

(Procédés Moebius, Cassel, Rosing, Body).

Dépôts galvaniques. — Les menus objets se dorent gé-néralement à chaud et les grandes pièces à froid.

Voici la composition de ces deux sortes de bains d'après Roseleur.

Bain pour dorure à froid.

D'une part : Or vierge . . .   100 gr.
Eau régale.

La solution de chlorure est portée à 2 litres par addition d'eau.

D'autre part : Cyanure de potassinm   200 gr.
Eau . . . .   8 litres.

Les deux solutions sont réunies et soumises à l'ébullition pendant une demi-heure.

Bain pour la dorure à chaud.

D'une part : phosphate de soude cristallisé 600 gr.
Eau . . . .   8 litres.
D'autre part : Or vierge. . . . . . .   10 gr.
Eau régale.

La deuxième solution est portée à un litre, puis mélangée à la première. On ajoute à ce premier mélange la solution :

Cyanure de potassium . . .   10 grammes
Bisulfite de soude 100   »
Eau . . . .   1 litre.

On emploie ce bain avec une anode en platine à une température qui peut varier entre 50 et 80_0 centigrades.

EXTRACTION DE MÉTAUX DIVERS

Iridium. — Sulfate double d'iridium et de sodium neutralisé exactement.

Osmium. — Acide osmique, additionné de quelques gouttes d'acide sulfurique.

Rhodium. — Chlorure double de sodium et de rhodium.

Palladium. — Chlorure double d'ammonium et de palladium exactement neutre.

DÉPOTS GALVANIQUES DIVERS

Platine. — 1o On dissout d'une part 10 gr. de platine dans l'eau régale. A la solution de chlorure, ainsi obtenue, on ajoute 100 gr. de phosphate d'ammoniaque dissous dans un litre.

Le mélange de ces solutions est porté à l'ébullition jusqu'à ce qu'il présente une réaction acide et qu'il devienne tout à fait incolore.

2o Les Américains se servent d'un bain :

Chlorure de platine. 65 grammes
Eau . . . . 10 litres
Cyanure de potassium.

Ce dernier sel est ajouté à la solution de chlorure de platine jusqu'à redissolution du précipité formé d'abord.

Palladium. — 1o Azotate, chlorure, ou sulfure de palladium.

Potasse de soude.

2° Cyanure de palladium
Cyanure de potassium.

Laitonisage. — Composition du bain :

Acétate de cuivre	. .	3730 grammes
Acétate de zinc.	. .	370 »
Acétate de potassium.		3730 »
Eau	. . . . . .	25 litres.

On ajoute à ce mélange du cyanure de potassium. On fait usage d'une anode de laiton ; ou de deux anodes, l'une de laiton, l'autre de cuivre (Russell et Woolrish).

Bronzage. — Cyanure de potassium   50 parties

Carbonate	»	500	»
Chlorure d'étain	. .	12	»
Chlorure de cuivre.	.	15	»
Eau	. . . . . .	5000	»

La température de l'électrolyse ne doit pas dépasser 36° (Salzède).

Alliage de zinc, étain, cuivre.

> Cyanure double de cuivre et de potassium
> Zincate de potasse
> Stannate de potasse.

Maillechort (alliage de cuivre, zinc, nickel).

1ᵉʳ *Bain.*   Acide nitrique
            Maillechort.

Ajouter à la solution du cyanure de potassium ; remuer lentement jusqu'à précipitation complète, décanter le liquide épuisé, laver le précipité et y ajouter une solution concentrée de cyanure de potassium ; étendre le mélange de deux fois son volume d'eau.

2ᵉ *Bain.*   Eau . . . .   10 litres
            Cyanure de potassium   .   1 kilog.
            Carbonate d'ammonium.   1 kilog.

Chauffer la solution à 70° centigrades et y dissoudre par le courant électrique du maillechort.

On emploie des anodes en maillechort.

Magnétite sur le fer et l'acier. — *Procédés Barff et Bower.* — On forme à la surface d'objets en fonte, fer ou acier une couche d'oxyde magnétique compacte, protégeant les couches sous-jacentes de toute oxydation, à condition que les pièces ne soient soumises à aucun frottement ni à aucun choc.

Procédé de Meritens. — L'acier est revêtu d'oxyde magnétique en plaçant la pièce métallique, en guise d'anode, dans un bain d'eau distillée chauffée à 80°, avec une cathode en cuivre, charbon ou fer.

Après une heure ou deux, le courant a formé une couche de magnétite assez solide pour résister à la friction d'une brosse métallique.

Peroxyde de plomb. — *Procédé Becquerel.* — On plonge dans une solution alcaline de protoxyde de plomb la pièce à colorer, reliée au pôle positif de la source d'électricité. Un fil de platine terminé en pointe est relié au pôle négatif, et mis en mouvement à quelques millimètres de la pièce servant d'anode.

Le protoxyde de plomb en contact avec l'anode à revêtir se suroxyde, devient insoluble et se dépose à la surface du métal en couches minces, produisant les couleurs des lames minces.

Procédé Haswell. — Composition du bain.

Nitrate d'ammoniaque. . . .   20 parties.
  »   de plomb   8   »
Eau 1000   »

OBSERVATIONS GÉNÉRALES.

(*a*) Les pièces à revêtir doivent subir une série de préparations avant d'être portées dans les bains ; les principales sont : le *polissage*, le *dégraissage*, le *décapage* On trouvera le détail de ces opérations, pour chaque cas particulier, dans les ouvrages déjà désignés par nous, au commencement de ce chapitre.

Pour obtenir une électrolyse régulière, surtout lorsque l'opération doit être de longue durée, il y a également à prendre un certain nombre de précautions dont la plupart sont fixées par l'expérience : les unes se rapportent à la *formation du bain, son entretien, sa température, sa concentration, sa pureté*, etc., les autres ont trait plus spécialement aux *dimensions* des électrodes et à leur *écartement* ; à la quantité d'électricité qui peut passer par unité de surface de la cathode.

Les dispositions de toute nature qu'il est indispensable de prendre pour obtenir un bon dépôt varient avec la nature du bain, ses qualités et le métal à déposer ; elles ne sont soumises à aucune loi générale. Nous croyons néanmoins qu'il est possible de déterminer *a priori*, pour chacun des métaux, l'intensité du courant limite, en fonction de l'unité de surface de la cathode, et cela en se basant sur les considérations suivantes :

Pendant l'électrolyse par voie humide, l'élément *électro-positif*, c'est-à-dire celui qui se porte à l'électrode négative, se dépose en général à l'état solide. Le mercure seul fait exception. On a constaté que, pour que le dépôt s'opère régulièrement, la surface de la cathode devait être proportionnelle à l'intensité du courant ; autrement dit qu'il existe pour chaque élément une *densité de courant* (intensité par centimètre carré) maximum, au-dessus de laquelle, non-seulement le dépôt s'opère mal, mais encore est accompagné de phénomènes secondaires, comme ceux d'oxydation, qui nuisent à sa pureté et surtout à sa texture.

On a pu déterminer par l'expérience les surfaces S des cathodes, correspondant à un courant d'une intensité égale à 1 ampère, pour le cuivre au maximum et l'argent au minimum. Voici les résultats obtenus :

Eléments Électro-positifs.	Surface de la cathode S	Densité du courant $d = \dfrac{S}{1}$
	cmq.	Amp.
Cuivre au maximum......	100 »	0,01
Argent au minimum......	290 » environ.	0,0034

Les valeurs de S, correspondant à ces deux métaux, sont proportionnelles à leurs *volumes moléculaires électrolytiques* V.

Le *volume moléculaire électrolytique* est représenté par l'expression.

$$V = \frac{\varepsilon q}{\delta}$$

où εq représente l'équivalent électrochimique de l'élément électropositif, δ sa densité.

Nous avons admis, pour tracer le Tableau VII, que les

TABLEAU VII.

Volumes moléculaires des éléments électro-positifs.

Noms des éléments électro-positifs	Formules	Densité δ.	Constantes correspondant à 1 ampère-seconde.		Surface de la cathode $S = 2720\,V$ pour 1 ampère.
			Équivalents électro-chimiques εq.	Volumes molé-culaires $V = \dfrac{\varepsilon q}{\delta}$.	
			mgr	mmc	cmq
Manganèse (per).	$Mn^{\frac{1}{2}}$	8	0,143	0,0179	48,5
Palladium (per)..	$Pd^{\frac{1}{2}}$	12,05	0,279	0,0228	62
Nickel (per)......	$Ni^{\frac{2}{3}}$	8,82	0,205	0,0232	63
Cobalt (per)......	$Co^{\frac{2}{3}}$	8,51	0,205	0,0240	65
Fer (per).........	$Fe^{\frac{2}{3}}$	7,84	0,194	0,0248	67,5
Chrome (per).....	$Cr^{\frac{2}{3}}$	7	8,182	0,0250	68
Fer (magnétique).	$Fe^{\frac{2}{1}}$	7,84	0,218	0,0278	75,5
Nickel (pro)......	Ni	8,82	0,306	0,0547	94,5
Or (per)..........	$Au^{\frac{2}{3}}$	19,31	0,680	0,0352	96
Cobalt (pro)......	Co	8,51	0,306	0,0358	97
Manganèse (pro)..	Mn	8,00	0,286	0,0358	97
Aluminium (per).	$Al^{\frac{2}{3}}$	2,67	0,096	0,0359	97
Cuivre (per)......	Cu	8,93	0,329	0,0368	100
Fer (pro)	Fe	7,84	0,290	0,0370	105,5
Antimoine (per)..	$Sb^{\frac{1}{4}}$	6,72	0,249	0,0370	100,5
Chrome (pro)....	Cr	7,00	0,271	0,0380	103
Étain (per).......	$Sn^{\frac{1}{2}}$	7,29	0,306	0,0419	114
Palladium (pro)..	Pd	12,05	0,549	0,0456	124

Noms des éléments électro-positifs	Formules	Densité δ.	Constantes correspondant à 1 ampère-seconde.		Surface de la cathode $S = 2720\,V$ pour 1 ampère
			Équivalents électro-chimiques εq.	Volumes moléculaires $V = \dfrac{\varepsilon q}{\delta}$.	
			mgr	mmc	cu.q
Antimoine........	$Sb^{\frac{1}{4}}$	6,72	0,311	0,0460	125
Zinc.............	Zn	7,19	0,327	0,0468	127
Platine	Pt	21,45	1,026	0,0478	130
Or (pro)	Au	19,31	1,021	0,0529	144
Aluminium (pro).	Al	2,67	0,143	0,0535	146
Silicium	Si	2,49	0,145	0,0580	158
Antimoine (pro)..	$Sb^{\frac{1}{3}}$	6,72	1,243	0,0620	169
Cadmium........	Cb	8,60	0,580	0,0670	182
Magnésium	Mg	1,74	0,124	0,0712	194
Argent (per)......	$Ag^{\frac{2}{3}}$	10,51	0,745	0,0713	194
Bismuth (per)....	$Bi^{\frac{1}{3}}$	9,95	0,726	0,0730	199
Cuivre (pro)	Cu^2	8,98	0,658	0,0736	200
Mercure (per)....	Hg	13,60	1,036	0,0762	207
Étain (pro).......	Sn	7,29	0,611	0,0833	227
Sélénium	Se	4,25	0,389	0,0920	250
Plomb...........	Pb	11,37	1,072	0,0943	256
Argent	Ag	10,51	1,118	0,0164	290
Lithium	Li	0,50	0,076	0,1280	348
Calcium	Ca	1,58	0,207	0,1310	356
Baryum	Ba	»	0,711	»	»
Mercure (pro)....	Hg^2	13,60	2,068	0,1524	415
Strontium	St	2,54	0,453	0,1780	484
Thallium	Tl	11,86	2,113	0,1780	484
Antimoine.......	Sb	6,72	1,243	0,1850	502
Bismuth.........	Bi	9,95	2,176	0,2100	595
Sodium..........	Na	0,97	0,239	0,2460	670
Potassium	K	0,86	0,406	0,4720	1280

surfaces de cette cathode, correspondant à un courant de 1 ampère, devaient conserver cette proportionnalité pour tous les éléments. La sixième colonne du Tableau VII donne les résultats d'un calcul basé sur cette hypothèse

$$S = 2720, \quad V = KV.$$

Le coefficient $K = 2720$ est tiré de la valeur de S, trouvée expérimentalement pour le cuivre ; on a, en effet, avec ce métal.

$$S = 100, \quad V = 0,0368, \quad K = \frac{100}{0,0368} = 2720.$$

« En admettant que notre hypothèse ne se vérifie pas rigoureusement, on ne s'écartera pas beaucoup de la vérité en disant que la surface de la cathode, pour une intensité de 1 ampère, doit être de 100^{cmq} en moyenne, dans l'électrolyse par voie humide.

Quoi qu'il en soit, lorsqu'on aura à procéder au dépôt d'un métal pour la première fois, il y aura toujours intérêt à donner à la cathode une surface voisine de celle qu'indiquerait la loi que nous proposons, sauf à la modifier ensuite.

Il peut se faire aussi, que pour un métal à un degré d'oxydation donné, la surface de la cathode correspondant à un bon dépôt, varie avec la *nature* de l'électrolyte, sa *concentration*, la *température* ; ce qui enlèverait à la loi proposée toute sa généralité. Enfin ne s'appliquerait-elle qu'à un petit nombre de cas, elle n'en serait pas moins le point de départ et pour ainsi dire la base de toute une série de recherches scientifiques négligées jusqu'ici. A ce dernier titre seul il était intéressant de la formuler.

ÉLECTROLYSE PAR FUSION IGNÉE

Avantage de l'électrolyse par fusion ignée sur les autres modes électrolytiques.

Comme on l'a fait remarquer plus haut, ce mode d'électrolyse présente sur l'électrolyse par voie humide de très grands avantages, tirés des *propriétés mêmes* de l'agent électrique, et, parmi ces propriétés, nous entendons surtout celle en vertu de laquelle l'électricité peut accumuler, *dans un espace restreint*, une grande somme d'énergie.

On connait, en effet, des foyers lumineux très puissants constitués par l'arc électrique, dont les constantes (300 ampères, 50 volts) permettent de calculer l'énergie nécessaire pour leur alimentation, énergie qui se trouve ainsi accumulée en un point et qui représente une puissance de 20chx.

Nous énoncerons d'abord cette proposition générale :

Quel que soit le phénomène physique (lumineux, calorifique, électrolytique) *résultant de l'action électrique, l'utilisation de l'énergie accumulée par l'électricité est d'autant plus grande que la réaction se produit dans un espace plus restreint.*

Phénomènes lumineux. — Nous donnerons deux exemples se rattachant à ce phénomène.

Premier exemple : Un régulateur, alimenté par un courant dont les constantes sont de 25 ampères, 35 volts, et qui absorbe, par conséquent, en un point, une quantité d'énergie égale à 1,20 cheval-vapeur, possède une puissance lumineuse de 200 carcels.

Au contraire, une lampe à incandescence absorbe, en général, une quantité d'énergie de 5^{kgm} pour une intensité lumineuse de **2** carcels. Il s'ensuit qu'avec ce mode d'éclairage, plus divisé que le précédent, il faudrait, pour une production lumineuse de **200** carcels, une dépense dans les lampes de 500^{kgm}, soit 7^{chx} environ.

Second exemple : On sait qu'il est plus économique, au point de vue du rendement lumineux, de brûler du gaz dans un moteur à gaz qui actionne une machine électrique et produire de la lumière au moyen de lampes à incandescence et, *a fortiori*, de lampes à arc, que de brûler directement, c'est-à-dire à air libre, la même quantité de gaz.

Phénomène calorifique. Fusion des métaux. — Ce problème **a** été résolu électriquement pour la première fois pas Siemens et appliqué à la fusion du platine. L'adoption de ce procédé s'impose lorsque la fusion doit s'opérer à une température élevée, ou lorsqu'il est indispensable d'éviter le contact de l'air, comme dans la fusion du fer chimiquement pur, difficilement réalisable avec la méthode ordinaire.

Le Tableau n° VIII, relatif à cette question, renferme des renseignements intéressants.

TABLEAU VIII

Constantes thermiques rapportées à la fusion électrique de 1 kilogr. de métal.

MÉTAUX	Chaleurs spécifiques. c	Chaleurs de fusion c_1.	Température de fusion t.	Calories absorbées $C = (ct + c_1)$.	Charbon consommé dans dans la machine à vapeur $1{,}56 \times C$.
	Cal.	Cal	Degrés	Cal.	gr.
Potassium	0,162	»	90	15	23,40
Sodium	0,293	»	58	17	26,52
Sélénium	0,076	»	217	16,50	25,70
Etain	0,056	14,25	230	27	42
Bismuth	0,031	12,60	265	20,80	32,40
Cadmium	0,057	13,60	320	34,40	49,60
Plomb	0,031	5,40	330	15,80	24,60
Zinc	0,096	28,10	360	62,70	98
Magésium	0,250	»	380	75	148
Antimoine	0,052	»	432	22,50	35
Strontium	»	»	700	»	»
Baryum	»	»	700	»	»
Aluminium	0,214	»	625	134	209
Argent	0,057	21,10	1000	78	122
Cuivre	0,095	»	1090	104	162
Or	0,030	»	1100	33	51,50
Fonte grise	0,110	»	1500	165	257
Acier	0,110	»	1800	198	309
Manganèse	0,120	»	1800	216	337
Nickel	0,110	»	1300	128	309
Cobalt	0,110	»	1800	198	309
Fer	0,110	»	1900	209	326
Palladium	0,059	»	1950	115	179
Platine	0,032	»	2000	64	107

« Il démontre que la meilleure utilisation des calories dégagées par la combustion du charbon est obtenue, dans certains cas, lorsque cette puissance calorifique passe par une série de transformations.

« On admet généralement que la quantité de chaleur dégagée par le courant électrique représente les $\frac{8}{10}$ de la chaleur de combustion du charbon consommé dans le générateur de la machine à vapeur qui actionne les machines électriques.

« Partant de cette base et, étant donné que théoriquement $0^{gr},125$ de carbone dégagent une grande calorie, il faudra dépenser, dans le générateur à vapeur, $1^{gr},56$ de carbone pour produire une calorie électrique en un point donné d'un circuit.

« Nous avons calculé la quantité de chaleur nécessaire à la fusion de 1^{kg} de tous les métaux, sans tenir compte de la chaleur de fusion lorsque cette quantité n'était pas connue.

« Cela, du reste, ne change pas sensiblement les résultats.

« La colonne 6 donne le poids correspondant du **charbon** consommé dans la machine à vapeur, lorsqu'on applique les procédés électriques.

« Il n'est pas douteux que les chiffres obtenus démontrent l'avantage de ces procédés sur la fusion par la combustion directe du charbon, *telle qu'elle est appliquée actuellement.*

« Laissons de côté les métaux dont la température de fusion est relativement faible, pour n'envisager que ceux dont la fusion s'opère à une température élevée.

« Admettons une perte dans les fours électriques de $\frac{50}{100}$ et doublons, par suite, pour notre comparaison, les chiffres de la sixième colonne ; on nous accordera que cette perte, pour peu que l'opération soit bien conduite, doit être considérée comme un maximum.

« Suffira-t-il, par combustion directe, de 103^{gr} de carbone pour fondre 1^{kg} d'or ; de 200^{gr} pour la fusion de 1^{kg} de platine, etc. ?

« Évidemment non, il en fondra plus ; cela tient à ce que les difficultés que l'on rencontre dans la fusion de ces métaux tiennent moins à la quantité de calories absorbées qu'à la température à laquelle il faut porter le creuset qui les renferme, le combustible et le foyer lui-même, lorsqu'on opère par combustion directe, alors que dans les fours électriques le métal et le creuset où s'opère la réaction sont seuls portés à cette température ; l'on évite ainsi, en grande partie, les causes de refroidissement, et nous ne tenons pas compte de la rapidité de la réaction, qui est beaucoup plus grande avec la fusion électrique.

« *Phénomènes électrolytiques*. — Nous démontrerons que la proposition énoncée plus haut s'applique également aux phénomènes électrolytiques, ce qui assure, avec l'électrolyse par fusion ignée, une meilleure utilisation de l'énergie électrique qu'avec l'électrolyse par voie humide, l'espace où la réaction se produit étant beaucoup plus petit avec le premier de ces deux modes électrolytiques. Un examen rapide des dispositions afférentes à chacun des deux modes d'électrolyse apportera des arguments nouveaux en faveur de l'électrolyse par fusion ignée.

« Nous considérerons successivement les dimensions des électrodes, la force électromotrice de décomposition, la chaleur perdue dans les deux cas.

« (A) *Dimensions des électrodes.* — (α) *Voie humide.* — Nous avons démontré que pour avoir un bon dépôt la densité du courant à la cathode, c'est-à-dire l'intensité du courant par centimètre carré de surface, oscillait, en général, entre $0^{amp},003$ et $0^{amp},02$.

« (β) *Fusion ignée*. — La température du bain, étant le plus souvent supérieure à la température de fusion du **métal** déposé, celui-ci prend naissance à l'*état liquide* et l'intensité du courant, par rapport à la surface de la cathode, peut être considérablement augmentée, sans doute à cause de cet état.

« Dans les expériences entreprises sur l'électrolyse par fusion ignée, la densité du courant, à la cathode, a atteint une valeur 250 fois plus grande que dans l'électrolyse des sels de cuivre par voie humide.

« On a pu faire passer, en effet, en marche **régulière**, $2^{amp},5$ par centimètre carré, tandis que la densité de courant correspondant à l'électrolyse des sels de cuivre ne dépassait guère $0^{amp},01$.

« Nous croyons que la densité du courant, avec un électrolyte fondu, n'est limitée que par la section droite qu'il est nécessaire de donner aux électrodes, pour que celles-ci ne subissent aucune détérioration par le passage du courant. La section droite des électrodes est aussi, du reste, solidaire de l'intensité du courant, et ne saurait être diminuée indéfiniment.

« (B) *Force électromotrice de décomposition*. — La force électromotrice minima de décomposition est toujours plus faible pour l'électrolyse par fusion ignée, et cela, pour deux raisons : l'électrolyte se trouvant à l'état anhydre et fondu, la chaleur de décomposition se rapporte aux composés et aux corps constituants, pris à l'état solide ; or, cette chaleur est le plus souvent inférieure à celle qui correspond à l'état dissous, et c'est cette dernière qu'il faut prendre pour le calcul de la force électromotrice minima dans l'électrolyse par voie humide.

« Il n'est pas démontré, en second lieu, que l'électrolyte

ne subit pas un commencement de ségrégation moléculaire
à cause de la haute température à laquelle il est porté au
moment où s'exerce l'action du courant ; en d'autres termes, qu'à cette température, sa chaleur de formation ou de
décomposition est plus faible, et plus petite, par suite, la
force électromotrice minima qui y correspond.

« (C) *Chaleur perdue*. — L'expérience démontre qu'elle
est sensiblement la même dans les deux modes d'électrolyse ; nous voulons parler de celle qui est développée par
le passage du courant dans l'électrolyte. En effet, lorsqu'on
passe de l'électrolyse par voie humide à l'électrolyse par
fusion ignée, les dimensions des électrodes deviennent plus
petites, il est vrai, mais restent en raison inverse de la conductibilité spécifique de l'électrolyte ; leur écartement étant
le même dans les deux cas, la résistance de l'électrolyte est
constante. C'est, du moins, à cela que doit tendre l'expéri_
mentateur, et, nous-même, nous nous sommes toujo rs
placé dans ces conditions.

« Ajoutons que la quantité de chaleur développée par le
passage du courant dans l'*espace restreint* qui correspon l à
l'électrolyse par fusion ignée est assez grande pour mainte -
nir l'électrolyte à l'état fondu, et que la consommation du
charbon pour obtenir la première fusion et protéger la
cuve qui renferme l'électrolyte contre un trop grand refroidissement est négligeable, comparée aux quantités d'é-
nergie chimique et calorique, mises en jeu pendant l'électrolyse.

HISTORIQUE ET APPLICATION DE L'ÉLECTROLYSE PAR FUSION IGNÉE.

L'électrolyse par fusion ignée n'a reçu jusqu'à ce jour qu'un petit nombre d'applications. On l'emploie quelquefois, en chimie, pour opérer la décomposition de corps difficilement réductibles; mais l'on n'obtient, en général, dans ces sortes de décompositions, que des quantités très faibles de l'élément électro-positif.

« Nous avons cherché à déterminer les meilleures conditions de marche de ce phénomène, conditions qui se rapportent à la masse du bain électrolytique, sa température, sa *fluidité* surtout, et aux dimensions des électrodes (cathode et anode).

« Nos recherches ont été appliquées aux sels halogéniques d'aluminium; nous poursuivons ainsi un double but : la solution d'un problème général se rattachant aux applications de l'Électricité à la Chimie et la production d'un métal qui peut être considéré, à plus d'un titre, comme le métal de l'avenir.

« Pendant quatre années, nous avons procédé, sans interruption, à des expériences de diverses sortes, dont je suis heureux de pouvoir donner ici les résultats. Mais je dois d'abord exprimer ma reconnaissance à MM. Myrthil et Ernest Bernard, qui m'ont encouragé à poursuivre ces travaux et qui m'ont donné, dans leur usine de Creil, les moyens d'en obtenir la réalisation industrielle. Je commencerai par étudier l'état de la question, au début de mes recherches (mars 1887), en passant en revue les éléments pour lesquels l'électrolyse par fusion ignée avait été appliquée.

Silicium. — Parmi les méthodes qui se rattachent à la préparation des métalloïdes, l'électrolyse par fusion ignée n'a guère été utilisée que pour obtenir le silicium.

La description que l'on fait du procédé électrolytique est assez vague ; on en déduit toutefois que les quantités du métalloïde déposé devaient être très faibles : « Après avoir « mélangé parties égales de fluorure de potassium (KFl)(1) « et de fluorure de sodium (NaFl), on ajoute de la silice « calcinée $\left(Si^{\frac{1}{2}}O\right)$.

« Ce mélange étant fondu, on lance le courant de 4 élé- « ments Bunsen ; du silicium se porte au pôle négatif, cons- « titué par une tige de platine, et se combine avec ce mé- « tal, recueilli ainsi à l'état de siliciure de platine. De « l'oxygène se porte au pôle positif. »

La faiblesse même de la source électrique témoigne de la petitesse des réactions au passage du courant. On sait que l'*équivalent électrochimique* ; éq, du silicium, c'est-à-dire la quantité de silicium mise en liberté par le passage d'un coulomb, lorsque l'électrolyte est de la silice, est égal à $0^{mgr},075$. En supposant que les éléments Bunsen, disposés en tension, débitent 10 ampères pendant une heure, autrement dit 36000 coulombs, la quantité P du métalloïde produit pourra être ainsi calculée

$$P = \text{éq} \times Q = 0,0725 \times 36000,$$

elle serait égale à $2^{gr},6$.

« Cette quantité est, en effet, trop faible pour qu'on puisse recueillir le silicium autrement qu'à l'état d'alliage.

---

(1) Dans le cours de cette étude, les formules chimiques des électrolytes sont rapportées à un seul équivalent de l'élément électronégatif.

« Les ouvrages de Chimie sont muets sur la *nature du vase* dans lequel s'opère la réaction ; on verra plus loin l'importance de cette question, en électrolyse par fusion ignée, particulièrement pour le traitement des fluorures fondus, surtout lorsque l'opération doit être de longue durée.

Métaux alcalins. — En 1808, Davy songe à décomposer les alcalis fixes (potasse et soude) avec le secours de courants puissants, pour en déterminer la constitution : « Après « avoir fondu la potasse ou la soude, au rouge vif, dans « une cuiller en platine, il met en communication cette der- « nière avec une pile formée de 100 éléments, et il plonge « dans l'alcali en fusion un fil de platine servant d'électrode « positive. Il observa autour de cette dernière une colonne « de flamme qui partait du point de contact de la tige avec « l'alcali en fusion et qui paraissait produite par un corps « combustible qu'il ne put isoler dans cette opération.

« Ce savant fit agir alors le courant sur un bloc de po- « tasse hydratée, placé sur une plaque de platine qui ame- « nait le courant ; le pôle négatif était constitué par du mer- « cure contenu dans une cavité ménagée dans le bloc de « potasse.

« Davy obtint, dans cette seconde expérience, un amal- « game de potassium et, au moyen d'une distillation ulté- « rieure, quelques globules de ce métal. »

Son but principal était, comme nous le disions plus haut, de fixer la constitution des oxydes alcalins et non d'imaginer une méthode d'extraction du potassium ou du sodium et d'en établir les règles.

Lithium. — Isolé par Davy, en décomposant la lithine ou mieux le chlorure anhydre de lithium.

Le pôle positif était constitué d'un charbon de cornue et le pôle négatif d'une tige de fer où venaient s'attacher les globules du métal, qu'on isolait facilement à la fin de l'opération, protégés qu'ils étaient par du sel cristallisé. L'électrolyte était fondu dans un creuset de platine.

M. Troost a perfectionné ce procédé en disposant le chlorure anhydre de lithium dans un creuset de fer hermétiquement fermé, afin d'éviter les projections de chlorure. Avec ce dispositif, l'opération est très régulière et peut fonctionner, pendant plusieurs heures, en fournissant des quantités appréciables de métal.

Magnésium. — Isolé par Matthiessen en faisant agir le courant électrique sur un mélange fondu de 4 équivalents de chlorure de magnésium (M^gCl), 3 équivalents de chlorure de potassium (KCl), 1 équivalent de chlorure d'ammonium (Az H^4Cl).

Bien que ce procédé ne soit pas employé couramment on peut le considérer comme facilement applicable, à cause de la température, relativement faible, du mélange fondu.

M. Grœtzel, en Allemagne, a réussi également à isoler le magnésium par l'électrolyse de son chlorure fondu.

Calcium, strontium, baryum, en traitant les chlorures doubles fondus. — Procédé Bunsen, modifié par Matthiessen. Le pôle négatif est encore constitué d'une tige métallique, et les quantités du métal produit sont très faibles (1).

ALUMINIUM

Henry Sainte-Claire-Deville (1854-1858). En même temps qu'il applique à l'extraction de l'aluminium les méthodes

(1) Voir plus loin la description du procédé de Creil-Saint-Michel.

chimiques dont il est fait plus loin une description complète et qui ont été reprises dans ces derniers temps en Angleterre, par Castner d'une part et Netto de l'autre, en Allemagne par Grabau ; Henry Sainte-Claire-Deville s'intéresse aux méthodes électrolytiques, mais il ne procède pas à de nombreuses recherches sur ce sujet, sans doute parce qu'il ne pouvait disposer des puissantes sources d'électricité que nous possédons aujourd'hui.

1° Electrolyse du *chlorure anhydre d'aluminium* Al^2Cl^3 combiné avec trois équivalents de chlorure de sodium $3NaCl$; et ce sel double mélangé avec un excès de ce dernier sel, le tout à l'état fondu. Nous avons démontré que ce bain ne saurait fournir (communication à l'Académie, du 9 juin 1890) une marche régulière de longue durée.

2° Deville essaye d'électrolyser *l'alumine* Al^2O^3, mélangée à du fluorure de sodium $NaFl$ et du fluorure de potassium KFl, à l'état fondu.

Ce savant constate d'abord que l'alumine ne se dissout pas dans le mélange de ces deux fluorures alcalins.

Il remarque que lorsque le courant traverse le bain électrolytique, il prend naissance au pôle négatif du potassium et du sodium seulement, et que ces métaux ne réduisent même pas l'alumine en suspension.

Ce fait est important à noter ; depuis Henry Sainte-Claire Deville, de nombreux savants et industriels ont basé leurs procédés sur la dissolution de l'alumine dans un bain de fluorure fondu, et l'électrolyse de l'alumine supposée dissoute. Les premiers essais n'ont pas donné de bons résultats par la raison que. pour appliquer rigoureusement leur procédé, ils n'alimentaient le bain au fur et à mesure de sa décomposition que par de *l'alumine seule.*

Depuis, ils ont obtenu de meilleurs résultats en modifiant leur première manière et en alimentant le bain avec un mélange d'*alumine et de fluorure d'aluminium*.

Nous démontrerons que dans ce cas, lorsque la température n'excède pas 1,000 à 1,100 degrés et la force électromotrice, pour un seul bain 5 volts, l'électrolyte décomposé le premier et presque exclusivement, de tous ceux qui forment le bain électrolytique, est le fluorure d'aluminium.

Le fluor qui se dégage à l'électrode positive attaque l'alumine en suspension et la transforme en fluorure d'aluminium qui se combine aux fluorures alcalins devenus libres pour former un fluorure double; le bain est donc régénéré, en partie seulement. mais parce qu'il se perd certaines proportions de fluor.

C'est pour compenser cette perte qu'on introduit dans le bain, en même temps que l'alumine, du fluorure d'aluminium; sans cette précaution, le bain deviendrait rapidement pâteux, parce qu'il s'enrichirait d'alumine, le courant n'opérant la ségrégation que des fluorures d'aluminium ou alcalins.

De plus, sa densité atteindrait rapidement celle de l'aluminium, qui viendrait surnager à sa surface et brûlerait au contact de l'air en raison de l'état extrême de division où il se trouverait.

Telle est la théorie que j'ai soutenue dès le début de mes recherches, et je crois qu'on ne peut obtenir de bons résultats, industriellement parlant, qu'en l'appliquant rigoureusement ; c'est du reste ce qu'ont fait Hall, en Amérique, depuis le mois de novembre 1888 et Héroult-Kiliani à Froges (France) et à Neuhausen (Suisse) depuis le mois d'avril 1889.

3° Henry Sainte-Claire-Deville prévoit que la cryolithe

au fluorure double d'aluminium et de sodium (Al^2Fl^3, $3NaFl$) peut s'électrolyser par la pile à l'état fondu, mais il ne procède à aucune expérience ayant trait à cette électrolyse, que j'ai réalisée le 9 mars 1887.

Lontin. 1883. Essaie d'électrolyser de l'alumine qu'il supposait dissoute dans un bain fondu composé d'un mélange de chlorure et de fluorure d'aluminium et de métaux alcalins.

— 1886. Essaie d'électrolyser le *chlorure de sodium*, l'anode étant constituée d'un charbon aggloméré avec l'alumine ; cet ingénieur croyait que les vapeurs de chlore qui se dégagent à l'électrode positive attaqueraient l'alumine dans le charbon, et que le chlorure d'aluminium à l'état naissant s'électrolyserait au sein de la masse.

La mort le surprend dans ses recherches qui restent sans résultat pratique.

Kleiner. Essaie de réduire par l'arc la cryolithe, haute force électromotrice et grande perte de fluorure.

Lossier. Forme un bain à base de fluorure qu'il régénère avec du *spath fluor* $CaFl$ et du silicate d'alumine ($3SiO^2$) Al^2O^3.

Nous ne connaissons pas de résultats précis ; toutefois nous pouvons dire que cette méthode présente des défauts graves.

Cowles 1885. Formation des alliages d'aluminium en attaquant l'alumine en même temps par un métal (cuivre ou fer) et par le courant électrique, appliqué en Amérique ; impossibilité d'obtenir l'aluminium pur avec ce procédé.

Hall, 1886. Electrolyse de l'alumine supposée dissoute dans un bain fondu, formé d'un mélange de fluorure d'aluminium et de fluorures alcalins. Il réussit à appliquer son procédé vers 1888, en alimentant le bain avec un mélange de fluorure d'aluminium et d'alumine.

Héroul 1886. Electrolyse de l'alumine supposée dissoute dans un bain fondu de fluorures.

Peu de résultats, au début, quant à la production de l'aluminium pur.

— 1887. Il perfectionne la méthode Cowles et s'applique à la formation des alliages, vers le milieu de l'année 1888, à Neuhausen (Suisse) et à Froges (France).

— 1889. En collaboration avec M. Kiliani, il reprend son idée de 1886, et réussit à produire de l'aluminium pur en alimentant le bain avec un mélange de fluorure d'aluminium et d'alumine.

Minet, 1887. (*a*) Electrolyse par fusion ignée du *fluorure d'aluminium*, combiné avec du fluorure de sodium, et mélangé avec du chlorure de sodium ; (*b*) *alimentation* du bain au moyen d'un mélange d'oxyde et de fluorure d'aluminium répondant à un oxyfluorure (Al^2Fl^3, $3Al^2O^3$).

Tels sont à peu près les procédés électriques ayant reçu jusqu'à ce jour une consécration industrielle ; on en trouvera plus loin une description complète.

Les résultats déjà obtenus font prévoir un avenir brillant à ces méthodes qui sont nées d'hier, et qui rendent déjà de grands services à la métallurgie.

DEUXIÈME PARTIE

DESCRIPTION DES PROCÉDÉS DE FABRICATION DE L'ALUMINIUM

Les procédés d'extraction de l'aluminium sont nombreux et peuvent être divisés en trois classes bien distinctes :

1° Méthodes chimiques. — Henry Sainte-Claire-Deville, Castner, Netto, Grabau, Webster, Frismuth, etc.

2° Méthodes électriques. — (*a*) *Procédés électrolytiques* : Adolphe Minet, Hall, Hampes, Héroult et Kiliani, Kleiner, Berg, etc.

(*b*) *Procédés électrothermiques* : Cowles, Brin, Héroult, Bessemer, Stéfanite, etc.

Il en est, parmi ces méthodes, qui ont déjà reçu une application industrielle ; d'autres n'ont pas dépassé la période d'essais ; d'autres encore n'ont été sanctionnées par aucune expérience. Nous les passerons indistinctement toutes en revue, sauf à nous étendre davantage sur celles qui présentent le plus d'intérêt.

1° **Méthodes chimiques.**

Historique. — L'aluminium a été isolé pour la première fois, en 1827, par Wöhler, qui l'obtint impur et en petite quantité, en faisant agir le *potassium* sur le chlorure anhydre d'aluminium.

Tous les efforts tentés avant cette époque par Davy, Berzélius, Œrsted pour décomposer l'alumine par la pile n'avaient pas donné les résultats qu'on était en droit d'espérer, puisqu'on avait réussi avant à décomposer par le courant électrique les oxydes alcalins.

Œrsted avait également essayé sans succès de réduire par les métaux alcalins le chlorure d'aluminium qu'il venait de découvrir.

Cette méthode remarquable ne devait réussir qu'entre les mains de Vöhler.

En même temps que l'aluminium, ce savant parvint à isoler le glucinium, le zirconium (1).

L'aluminium, préparé en 1827, se présentait sous la forme d'une poudre grisâtre, manquant des propriétés physiques communes aux métaux; en 1845, toutefois, Vöhler parvint à produire ce métal, à l'état de globules malléables, présentant l'éclat métallique; il put, par suite, en déterminer les principales propriétés physiques et chimiques.

On était loin de se douter à cette époque que l'aluminium deviendrait un métal usuel.

Cette découverte, qui fut le résultat d'une étude plus ap-

(1) *Annales de physique et de chimie,* t. XXXVII, p. 66.

profondie de l'aluminium, obtenu à l'état de pureté parfait, était réservée à Henry Sainte-Claire-Deville (1).

Cependant, bien que l'aluminium ait été préparé en assez grande quantité, depuis une trentaine d'années, il était resté à un prix élevé, qui en restreignait l'emploi et le rangeait dans la catégorie des métaux précieux.

On sait déjà que les perfectionnements apportés aux anciens procédés, basés uniquement sur une réaction chimique, et l'apparition des méthodes nouvelles *électrolytiques* (2) ont abaissé son prix de revient, et que, dès aujourd'hui, l'aluminium peut prendre, parmi les métaux usuels, la place importante que lui réserve son faible poids spécifique et son inaltérabilité.

Pour ce qui concerne les méthodes chimiques seules, une des principales causes de l'abaissement du prix de l'aluminium résulte de la diminution de la valeur du sodium, qui depuis les recherches d'Henry Sainte-Claire-Deville a remplacé le potassium comme métal réducteur.

Voici les divers prix atteints par le sodium :

En 1854....   200 fr.   le kilogramme.
En 1863.....   9 fr. 25   —
En 1890.....   5 fr.   —

A en croire M. Grabau, on arriverait à produire le sodium au prix très bas de 2 fr. le kilogramme.

En partant de cette base, il est facile de calculer, au moins approximativement, la dépense minimum des matières premières nécessaires à la production d'un kilogramme d'aluminium, au moyen des méthodes chimiques,

(1) *L'Aluminium*, par Henry Sainte-Claire-Deville, 1859. Mallet-Bachelier, imprimeur-libraire.
(2) *Revue scientifique*, tome XLVII, premier semestre, n. 10. Article de M. Henriot.

d'après la formule même de la réaction principale :

$$Al^2Cl^3 + 3Na = Al^2 + NaCl.$$

Il faut par conséquent pour produire 1 kilogramme d'aluminium :

> Sodium, 2,5 kilogrammes ......   5 francs
> Chlorure d'aluminium, 5 kilogr.   5   —
>   10 francs

en supposant qu'on obtienne le chlorure anhydre d'aluminium à raison de 1 franc le kilogramme, ce qui, on en conviendra, est un prix peu élevé, étant donné le nombre de manipulations que nécessite la fabrication de ce sel et leur délicatesse.

Si l'on ajoute à ces chiffres, qui sont théoriques, les dépenses résultant des pertes, de l'usure des appareils, etc., etc. ; on trouvera qu'avec les méthodes chimiques connues, le prix de l'aluminium qui est actuellement de 20 francs le kilogramme ne saurait être sensiblement abaissé, les espérances de M. Grabau, relativement à la production à bon marché du sodium, viendraient-elles à se réaliser.

Il est intéressant de connaître les quantités d'aluminium produites en France, depuis le début des recherches d'Henry Sainte-Claire-Deville, et les prix atteints successivement par ce métal.

Années	Quantité en kilogr.	Valeur du kilogr. en francs.
1854......	—	3,000
1857......	—	300
1863......	2.000	140
1887......	3.500	93
1883......	4.500	70
1889......	14.000	50
1890......	45.000	25
1891......	—	20

De 1854 à 1857, l'abaissement du prix de l'aluminium est rapide, grâce aux travaux d'Henry Sainte-Claire-Deville.

De 1887 à 1890, la variation subie par la valeur de ce métal est aussi considérable ; elle est due surtout aux procédés nouveaux basés sur l'électrolyse. Dès 1887, en effet, MM. Bernard frères appliquent à Paris la méthode que j'avais préconisée et qui est fondée sur l'électrolyse du fluorure d'aluminium ; Hall en Amérique, vers la fin de 1888 ; Héroult et Kiliani, en France, vers le milieu de l'année 1889 produisent également de grandes quantités d'aluminium par un procédé semblable.

Aux mêmes époques, Castner d'une part et Netto de l'autre fondent en Angleterre des usines où sont appliqués en grand et avec les derniers perfectionnements les procédés d'Henry Sainte-Claire-Deville ; mais les résultats obtenus par ces ingénieurs, bien qu'offrant un grand intérêt, ne leur permettent que difficilement de lutter avec les méthodes électrolytiques ; nous n'en décrirons pas moins avec tous les détails les méthodes chimiques qui ont reçu une application industrielle.

PROCÉDÉ HENRY SAINTE-CLAIRE-DEVILLE

Le savant Français réalisa un premier progrès en substituant le sodium au potassium, employé jusqu'en 1854 comme métal réducteur dans la méthode de Vöhler.

De plus, grâce aux travaux de Brünner, Mitscherlich, Donny et Mareska sur la fabrication du potassium et du sodium, Henry Sainte-Claire-Deville put se procurer des masses considérables de ce dernier métal, et par suite réduire de grandes quantités de chlorure d'aluminium.

C'est à cette condition surtout qu'il attribue la réussite de ses expériences.

Toutefois, la préparation industrielle de l'aluminium présentait d'autres difficultés ; outre la production rapide et à bon marché de grandes masses de sodium, on dut créer deux autres industries : l'extraction et la purification de *l'alumine*; la transformation de cet oxyde en *chlorure anhydre d'aluminium*.

Avant de parler de ces diverses méthodes de fabrication nous ferons remarquer qu'au moment même des recherches de Deville, un minerai d'aluminium, la *cryolithe*, qui n'est autre chose qu'un fluorure double d'aluminium et de sodium, était découvert au Groënland.

Henry Sainte-Claire-Deville employa ce sel comme fondant en en mélangeant des proportions variables avec le chlorure anhydre d'aluminium ; il constata que la réaction chimique était facilitée par la présence de la cryolithe.

Les recherches du savant français commencèrent à la Sorbonne, en 1854. Les premiers essais industriels eurent lieu à La Glacière, dans l'usine Rousseau, et furent un peu plus tard continués à Nanterre, sous la direction de M. Morin.

En 1856, les frères Tessier fondèrent à Amfreville, près de Rouen, une usine où l'aluminium fut préparé pendant plusieurs années par un procédé basé uniquement sur la réduction de la cryolithe, procédé imaginé en 1855 par le docteur Percy, c'est-à-dire une année après les premières recherches d'Henry Sainte-Claire-Deville.

Il est juste de dire que MM. Tessier, avant d'installer leur usine, avaient étudié la question de l'aluminium dans le laboratoire même de Deville.

Jusqu'à ces dernières années, les procédés du chimiste Français ont été exploités à Salindres, où l'on fabriquait une moyenne annuelle de 2,000 kilogrammes d'aluminium.

Nous croyons utile de rappeler les méthodes employées dans cette usine pour la fabrication des matières premières ; on joindra à cette énumération la description des méthodes employées aux diverses usines créées dès le début.

1° Alumine. — Les procédés dont s'est servi Henry Sainte-Claire-Deville, pour obtenir de l'alumine exempte d'impuretés, sont assez nombreux. Voici ceux qui ont le mieux réussi et qui étaient considérés comme les plus simples, malgré leur complication apparente.

(a) *Première méthode.* — On prend du sulfate d'alumine du commerce (8,5 kilogrammes pour obtenir 1 kilogramme d'alumine anhydre Al^2O^3) que l'on dissout dans son poids d'eau.

On précipite ensuite la liqueur au moyen d'une solution concentrée et bouillante d'acétate de plomb, en ayant soin de mettre un petit excès d'acétate. La liqueur, séparée du sulfate de plomb par décantation, est mélangée avec la plus petite quantité possible d'acide tartrique, quantité suffisante néanmoins pour empêcher toute précipitation d'alumine, quand on sursature par l'ammoniaque l'acétate d'alumine.

Cette solution ammoniacale est alors traitée en vase clos par un peu de sulfhydrate d'ammoniaque et exposée dans une étuve à une température de 50 à 60 degrés qui détermine la précipitation des sulfures de fer et de plomb qu'on sépare d'abord par décantation, puis sur le filtre, mais sans laver celui-ci.

La liqueur claire, mais un peu jaune, consistant en acétate et tartrate ammoniacal d'alumine avec un peu de sulfhydrate d'ammoniaque, est évaporée rapidement, et carbonisée par portions dans des creusets de terre qu'on nettoie après chaque opération mais jamais entièrement.

Enfin le mélange d'alumine et de charbon. qui reste comme résidu de cette calcination, est mis en pâte avec de l'huile, et fortement calciné pour chasser le soufre provenant d'un peu d'acide sulfurique qui reste dans l'alumine, et qu'on ne peut enlever entièrement par l'acétate de plomb.

Deuxième méthode. — On calcine de l'alun ammoniacal du commerce ou bien même du sulfate d'alumine impur de manière à avoir de l'alumine qui peut paraître pure, parce que la plupart du temps elle est blanche. mais qui en réalité contient en outre de l'acide sulfurique et du sulfate de potasse provenant des argiles ou des schistes pyriteux, avec une notable proportion de fer.

Cette alumine, qui est très friable, est passée par un tamis fin et introduite dans une marmite de fonte avec deux fois au moins son poids de lessive de soude caustique à 45 degrés.

On fait bouillir et on évapore en même temps en faisant subir à l'alumine, dans la lessive sirupeuse, une sorte de *cuite* qui détermine sa solution complète, quand même elle aurait été fortement calcinée (1).

---

(1) Le pouvoir dissolvant de la soude à cet état est aussi énergique que si l'alcali était monohydraté et fondu. Aucun des silicates essayés par Henry Sainte-Claire-Deville, comme il le dit lui-même, le feldspath orthose et l'émeraude de Limoges y compris, ne résiste. On obtient comme résidu de cette attaque un silicate complexe que l'eau décompose en produits simples.

On dissout dans une grande quantité d'eau l'aluminate de soude, et quand elle ne s'éclaircit pas tout de suite, on y met un peu d'hydrogène sulfuré qui hâte la précipitation du fer. Cette opération doit être faite dans un flacon bouché et laissé en repos. La liqueur, décantée et claire, est soumise, encore chaude, à l'action de l'acide carbonique qui transforme la soude en carbonate et précipite l'alumine sous une forme particulière où elle est très dense, et se rassemble dans un espace qui n'est pas le vingtième du volume occupé par l'alumine gélatineuse.

2° Chlorure d'aluminium. — L'alumine, préparée par une des deux méthodes précédentes, est bien séchée d'abord, puis calcinée au rouge vif ; on la mèle ensuite à 30 0/0 de charbon de bois ; le tout est mouillé avec un peu d'huile pour en faire une pâte qu'on calcine dans un creuset réservé à ces opérations.

Le mélange de charbon et d'alumine est introduit dans un tube de porcelaine muni d'une allonge et chauffé au rouge au milieu d'un courant de chlore sec.

Le chlorure d'aluminium distille et on le retire du tube de porcelaine et de l'allonge, sous formes de masses compactes composées de cristaux qui sont souvent de la plus grande beauté. et qui doivent être incolores ou très peu colorés en jaune.

Voici le récit des essais de fabrication de chlorure que Henry Sainte-Claire-Deville put exécuter dans son laboratoire ou dans l'usine de Javel, grâce à la générosité de l'empereur Napoléon III ; la description qui va suivre fera également connaître le rendement de ces opérations.

Fabrication en petit. — Deville prenait 5 kilogrammes d'alumine provenant d'un alun ammoniacal calciné fortement et bien exempt de fer, comme doit être toute alumine destinée à la fabrication du chlorure. Il mélangeait ensuite cette alumine avec 40 pour 100 de son poids de charbon et un peu d'huile, pour en faire une pâte qui était ensuite décomposée au rouge vif. La masse compacte, découpée en morceaux, était introduite ensuite avec la poussière résultant de cette première calcination, dans une cornue C

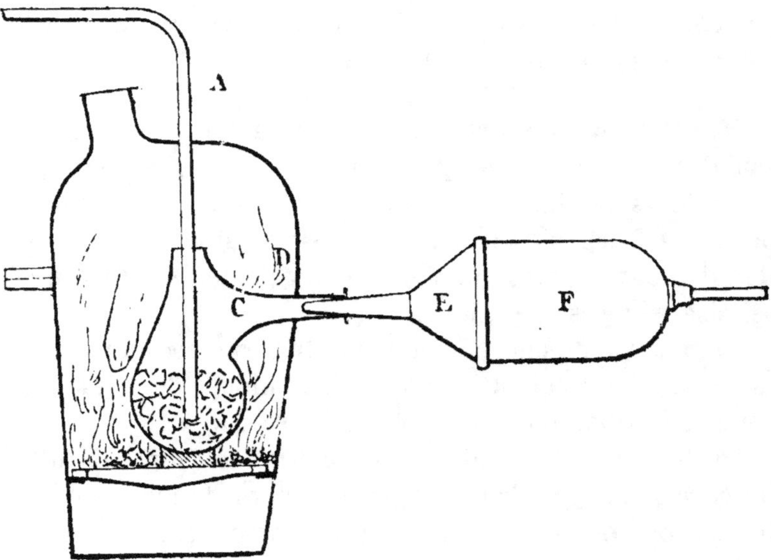

Fig. 2.

(fig. 2) en grès, vernie et tubulée, de la capacité de dix litres. La cornue placée dans un fourneau convenablement construit était chauffée au rouge pendant qu'on la faisait traverser par un courant de chlore sec qui arrivait par la tubulure A. Dans les premiers moments, il s'échappe par le col D des quantités considérables d'eau provenant du charbon alumineux, qui est très hygrométrique.

Lorsque le chlorure d'aluminium arrive, on ajoute à la suite du col D un entonnoir en grès ou en porcelaine E, qu'on maintient adhérent au moyen d'un peu d'amiante d'abord, puis d'un lut formé de bouse de vache et de terre à poêle. A la suite de l'entonnoir vient une cloche à douille F qu'on unit de la même manière à l'entonnoir E. Le chlorure d'aluminium se condense dans cet appareil et y reste tout entier.

La quantité de chlorure d'aluminium, obtenue dans une seule opération, était de 10.1 kilogrammes, sans compter la substance perdue pendant la manipulation. C'est ainsi que Deville a pu recueillir dans une autre opération 11 kilogrammes de chlorures.

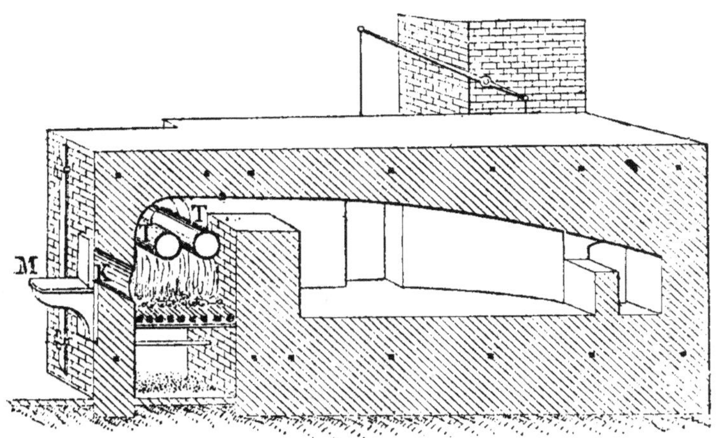

Fig. 3.

Fabrication en grand. — Pour répéter cette expérience sur une grande échelle, Henry Sainte-Claire-Deville remplaçait le mélange d'huile, de charbon et d'alumine par un mélange d'alumine et de goudron, la cornue tubulée par une cornue à gaz, et le récipient en verre par une petite chambre en briques, recouverte en faïence vernissée.

L'alumine, employée industriellement, provenait de l'alun ammoniacal à l'épreuve du prussiate, coûtant 19 fr. 50 les 100 kilos et rendant 11 pour 100 d'alumine.

La calcination de l'alun s'effectuait dans le four à réverbère, contenant en même temps les cylindres à sodium (fig. 3).

L'alun, une fois calciné, au rouge vif, était pulvérisé et mélangé avec du goudron de houille, auquel on ajoutait un peu de charbon de bois pulvérisé : mais cette addition est inutile quand on fait le mélange de goudron et d'alumine un peu liquide, ce qui est plus commode. La pâte bien battue est introduite dans des pots ressemblant à ceux que l'on utilise dans la fabrication du noir animal, couverte avec soin et mise au four à réverbère.

Après la cessation des fumées de goudron qui portent rapidement la température de la voûte à un point très élevé, on retire les pots du four à reverbère et on transporte l'alumine dans une cornue à gaz spéciale représentée (fig. 4) au moment où elle va subir l'action du chlore sec.

Le courant de chlore était fourni par une batterie de huit bonbonnes, contenant chacune 45 litres d'acide chlorhydrique : on en chargeait quatre toutes les vingt-quatre heures pendant que les autres se refroidissaient.

Le gaz se rendait, au moyen de tuyaux de plomb refroidis par un courant d'eau, dans une bouteille de plomb, contenant de l'acide sulfurique et traversait une bombonne de chlorure de calcium avant de se rendre à la cornue à gaz.

Cette cornue à gaz, de 300 litres environ, était coupée à

sa partie béante de manière à diminuer sa hauteur d'au moins 30 à 40 centimètres.

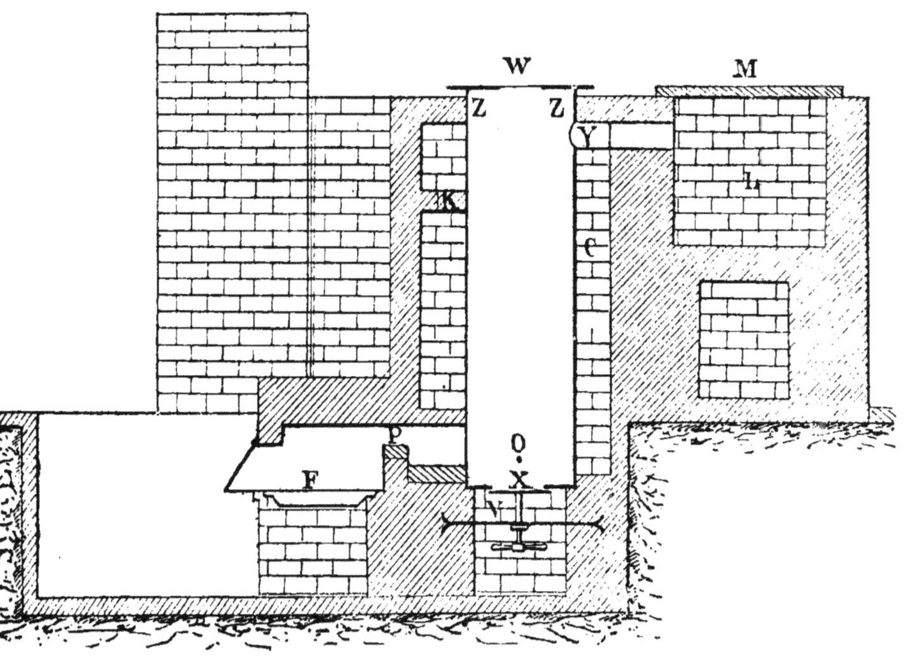

Fig. 4.

Elle était placée verticalement dans une sorte de cheminée C, où pénétrait la flamme produite dans un foyer F, renversée par l'autel P et circulant autour de la cornue au moyen d'un colimaçon K. A sa partie inférieure, la cornue était percée d'une ouverture carrée X, de deux centimètres de côté, que l'on pouvait fermer avec une brique maintenue au contact des bords de l'ouverture par une vis de pression V.

Un tube de porcelaine traversant les parois du fourneau et venant percer la cornue en O, amenait le chlore au centre même de la couche de charbon alumineux. Ce tube de porcelaine était garanti contre l'action de la flamme par un creuset de terre percé à son fond et qu'il traversait. De plus, on avait empli le creuset d'un mélange de terre et de sable.

Le tube était luté à la cornue et au fourneau avec un mélange de terre à poêle et de bouse de vache.

A sa partie supérieure, la cornue était formée par une plaque Z en brique réfractaire, au centre de laquelle on avait fait une ouverture carrée W, de 10 à 12 centimètres de côté ; c'est par là qu'on versait le mélange calciné de charbon et d'alumine au fur et à mesure qu'il était attaqué.

Enfin, une ouverture Y, placée à 30 centimètres au-dessous de la plaque Z, donnait issue aux vapeurs de chlorure d'aluminium, qu'un creuset de terre, à fond coupé et luté contre cette couverture, conduisait dans la chambre de condensation L.

Lorsque l'opération marche bien, on trouve presque toujours le chlorure d'aluminium attaché en une masse solide et très dense contre la plaque M.

Purification du chlorure d'aluminium. — La principale impureté que peut renfermer le chlorure d'aluminium est du perchlorure de fer ; on s'en débarrasse d'une manière très simple.

On le chauffe dans un vase susceptible d'être clos, en terre ou en fonte même, avec une assez grande quantité de petits clous ou de la tournure de fer. Quand l'acide chlorhydrique, l'hydrogène et les gaz permanents sont sortis de l'appareil, on le ferme et continue de chauffer, ce qui produit une légère pression sous l'influence de laquelle le chlorure d'aluminium fond et entre en contact immédiat avec le fer. Le perchlorure de fer, qui est aussi volatil que le chlorure d'aluminium, se transforme en protochlorure qui est beaucoup plus fixe, et le chlorure d'aluminium se purifie d'une manière si complète, qu'il cristallise par volatilisation dans le vase même où il s'est formé en gros prismes (qui paraissent rhomboïdaux droits) transparents et incolores. Une simple distillation dans l'hydrogène complète la purification.

3o Sodium. — Grâce aux récipients, qui venaient d'être imaginés par MM. Donny et Mareska, Henri Sainte-Claire-Deville considérait la préparation de ce métal comme une des plus simples parmi toutes celles qu'on réalise journellement dans un laboratoire.

La méthode de fabrication employée est fondée sur la réaction du carbone sur le carbonate alcalin. Cette méthode, découverte par Brunner, n'avait été que très rarement appliquée au sodium, avant les travaux de Deville. Quant au potassium, on s'attachait toujours à obtenir, pour le décomposer par la chaleur, un mélange intime de charbon et de carbonate de potasse, résultant de la décomposition d'un sel de potasse à acide organique et en particulier de la crème de tartre.

Le procédé de Brunner était, en réalité, très difficile à appliquer, à cause surtout de la disposition du récipient où devait se condenser le potassium.

C'est aux travaux de Donny et Mareska que l'on doit rapporter la connaissance des vrais principes, qui peuvent guider dans la construction de ces appareils de condensation, dont on verra plus tard l'usage.

Il est intéressant de connaître les phases par lesquelles passe la fabrication du sodium.

Composition des mélanges. — Le mélange dont on se sert au laboratoire et qui a donné à Deville d'excellents résultats' est ainsi composé :

Carbonate de soude. . . .	717
Charbon de bois	175
Carbonate de chaux. . . .	108
	1000

On prend le carbonate de soude desséché, le charbon et la craie pulvérisés, on en fait une pâte avec de l'huile. et on calcine dans une bouteille à mercure coupée, qui sert de creuset et que l'on bouche convenablement.

On peut, au lieu de charbon de bois, employer de la houille avec des proportions un peu différentes de celles du premier mélange.

Carbonate de soude	20
Houille.	9
Craie.	3

La *houille* doit être sèche et à longue flamme. La houille de Charleroi convient bien pour cet usage. La *craie* utilisée est celle de Meudon; on la fait sécher sur les parties supérieures et latérales du four à réverbère où l'on fabrique le sodium.

Le rôle de la craie s'explique facilement. Le sodium doit être entraîné rapidement hors de l'appareil où il est mis en liberté, parce que ce métal a la propriété de décomposer l'oxyde de carbone au milieu duquel il se forme, si la température n'est pas très basse ou très élevée, et surtout si le sodium, disséminé en globules très petits, présente une large suface à l'action destructive du gaz.

Il faut donc que les vapeurs métalliques soient amenées rapidement dans le récipient, où elles devraient se condenser à l'état liquide et non à cet état comparable à la *fleur de soufre*, où le métal est très oxydable à cause de sa division. Un courant de gaz rapide, même d'oxyde de carbone, active l'arrivée des vapeurs métalliques dans le récipient qui se maintient chaud, grâce à cette affluence des gaz, et facilite la réunion des globules de sodium. Aussi, dans la fabrication du sodium à la Glacière et à Nanterre, on avait adopté une formule dans laquelle la proportion de craie, loin d'être diminuée, était au contraire augmentée. Voici cette formule :

Carbonate de soude. . .	40 kilogr.
Houille	18 —
Craie	9 —
	67 kilogr.

Cette quantité de mélange peut donner 9,4 kilos de sodium fondu et coulé en lingotine, sans compter le métal divisé et mélangé de matières étrangères dont on tire encore un bon parti et que les ouvriers appelaient grattures. On obtient donc le 1/7 du poids du mélange ou le 1/4 du carbonate de soude employé.

Le carbonate de soude, la houille et la craie doivent être pulvérisés et tamisés ; le mélange, une fois fait, doit être utilisé le plus tôt possible, de manière qu'il ne puisse prendre de l'humidité.

On peut introduire ce mélange tel qu'il est dans les appareils où doit se former le sodium, ou bien on peut le calciner préalablement de façon à réduire son volume.

M. Brunner a eu l'heureuse idée d'employer les bouteilles à mercure à la fabrication du potassium ; ainsi l'appareil de réduction s'est trouvé entre les mains de tous les chimistes, et à un prix tellement bas qu'on a pu faire sans peine et partout du potassium.

Les bouteilles à mercure sont également propres à la fabrication du sodium.

Pour une fabrication de sodium considérable, on remplace ces bouteilles par des tubes de plus grande dimension qui présentent, d'ailleurs, l'avantage de pouvoir servir à une opération continue.

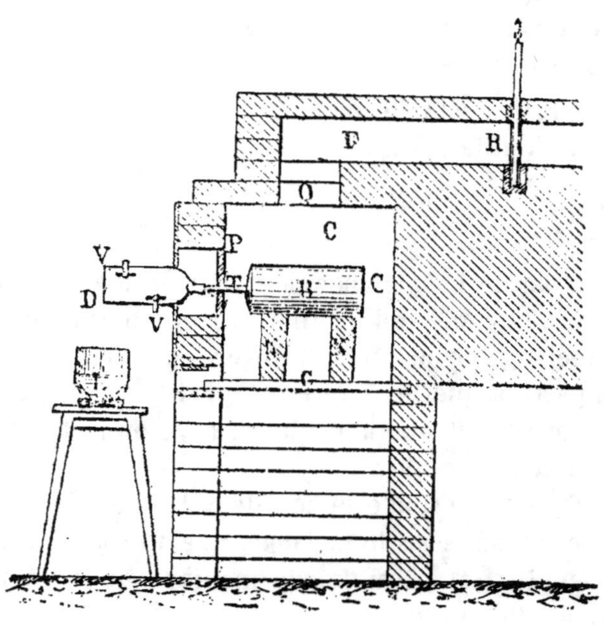

Fig. 5.

1° *Fabrication en bouteilles à mercure.* — L'appareil se compose du fourneau, de la bouteille à mercure qu'on y chauffe et du récipient pour la condensation du sodium (fig. 5).

La forme du fourneau est parfaitement connue : c'est une cuve parallélipipédique, dont les parois sont en briques réfractaires, dont la grille G doit être faite avec des barreaux de fer mobiles, et qui communique, par sa partie supérieure, avec une cheminée d'un bon tirage.

La bouteille à mercure est soutenue dans la cuve par deux briques réfractaires, taillées à leur partie supérieure en forme de cylindre sur lequel repose et s'appuie solidement la bouteille,

Le tube T en fer, qui peut être pris sur un canon de fusil, est fixé à la bouteille à vis, ou à frottement, pourvu que l'adhérence soit suffisante.

Il doit faire une saillie d'à peine 8 à 10 millimètres en dehors du fourneau. Cette partie doit être rendue conique pour qu'on puisse la faire entrer facilement dans l'ouverture du récipient C.

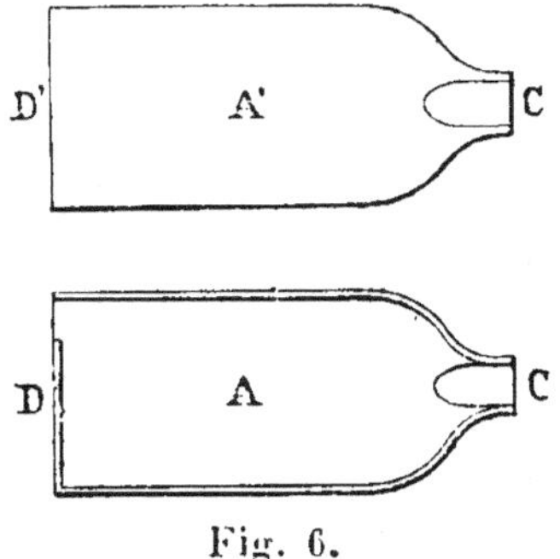

Fig. 6.

Le récipient a la forme qu'indique la fig. 6 ; il est construit, à de légères différences près, comme l'ont indiqué Donny et Mareska.

La température nécessaire à la réduction du carbonate de soude par le carbone n'est pas très élevée. Les bouteilles ne sont pas chauffées plus fortement que les **cornues de la Vieille-Montagne**, placées à la partie moyenne du four à zinc.

Les bouteilles de mercure (fig. 5) chauffées directement, sans enveloppe, peuvent servir à trois ou quatre opérations, lorsqu'elles son; confiées à un bon ouvrier.

2º *Fabrication continue du sodium en cylindres.* — **On** aurait pu croire qu'en augmentant, dans une égale proportion et dans toutes leurs parties. les appareils qui viennent d'être décrits, on serait arrivé à produire dans une seule opération une plus grande quantité de sodium. Ce serait une

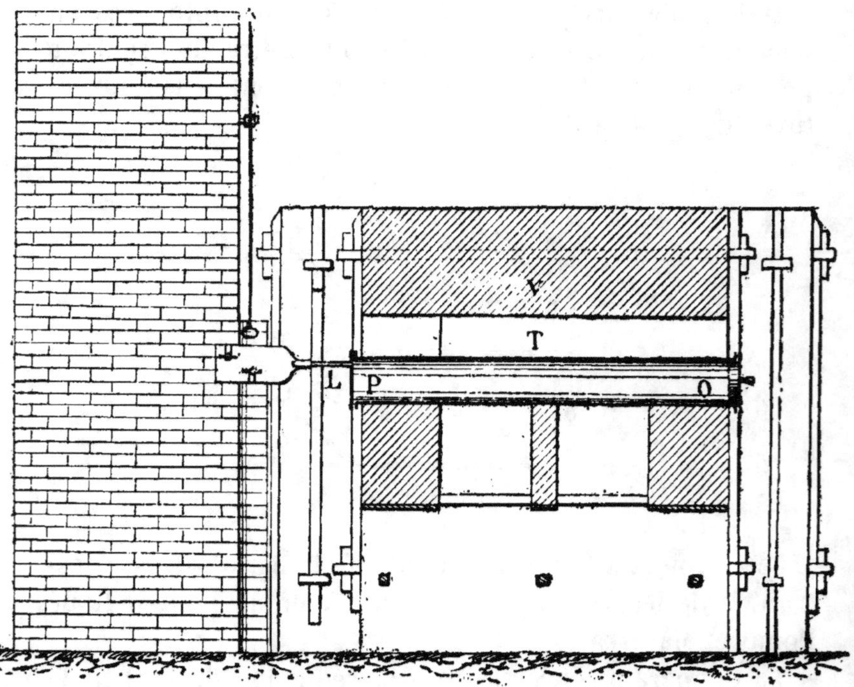

Fig. 7.

erreur ; aussi, Henry Sainte-Claire-Deville a-t-il adopté finalement des récipients avec des dimensions moyennes.

Toutefois, les tubes dont il faisait usage (fig. 7), au lieu et place de bouteilles à mercure, étaient de capacité plus grande que ces derniers ; il obtenait avec les tubes une fabrication continue.

Les tubes dont il se servait étaient étirés et soudés dans la fabrique de M. Gaudillot. Ils avaient 120 centimètres de longueur et un diamètre intérieur égal à 14 centimètres.

Leur épaisseur était de 10 à 12 millimètres. Ils ne doivent pas, comme les bouteilles de mercure, être chauffés à feu nu ; il faut les enduire d'un lut résistant, qu'on enveloppe lui-même d'un manchon en terre réfractaire de 1 centimètre d'épaisseur. Dans ces conditions, l'enveloppe des cylindres est assez épaisse pour que la distillation du sodium ne souffre en aucune manière des causes de refroidissement accidentel qu'éprouve le foyer.

En définitive, quand on opère dans des cylindres, la production du sodium est plus facile, moins pénible pour les ouvriers et moins coûteuse, sous le rapport de la main d'œuvre et du combustible, que dans des bouteilles à mercure.

4º Fabrication de l'aluminium. — Pour obtenir de l'aluminium pur, il ne suffit pas d'employer des matières d'une pureté absolue ; on doit, en plus, n'opérer la réduction du métal qu'en présence d'un fondant tout à fait volatil, et ne jamais chauffer l'aluminium, surtout avec un fondant, dans un vase siliceux à une température élevée.

Le fondant de l'aluminium, ou si on aime mieux le produit de la réaction du sodium sur la matière aluminifère, doit être volatil, pour qu'on puisse séparer, par la chaleur,

l'aluminium de toutes les matières avec lesquelles il a été
en contact et dont il reste obstinément imprégné à cause de
sa faible densité.

Les vases siliceux, dans lesquels on fond ou on recueille
l'aluminium, lui cèdent nécessairement une grande quantité de silicium.

Le silicium se combine intimement avec l'aluminium et
il ne peut en être extrait par aucun moyen (1).

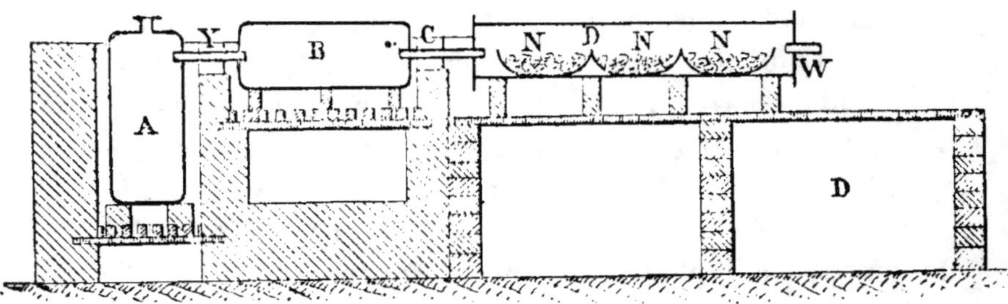

Fig. 8.

Disposition adoptée à Javel. — La méthode adoptée à
Javel était la reproduction, sur une plus grande échelle,
des procédés de laboratoire imaginés par Henry Sainte-
Claire-Deville et fondés sur la méthode mémorable de
Wöhler.

Le chlorure d'aluminium brut, introduit dans un cylindre A (fig. 8) et chauffé par un petit foyer E, distille facilement et passe, au moyen du tube Y, dans un cylindre B

(1) A l'époque des recherches d'Henry Sainte-Claire-Deville et, jusqu'à ces derniers temps, on considérait le silicium dans l'aluminium
comme lui étant très nuisible. J'ai démontré, au contraire, que jusqu'à une proportion de 10 0/0, le silicium donne à l'aluminium des
propriétés remarquables de résistance et de dureté.

contenant 60 à 80 kilogrammes de pointes de fer et chauffé au rouge sombre par le foyer G. Sur le fer restent : du protochlorure de fer provenant de la réduction du perchlorure qui souillait le chlorure d'aluminium ; l'acide chlorhydrique provenant de l'action de l'humidité atmosphérique sur le chlorure d'aluminium ; enfin le chlorure de soufre, qui passe à l'état de perchlorure et de sulfure de fer.

Le cylindre B est suivi d'un tube très large C, où s'arrêtent les lamelles minces de perchlorure de fer, qu'entraînent mécaniquement les vapeurs. Enfin, celles-ci arrivent dans un cylindre D de fonte, dans lequel sont placées trois grandes nacelles N, également en fonte, et recevant chacune 500 grammes de sodium. Le tube C est maintenu à une température de 200 à 300 degrés, suffisante pour empêcher la condensation du chlorure d'aluminium, et à laquelle le protochlorure de fer n'est pas volatil d'une façon sensible.

Quant au tube D, on le chauffe de manière qu'il soit à peine au rouge sombre dans sa partie inférieure ; la réaction qui se produit entre le sodium et le chlorure d'aluminium est assez vive pour que souvent, on soit obligé de supprimer toute source de chaleur.

Lorsque le chlorure d'aluminium arrive au contact du sodium, il se forme du sel marin et de l'aluminium.

Bientôt le sel marin se combine avec l'excès du chlorure d'aluminium, et l'on obtient un chlorure double assez volatil pour aller se condenser sur le sodium de la nacelle voisine, où le chlorure d'aluminium se décompose pour reconstituer de l'aluminium.

Procédé par la vapeur de sodium. — Henry Sainte-Claire-Deville remplissait une bouteille à mercure avec le mélange de craie, de charbon et de carbonate de soude dont il a été question plus haut.

A la bouteille on vissait un tube de fer de 10 centimètres de longueur et l'on plaçait le tout dans un fourneau, de façon que la bouteille était portée à la température du rouge blanc et le tube de fer chauffé au rouge jusqu'à son extrémité.

On introduit le bout du tube de fer dans un trou fait en bas et au quart de la hauteur d'un grand creuset de terre de manière que l'extrémité du tube vienne affleurer la paroi intérieure du creuset. L'oxyde de carbone qui se dégage brûle bien au fond du creuset, l'échauffe et le dessèche, puis la flamme du sodium paraît, et alors on jette de temps à autre dans le creuset du chlorure d'aluminium qui se volatilise et se décompose au devant de cette sorte de tuyère qui amène la vapeur réductrice. On est averti qu'il faut ajouter du chlorure d'aluminium dans le creuset, lorsque les vapeurs qui en sortent cessent d'être acides et que la flamme du sodium brûlant dans l'atmosphère de chlorure d'aluminium perd de son éclat.

Préparation par la pile. — En même temps qu'Henry Sainte-Claire-Deville faisait ces belles recherches et arrivait à produire industriellement l'aluminium par une méthode purement chimique, il procédait à quelques expériences dans le but de séparer ce métal au moyen d'un courant électrique. Il s'inspirait pour ces essais des travaux qu'avait effectués Bunsen sur la production du baryum, du chrome et du manganèse.

Les résultats qu'il obtint sont sans doute fort intéressants au point de vue scientifique; j'y ai puisé des renseignements précieux qui m'ont guidé et au moyen desquels j'ai pu réaliser l'*électrométallurgie* de l'aluminium. Mais, il manquait au savant Français les puissants moyens d'action que nous avons aujourd'hui, pour édifier d'une façon complète et pratique, un procédé électrique.

Nous reviendrons sur les recherches de Deville, relativement à la production de l'aluminium par la pile, lors de la description du procédé de Creil-Saint-Michel.

PROCÉDÉ CASTNER

Le procédé Castner est exploité par l'*Aluminium Company limited*, à Oldbury, près Birmingham.

Le principe de cette méthode est le même que celui de Henry Sainte-Claire-Deville.

M. Castner, du reste, pour rendre hommage au savant Français, appelle son procédé : Deville-Castner.

Les perfectionnements apportés par M. Castner se rapportent à deux points principaux : (*a*) *la préparation du sodium à basse température, à l'aide de la soude caustique ;* (*b*) *la préparation du chlorure double d'aluminium et de sodium.*

(*a*) **Préparation du sodium.** — Castner a réussi à obtenir le sodium au moyen de la réduction de la soude caustique par un carbure de fer artificiel, à une température qui ne dépasse pas 1000° et, par conséquent, bien inférieure à celle atteinte par Deville dans la réduction du carbonate de soude par le charbon.

Pour préparer le carbure de fer, on fait un mélange de goudron et de fer amené à l'état de poudre très fine que l'on chauffe en vase clos. Il se produit une distillation et l'on a comme résidu un coke très dur et très dense dont voici la composition centésimale :

$$\text{Carbone. . .} \quad 3 \text{ 0/0}$$
$$\text{Fer. . . . . .} \quad 7 \text{ 0/0}$$

Ce mélange est pulvérisé après refroidissement et peut servir tel quel à la réduction de la soude caustique ; avec 12 kilogrammes de soude caustique et 7 à 8 kilogrammes de carbure de fer, on obtient 2 kilogrammes de sodium par la réaction

$$3NaO, HO + FeC^2 = 3Na + Fe + CO + CO^2 + 3HO.$$

On remarque que le fer n'a qu'une action de présence (1) ; la réduction de la soude peut aussi se formuler :

$$3NaO, HO + 2C = 2CO^2, NaO + 3H + Na.$$

Le mélange de soude et de carbure de fer est placé dans de grands creusets en fonte, chauffés dans un four, partagé en chambres par de petites cloisons verticales. Il y a autant de chambres que de creusets (fig. 9).

Le fond de chaque chambre est mobile et permet de manœuvrer le creuset, dans le sens vertical. pour le mettre en place ou le sortir du four. C'est le couvercle qui est fixe. Il est traversé par le tuyau de dégagement des vapeurs de sodium.

A la fin de l'opération, il reste dans les creusets un résidu ainsi composé :

$$\text{Carbonate de soude . . . . . .} \quad 77 \text{ %}$$
$$\text{Soude caustique . . . .} \quad 2 \text{ %}$$
$$\text{Carbone . . . .} \quad 2 \text{ %}$$
$$\text{Fer . . . .} \quad 19 \text{ %}$$

(1) Si on n'employait que du charbon comme réducteur, il flotterait à la surface de la soude en fusion et la réaction serait moins vive qu'avec le carbure de fer plus dense que la soude fondue.

Le poids de ce résidu est d'environ 11 kilogrammes pour une charge de 12 kilos de soude caustique.

On le traite pour en retirer le carbonate de soude pur cristallisé et la soude caustique ; on retrouve également le fer à l'état de poudre qui sert indéfiniment.

On voit que par l'emploi du carbure de fer, M. Castner a supprimé l'adjonction du carbonate de chaux au mélange de charbon et de carbonate de soude.

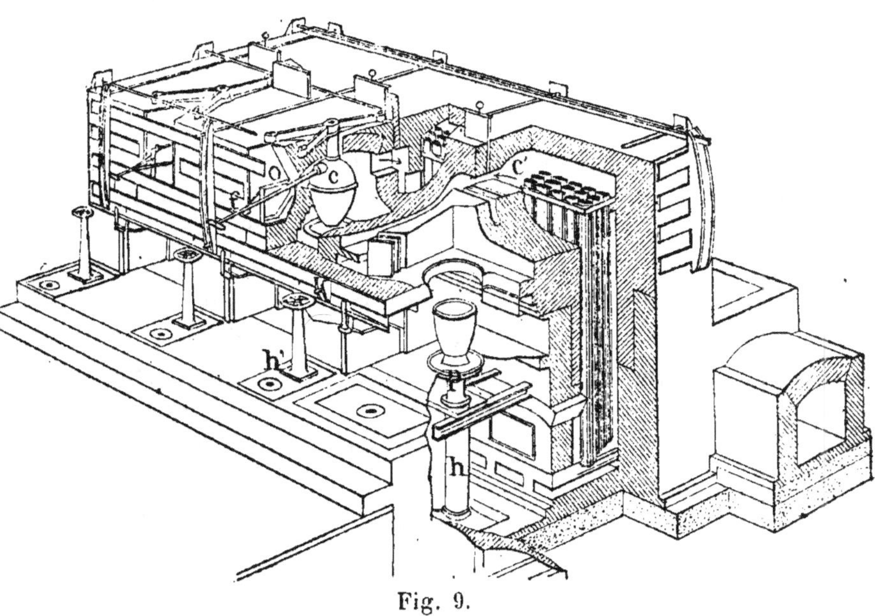

Fig. 9.

La durée d'une opération est d'une heure et demie, de sorte qu'un four à trois creusets, capable de recevoir une charge où la soude caustique entre pour 12 kilogrammes produira 4 kilogrammes de sodium à l'heure.

Le four est chauffé par le gaz provenant d'un gazogène Wilson, brûlé par un courant d'air chauffé dans des tubes

T enveloppés par les flammes perdues et qui consomme 50 kg. de charbon par heure.

On admet qu'un creuset peut supporter 200 opérations, ce qui, de ce fait, ajoute une dépense de 0 fr. 20 environ pour un kilogramme de sodium produit.

En admettant la même somme pour l'entretien du four, M. Castner arrive à conclure qu'il peut produire le sodium en grandes masses, au prix commercial de 2,75 le kilogramme.

On produirait aussi le potassium à peu près au même prix.

(*b*) **Préparation du chlorure double d'aluminium et de sodium**. — On attache une grande importance, dans cette fabrication, à la régularité de l'arrivée du chlore.

Ce gaz, que l'on produit au moyen du procédé Weldon, est recueilli d'abord dans des gazomètres en plomb et envoyé ensuite sur un mélange d'alumine, de charbon et de sel placé dans des cornues horizontales de 3,6 mètres de longueur, chauffées au gaz de gazogène ; le mélange alumineux est déshydraté dans l'appareil même, avant l'arrivée du chlore.

Le chlorure double d'aluminium et de sodium est condensé, au fur et à mesure de sa formation, dans des chambres construites en briques.

Quelle que soit la pureté des matières premières, le chlorure, ainsi formé, renferme toujours des quantités assez notables de fer ; or, comme il faut un poids de chlorure dix fois plus grand environ que le poids d'aluminium produit, il s'en suit que le métal serait trop ferreux, si l'on ne faisait subir au chlorure double une purification spéciale, avant sa décomposition par le sodium.

Cette purification consiste à le fondre avec une petite quantité de poudre d'aluminium et de sodium. La teneur en fer qui est quelquefois de $\frac{1}{100}$, descend par ce traitement à $\frac{1}{10000}$ seulement. Avec cette précaution, l'aluminium obtenu est presque chimiquement pur ; il titre au moins 99 0/0.

Tout récemment M. Castner a appliqué l'électrolyse à la purification du chlorure.

Ce sel, à l'état fondu, est versé dans une série d'auges en tôle émaillée ; on emploie comme anode un charbon aggloméré et comme cathode une plaque d'aluminium. L'intensité du courant est de 1.000 ampères ; et il se précipite par heure 700 grammes de fer.

L'opération est continue, il suffit de nettoyer de temps en temps les cathodes et de remplacer de temps en temps les anodes, lorsqu'elles commencent à se désagréger.

Réduction du chlorure d'aluminium. — Castner effectue le traitement du chlorure double d'aluminium et de sodium, suivant les indications d'Henry Ste-Claire Deville, mais avec des perfectionnements d'ordre mécanique qui rendent son procédé pleinement industriel.

Le chlorure double est mélangé à la cryolithe dans la proportion de 2 à 1 ; le sodium est coupé en petites tranches minces.

Le tout est mélangé dans un cylindre tournant qu'on introduit dans un four à reverbère, porté préalablement à température de la réaction.

Les charges ordinaires sont de :

Chlorure double d'aluminium
et de sodium . . . . 550 kilogrammes
Cryolithe 150   »
Sodium 150   »

La quantité d'aluminium obtenue dans une seule opération serait par conséquent de 60 kilogrammes environ.

PROCÉDÉ NETTO

Le procédé Netto est exploité par l'*Alliance Aluminium Company* à Wallsand, près Newcastle.

La méthode appliquée par M. Netto est une modification des anciens procédés à la cryolithe, proposés tout d'abord par Henry Ste-Claire Deville et aussi par Rose et Percy, en 1885.

Elle est basée sur la réduction de la cryolithe par le sodium et présente trois points importants.

(a) *Préparation du sodium*; (b) *Préparation de la cryolithe*; (c) *Traitement de la cryolithe par le sodium*.

(*a*) **Préparation du sodium.** — M. Netto obtient le sodium, à très bon marché, affirme-t-il, en traitant par sublimation, un mélange de coke et de soude caustique.

Son appareil (fig. 10) se compose d'une cornue en fonte B que l'on remplit de coke ou de charbon de bois et que l'on porte au rouge incandescent. A la partie supérieure et à l'aide de la trémie *d*, on introduit de la soude caustique maintenue en fusion dans le récipient *e*.

Cette soude qui tombe goutte à goutte sur le charbon incandescent se décompose presqu'instantanément et la vapeur de sodium qui se dégage librement au travers de la colonne de charbon, va se liquéfier dans le condenseur *g*.

La soude non décomposée et le carbonate de soude formé pendant la réaction restent au fond du creuset.

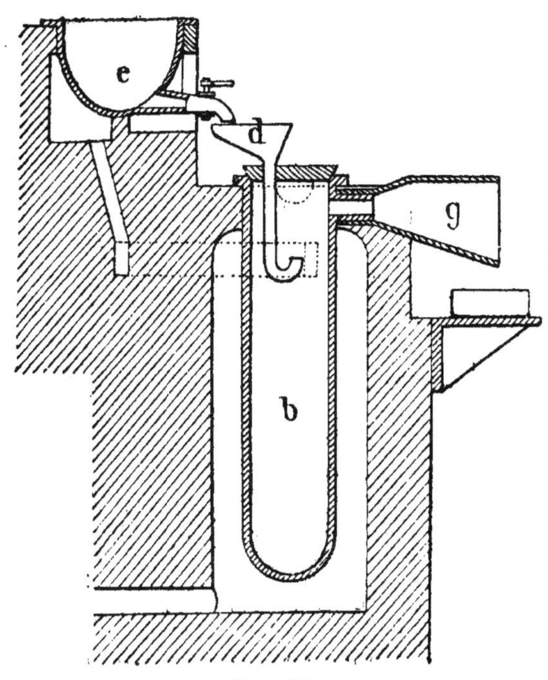

Fig. 10.

Pour 100 kg. de sodium il faut compter :
    Soude caustique . . . .   1000 kilogrammes,
    Fonte (usure).   120   »
    Combustible (évalué en coke).   1200   »
    Charbon réducteur.   150   »

(*b*) **Préparation de la cryolithe.** — M. Netto utilise pour cette préparation le fluorure de sodium qui constitue la scorie provenant du traitement de la cryolithe par le sodium, décrit dans le paragraphe suivant.

Si l'on mélange du fluorure de sodium, avec du sulfate d'aluminium, il se produit à la température de fusion, une double réaction.

$$6NaFl + Al^2O^3, 3SO^3 = Al^2Fl^3, 3NaFl + 3SO^3, NaO.$$

La formule chimique Al^2Fl^3, $3NaFl$ est celle de la cryolithe telle qu'on la trouve au Groënland; le sulfate de soude qui se forme en même temps que la cryolithe, en est séparé, après refroidissement, par une simple lessivation.

(*c*) **Traitement de la cryolithe par le sodium.** — Une des principales conditions de réussite du traitement par le sodium, c'est de laisser le métal alcalin le moins longtemps possible en contact avec la cryolithe, afin de limiter les pertes de sodium par volatilisation et d'éviter une trop grande attaque des matières siliceuses, des pièces réfractaires ou des silicates qui accompagnent les fluorures naturels ou artificiels.

Dans le procédé Netto, le sodium, après qu'il a été parfaitement desséché et privé de toute trace de carbone, est solidifié dans un moule à l'extrémité d'une tige S (fig. 11) en morceau de 2,5 kilogrammes environ. Au moment où l'ouvrier introduit la tige S dans la masse, un second enfonce le bloc de sodium à l'aide du plongeur *a*, fixé à l'extrémité de la tige T.

La figure 12 donne une vue d'ensemble de cette opération.

On agit généralement sur un mélange, ainsi composé :

      Cryolithe . . . . . .   90 kilogrammes.
      Chlorure de sodium. 180   »

Fig. 12.

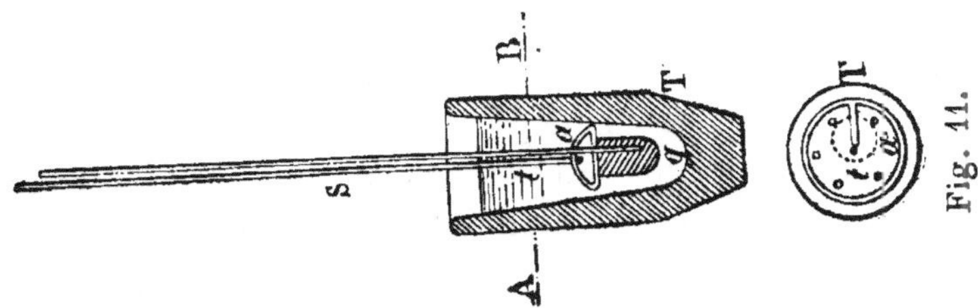
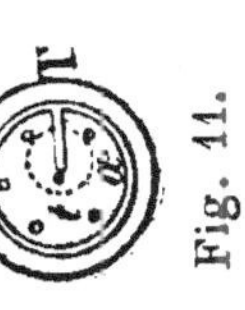

Fig. 11.

Le récipient dans lequel a lieu la réaction peut être aussi un convertisseur Bessemer, dans lequel on introduit la masse à l'état pâteux, à la température de 800° à 900°.

Ce convertisseur (fig. 13) consiste en un vase cylindri-

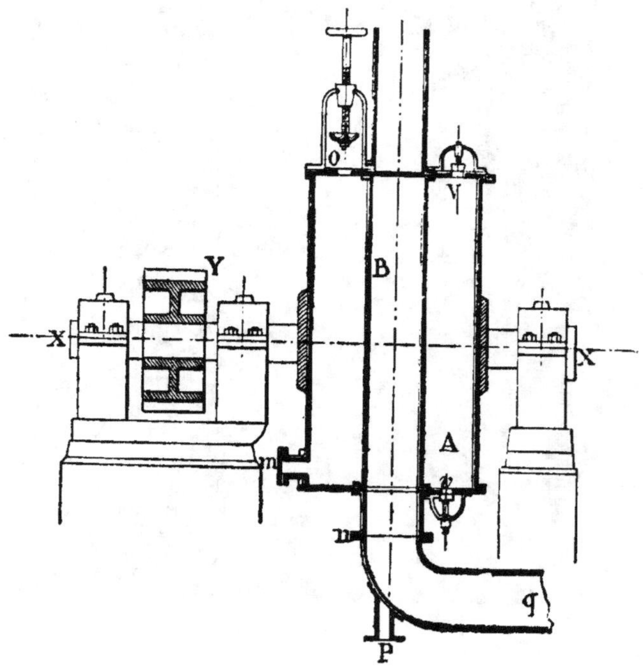

Fig. 13.

que, dans lequel on verse la cryolithe par l'ouverture O. Le tuyau B sert au chauffage.

Lorsque la température est suffisamment élevée, on introduit le sodium à l'état liquide; on ferme le tampon O; on interrompt la communication avec le gazogène en *q*; on met le cylindre en rotation à l'aide de la poulie *y*.

Quand la réaction est terminée, l'appareil est placé verticalement et l'on fait couler le mélange dans une poche où l'aluminium est séparé de la scorie.

On obtient dans chaque opération 4,5 kilos environ d'aluminium pur : la scorie renferme 43 0/0 de chlorure de sodium, 15 0/0 de cryolithe non décomposée et un peu d'alumine.

PROCÉDÉ GRABAU

Le grand inconvénient qu'offre l'emploi des fluorures consiste dans leur action énergique sur la plupart des vases.

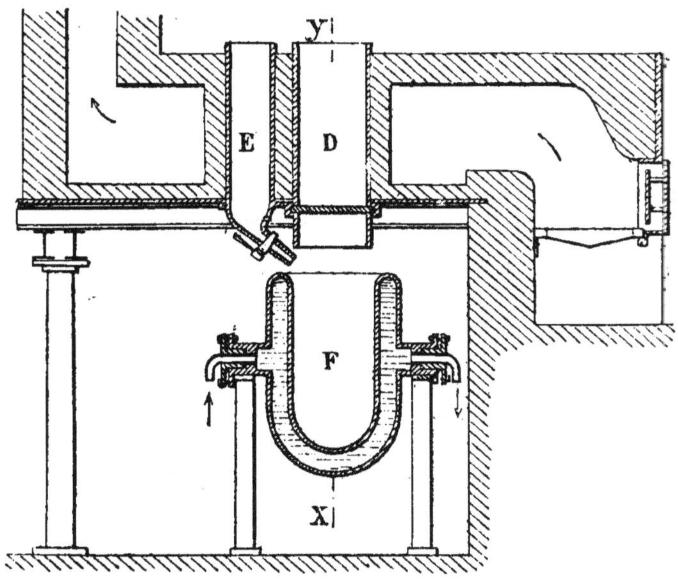

Fig. 14.

M. Grabau, avec sa méthode, apporte un remède à cet inconvénient, en chauffant séparément le sodium et le fluorure d'aluminium qu'il prépare lui-même.

Soient deux cornues séparées, en fonte D et E (figures 14 et 15) qui renferment du fluorure d'aluminium et du sodium.

On chauffe d'abord, au rouge sombre, le fluorure d'aluminium en D, puis le sodium en E, et l'on introduit ces réactifs dans le récipient F, refroidi par une circulation d'eau.

Le fluorure d'aluminium, tombe à l'état pulvérulent au-dessus du sodium fondu, admis le premier au fond du convertisseur F qui reste recouvert par le fluorure, pendant toute la durée de l'opération.

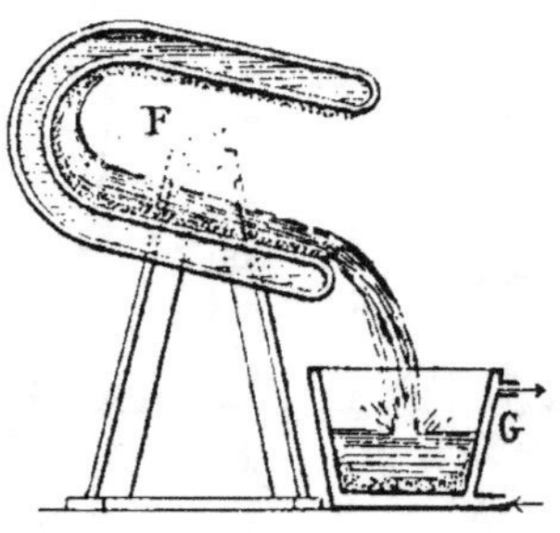

Fig. 15.

La réaction qui se produit est très vive ; elle se formule ainsi :

$$2Al^2Fl^3 + 3Na = Al^2 + Al^2Fl^3, 3NaFl.$$

La cryolithe qui se forme, moins fusible que l'aluminium, tend à se solidifier sur les parois du vase F et la couche ainsi formée protège la matière du creuset de toute action des sels en fusion.

On parvient à utiliser ainsi plus des 90 0/0 du sodium employé.

L'aluminium produit et la scorie sont versés avant la solidification du creuset F dans le moule G.

Préparation du fluorure d'aluminium. — M. Grabau a imaginé également une méthode qui donne à volonté du fluorure d'aluminium ou du fluorure double d'aluminium et de sodium (cryolithe).

(a) *Première réaction.* — Il prépare d'abord du fluosilicate d'aluminium en traitant le sulfate d'aluminium en dissolution par le spath fluor ; il se produit la réaction suivante :

$$Al^2O^3,\ 3SO^3 + 2CaFl = Al^2Fl^2,\ SO^4 + 2SO^3,\ CaO.$$

Le fluosulfate d'aluminium, ainsi formé, reste en dissolution.

(b) *Deuxième réaction.* — Le fluosulfate est additionné de fluorure de sodium qui est soluble et l'on obtient un précépité de fluorure d'aluminium.

$$3(Al^2Fl^2,SO^4) + 3NaFl = 3Al^2Fl^3 + 3\ SO^3,\ NaO.$$

Pour obtenir de la cryolithe artificielle, il suffit d'augmenter la proportion de fluorure de sodium.

On a alors :

$$3(Al^2Fl^2,\ SO^4) + 12NaFl = 3Al^2Fl^3,\ 3NaFl + 3SO^3,\ NaO.$$

Pour réussir, dans ce dernier cas, il y a lieu de faire pendant la réaction de fréquentes analyses.

Préparation du sodium. — M. Grabau y arrive par l'électrolyse du chlorure de sodium fondu. Sa principale innovation est dans la forme de l'appareil électrique (fig. 16).

La partie B de l'appareil est constituée par une cloche en porcelaine à double paroi, disposée de façon que l'électricité passe toute entière à l'intérieur et s'échappe par l'électrode négative E, qui est en fer, après avoir décomposé le chlorure de sodium fondu.

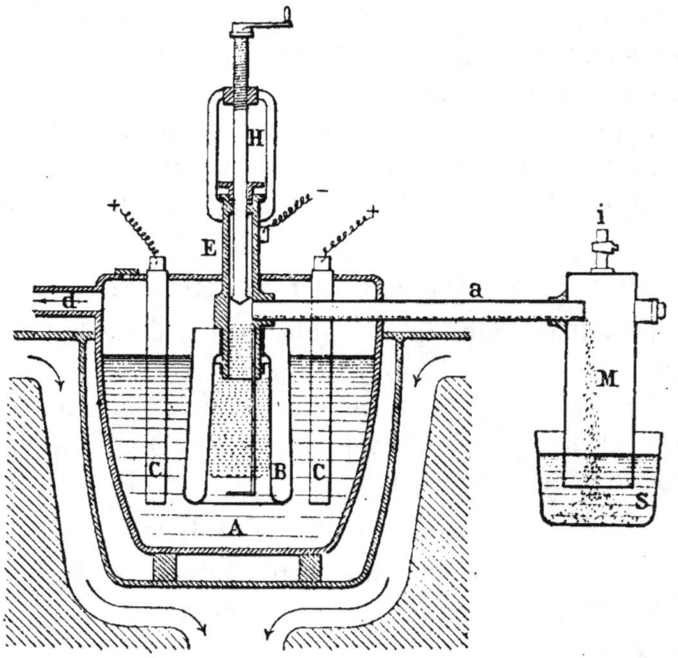

Fig. 16.

Les électrodes positives sont formées de deux électrodes de charbon CC. Le chlore se dégage en *d*. Le sodium, plus léger que son chlorure fondu, surnage à l'intérieur de la chloche et s'échappe par le tuyau *a* d'où il se rend dans un condenseur M, rempli d'azote ou d'hydrogène et plongeant dans du pétrole S.

Le foret H permet de débarrasser de ses obstructions l'électrode tubulaire E.

PROCÉDÉS DIVERS

A côté des méthodes que nous venons de décrire et qui ont reçu déjà une sanction industrielle importante, il en existe un certain nombre, qu'il est intéressant de connaître. en raison des tentatives nouvelles auxquelles elles ont donné lieu, tentatives qui se rapportent, soit au principe même de la réaction, soit aux manipulations et aux appareils employés.

C'est ainsi que, dans quelques-unes d'entre elles, on n'emploie plus le sodium comme réducteur, mais d'autres éléments.

Knowles et Corbelli	ont essayé	*le cyanogène.*
Gerhard et Fleury	» »	*l'hydrogène carburé.*
Morris et Chapelle	» »	*le charbon.*
Morris	» »	*l'acide carbonique.*
Lautherborn et Nieverth	» »	*le fer.*
Calvet et Jonhson Beuson	» »	*le cuivre.*
Dulls, Basset et Seymour	» »	*le zinc.*
Wilde	» »	*le plomb.*
Weldon	» »	*le manganèse.*

Il convient de rappeler que tous ces essais de réduction ont été effectués sans le concours de l'électricité. Nous ne croyons pas qu'ils aient donné jusqu'à ce jour de grands résultats.

Au contraire, avec l'aide de l'agent électrique on arrive à produire facilement les alliages d'aluminium, en faisant agir sur les sels halogéniques d'aluminium ou sur l'alumine, les métaux qui doivent entrer avec certaines proportions, dans l'alliage à réaliser.

PROCÉDÉ FRISMUTH

Leprincipe sur lequel repose ce procédé est à peu près celui-ci. On met en présence, dans un récipient, des vapeurs de sodium et de chlorure double d'aluminium et de sodium provenant de distillations obtenues dans des cornues séparées, de la façon suivante : le chlorure double est volatilisé, en présence de sel marin, dans un courant de chlore : quant à la vapeur de sodium elle est obtenue, en chauffant au rouge un mélange de carbonate de soude et de charbon.

Ce procédé est appliqué.

PROCÉDÉ WEBSTER

Cette méthode, consiste à former le chlorure d'aluminium en partant de l'alun, de façon à éviter les deux principales impuretés le fer et le silicium que l'on rencontre toujours dans les argiles. On chauffe à cet effet, à 250° environ dans un feu de calcination un mélange de trois parties d'alun pour une de brai ; au bout de trois heures, ce mélange a perdu 40 0/0 de son poids d'eau. On sèche, on lave le mélange calciné, à l'acide chlorhydrique, jusqu'à ce qu'il ne dégage plus d'hydrogène sulfuré, puis on l'amalgame en le pulvérisant avec du poussier de charbon, de manière à former des boulettes d'une livre environ.

On perfore ces boulettees pour en faciliter le séchage et on les chauffe d'abord lentement, à une température variant entre 40° et 50°, dans un dessiccateur, puis on les soumet pendant trois heures dans une cornue portée au rouge, à l'action d'un courant de deux volumes de vapeur d'eau pour un volume d'air qui enlève le soufre et le carbone, sous forme d'acide sulfurique et d'acide carbonique.

On pulvérise finement le résidu; on l'arrose de sept à huit fois son poids d'eau, que l'on porte à l'ébullition. Puis on décante, on lave et on sèche le précipité. On obtient enfin une masse qui contient 84 0/0 environ d'alumine pure.

Cette alumine est réduite ensuite par le charbon.

On obtiendrait ainsi, d'après M. Webster, l'alumine pure avec une économie de 90 0/0 des dépenses exigées par l'ancien procédé et l'on utiliserait les sous-produits de sa fabrication, en grande partie, pour la production d'une couleur bleue vendue 16 fr. le kilogramme et pouvant remplacer l'indigo dans la teinture des calicots.

Le procédé Webster, est exploité à Holyhead, près Birmingham par « l'Aluminium Crown Métal Co ».

PROCÉDÉ WHITE ET THOMSON.

On mélange trois parties de sodium et quatre parties de cryolithe en poudre, chauffée à 100°, au bain-marie. Ce mélange est rendu bien homogène par un brassage et re—

froidi. On ajoute ensuite quatre parties de chlorure d'aluminium.

On réduit le tout dans un four à reverbère, préalablement porté au rouge. Ce procédé est analogue à celui indiqué déjà par Rose.

PROCÉDÉ REILLON, MONTAGNE ET BOUGEREL.

Ce problème repose sur une réaction dont l'exactitude n'est pas démontrée : la formation de l'aluminium, en chauffant un mélange d'alumine, de charbon et de sulfure de carbone et en faisant agir sur ce mélange, un hydrocarbure.

On forme, en mélangeant quarante parties de charbon en poudre avec cent parties d'alumine et de goudron, une pâte que l'on calcine au rouge dans un creuset.

On soumet cette pâte, calcinée et brisée en petits morceaux, dans un creuset d'argile, à un courant de sulfure de carbone.

Il se produit en vertu de la réaction :

$$2Al^2O^3 + 3C + 3CS^2 = 2Al^2S^3 + 6CO$$

du sulfure d'aluminium et de l'oxyde de carbone qui s'échappe par une ouverture du creuset.

Le sulfure d'aluminium, traité au rouge par un courant d'hydrogène carboné, produit de l'hydrogène sulfuré et de l'aluminium pur.

La fabrication et la réduction du sulfure d'aluminium ont déjà été tentées par de nombreux chimistes sans aucun succès pratique.

Nous ne croyons pas que le procédé de **MM. Reillon, Montagne et Bougerel** ait été appliqué industriellement.

PROCÉDÉ BALDWIN DE CHICAGO

On fait un mélange de bauxite, charbon pulvérisé, sel marin ; ces divers composés réagiraient entre eux sous l'action de la chaleur et il se formerait un composé d'aluminium et de sodium.

On parviendrait à séparer l'aluminium du métal alcalin en fondant l'alliage obtenu avec une nouvelle quantité de sel marin.

Certes, si ce procédé réussit réellement, il est de beaucoup celui qui donne l'aluminium à plus bas prix, étant donné le peu de valeur des matières premières employées.

PROCÉDÉ FELDMAN, DE LINDEN.

Ce procédé consiste essentiellement à traiter par la fusion un mélange de fluorure double d'aluminium et de strontium, de chlorure de strontium et de sodium, ce qui donne naissance à la réaction suivante avec trois éléments de chlorure de strontium en excès :

$$Al^2Fl^3, 3SrFl + 6SrCl + 3Na = 2Al + 3SrFl + 3SrCl + 3NaCl.$$

On lave pour séparer le fluorure de strontium insoluble qui sert indéfiniment aux opérations suivantes.

PROCÉDÉ FAURIE.

On fait un mélange de soufre, de charbon et d'alumine, que l'on porte au rouge. Il se forme d'abord du sulfure d'aluminium et du sulfure de carbone ; au rouge blanc, il se produirait de l'aluminium.

Ce procédé est semblable à celui de MM. Reillon, Montagne et Bougerel.

PROCÉDÉ STEPHEN ET SANTHERSON.

Ce procédé consiste à traiter par les vapeurs d'acide fluorhydrique un mélange d'alun et d'émeri porté au rouge, jusqu'à ce que la masse devienne pâteuse.

La fusion précipite des granules d'aluminium ferreux, dont on enlève le fer par l'acide sulfurique étendu.

On ajoute de l'hématite lorsqu'on veut produire un alliage d'aluminium et de fer.

Réduction du chlorure d'aluminium par le zinc.

On fait réagir les vapeurs de zinc en excès sur du chlorure d'aluminium au rouge blanc.

Il se produit un culot d'aluminium mélangé avec du zinc ; on enlève ce dernier métal en portant l'alliage à une température de 1100°.

PROCÉDÉ DE LA GREAT WESTERN ALUMINIUM SMITHING AND REFINING Cᵒ.

On injecte dans un fluorure d'aluminium fondu un réactif tel que du sulfure, du nitrate de bore ou de silicium, susceptible de se dissocier à une température inférieure à celle de la fusion du fluorure.

L'un des éléments, très avide de fluor, s'y unit en produisant de l'aluminium.

PROCÉDÉ FAURE. *(Chlorure d'aluminium).*

Ce procédé consiste surtout en une méthode simple et pratique de production de chlorure d'aluminium, mais M. Faure ne donne aucune indication sur la manière dont il l'électrolyse.

Voici du reste en quels termes il a présenté son travail, à l'*Académie des sciences.*

« La méthode classique pour obtenir les chlorures d'aluminium, de silicium et autres éléments nécessitant une haute température, consiste à mélanger les oxydes de ces éléments avec du charbon et à les soumettre à l'action du chlore libre, dans un tube ou récipient qui les protège contre les flammes du foyer.

« Le but que je me suis proposé d'atteindre est de supprimer la majeure partie des désavantages inhérents à ce système, lesquels désavantages résident dans le coût de l'usure des récipients, la grande quantité de combustible nécessaire pour chauffer à blanc les matières contenues dans ces récipients, la lenteur des opérations, le coût du chlore, ainsi que les opérations de mélange des matières et du charbon.

« Les importantes données thermochimiques qui ont été publiées, dans ces dernières années, par M. Berthelot et autres savants, font clairement pressentir que le chlore peut être remplacé par l'acide chlorhydrique, qui est bien moins coûteux.

« J'ai résolu de chauffer les matières directement, sans les mélanger au charbon qui serait brûlé, et en opérant en masse, et de les traiter subséquemment par le gaz chlorhydrique mélangé d'un hydrocarbure convenable et peu coûteux.

« Tous les hydrocarbures sont décomposés avec dépôt de charbon à la température mise en jeu : Ceci serait fatal au procédé, car un dépôt superficiel et floconneux de charbon ne formerait pas le mélange intime nécessaire et obstruerait les pores de la matière.

« Mais le mélange, en proportions convenables, de naphtaline et d'acide chlorhydrique, donne au rouge un composé gazeux indécomposable par la chaleur seule de la température produite par un fourneau à vent alimenté de charbon de cornue à gaz.

« Ce composé se dégage des appareils, sous forme d'une fumée épaisse blanche, ne donnant rien à la condensation vers 100° C. Cette vapeur attaque au rouge blanc tous les corps oxydés en question.

« J'ai disposé un fourneau de grande dimension, de manière à chauffer une masse de matières épaisses de 0,50 mètres, ayant plusieurs mètres carrés de surface.

« Les flammes d'un four à gaz, muni de récupérateurs de chaleur, passent par filtration descendant à travers la matière (bauxite, par exemple), quand on a atteint la température voulue, on ferme les ouvertures d'admission des gaz de chauffe et l'on fait passer le courant gazeux chlorhydrique en sens inverse.

« Le maximum d'effet est obtenu, les gaz sont entièrement utilisés sans qu'on ait à craindre leur action sur les briques de fourneau.

« Ce procédé permet d'obtenir le chlorure d'aluminium en très grande quantité et à peu de frais ».

PROCÉDÉ FORSTER (*Sodium*).

L'auteur de ce procédé propose. pour la production du sodium, de lancer un jet de gaz carburé, tel que le gaz d'éclairage au travers d'une masse de soude en fusion.

PROCÉDÉ THOMSON ET WHITE (*Sodium*).

On chauffe un mélange en poids de deux parties de carbonate de sodium sec avec une et demie de goudron au rouge sombre, dans un creuset, pour en chasser les parties volatiles; il en résulte un gâteau que l'on calcine d'abord dans des creusets en fer puis que l'on introduit dans une cornue en terre réfractaire, probablement chauffée au rouge et débouchant dans un condensateur, où le sodium se précipite par distillation, comme dans le procédé Deville.

PROCÉDÉ O. M. THOWLES (*Sodium*).

La méthode proposée par M. Thowles, pour la fabrication du sodium, consiste à chauffer au préalable en C (fig. 17), de la soude caustique et en B du charbon ; puis à mettre en présence ces deux corps en ouvrant la trappe D. Il se produit une réaction très vive, plus prompte et plus complète, d'après M. Thowles. que si l'on mélange d'abord à froid le charbon et la soude.

Le sodium distille dans le condenseur E. Il n'existe aucun autre renseignement sur le procédé Thowles qui n'a pas été encore appliqué industriellement.

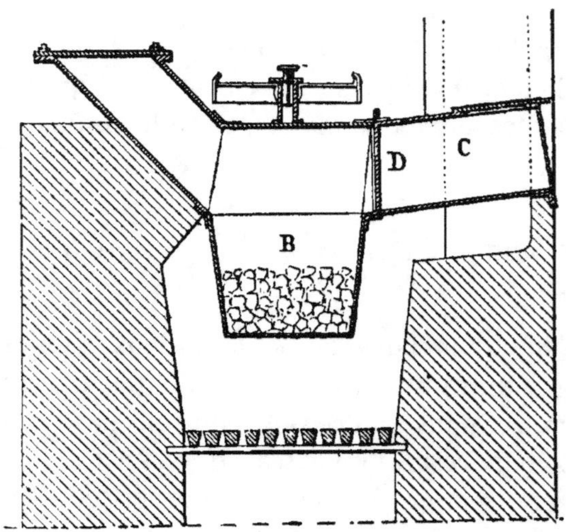

Fig. 17.

2° MÉTHODES ÉLECTRIQUES.

Nous avons vu que ces méthodes se divisent en deux classes : les méthodes *électrolytiques proprement dites*, les méthodes *électrothermiques*.

On range indistinctement parmi les procédés électrothermiques tous les procédés où la *force électromotrice* du courant, aux électrodes, est au moins égale à la force électromotrice d'un arc voltaïque, soit 30 à 35 volts environ.

Au contraire, dans les méthodes électrolytiques, on opère

avec des forces électromotrices les plus voisines possible des *forces électromotrices de décomposition* correspondant aux *électrolytes* traités.

Avec les méthodes *électrolytiques*, les masses du métal produit sont toujours proportionnelles à la quantité d'électricité mise en jeu; c'est-à-dire au nombre de *coulombs* qui traversent l'électrolyte.

Avec les méthode *électrothermiques* le poids du métal, mis en liberté, peut être supérieur au chiffre théorique, qui se calcule en fonction de la quantité d'électricité employée. On peut expliquer ce qui paraît être une anomalie en considérant que dans ce cas, l'électricité n'agit que comme véhicule de la calorie et que les composés, soumis à son action, ne sont pas décomposés par électrolyse, mais bien, par la chaleur qu'apporte l'agent électrique et, que son action est combinée avec l'action d'un réducteur.

De sorte que si, parmi les procédés électrothermiques, on trouvait que pour l'un d'eux, le poids du métal déposé est proportionnel au nombre de coulombs qui traversent le bain, on serait en droit de conclure qu'il se produit au passage du courant une véritable électrolyse et de ce fait, la méthode considérée pourrait être placée, indistinctement dans l'une ou l'autre classe; ou mieux dans une classe intermédiaire qui comprendrait les composés chimiques ne pouvant être décomposés électrolytiquement qu'avec une force électromotrice égale ou supérieure à la force électromotrice de l'arc voltaïque.

En cette occurrence, nous ne suivrons pas exactement, pour la description des méthodes électriques connues, l'ordre de classement.

Parmi ces méthodes, un petit nombre seulement a reçu une application industrielle importante, et encore quelques-unes de ces dernières n'ont pas toujours été présentées d'une façon claire.

Cela tient à ce qu'elles se sont transformées depuis leur début jusqu'à aujourd'hui et que quelques auteurs ont rapporté les chiffres de la dernière manière aux premières manipulations.

Il en a été ainsi pour les procédés Cowles, Héroult et Hall.

Afin de ne pas créer nous-même une ambiguité nous engageons le lecteur à se reporter, avant de lire ce chapitre, à l'historique des procédés de fusion ignée, qui se trouve vers la fin de la première partie de ce recueil.

Il y trouvera la note exacte des évolutions qu'ont subies les méthodes électriques offrant le plus d'intérêt.

Nous n'entrerons pas dans les détails de ces évolutions, ce qui nous entraînerait trop loin d'abord, et transformerait notre étude en un ouvrage critique ; or tel n'est pas notre programme.

Nous nous contenterons de reproduire *in extenso*, pour les procédés Cowles, Héroult et Hall, les dernières descriptions qui en ont été faites, à la Société des ingénieurs civils, par MM. Haubtman et Spiral.

Le procédé de Creil-St-Michel, au contraire, sera présenté avec de grands développements.

Appliqué d'abord à l'aluminium et ses alliages, il m'a permis déjà de faire des recherches intéressantes concernant le bore, le silicium et le magnésium.

Peut-être y trouvera-t-on les éléments pour la solution du problème relatif à l'extraction des métaux alcalino-terreux.

PROCÉDÉ Minet.

Installations.usines. — Dès le commencement de son application, en mars 1887. on a pu obtenir avec ce procédé aussi bien de l'aluminium pur que des alliages. Les diverses installations industrielles, auxquelles il a donné lieu, sont au nombre de trois. Elles sont dûes à l'initiative de MM. Bernard frères, secondés par M. Paul Bernard.

La première a été faite à Paris, impasse du Moulin Joli : elle a duré, du mois de mars 1887 au mois de mars 1888.

On a produit pendant cette année : 500 kilogrammes environ d'aluminium pur ; 1500 kilogrammes d'alliages d'aluminium, bronze ou ferro.

On possédait, impasse du Moulin-Joli, comme puisssance motrice,une locomotive de la force de six chevaux,et comme source d'électricité une machine électrique type Gramme à inducteurs plats de 12 volts et 250 ampères ; soit quatre chevaux électriques utiles dans les bains.

La seconde, installée à Creil, a fonctionné depuis le mois d'avril 1888, jusqu'au mois d'octobre 1891.

On y fabriquait journellement environ 10 kilogrammes d'aluminium pur et 5 à 6 kilogrammes d'aluminium à l'état allié.

La force motrice était fournie par une vieille machine à balancier,à très faible vitesse (20 tours), d'une puissance de 40 chevaux, et le courant électrique par une machine Edison à deux collecteurs, pouvant fournir un courant de 27.5 volts et 1200 ampères. On ne lui demandait régulièrement que 16 volts, force électromotrice suffisante pour l'alimentation de trois bains, établis en tension, et 1000 ampères : ce qui correspondait à un travail utile dans les bains, équivalent à 24 chevaux.

Avec l'usine de l'impasse du Moulin-Joli, nous avions pu étudier expérimentalement tout ce qui concerne la partie purement scientifique de notre procédé ; celle de Creil devait nous permettre d'en régler les détails pratiques et, en fait, dès le mois de mai 1889, MM. Bernard frères songeaient à en faire une application en grand ; d'où est sortie l'idée d'une usine à St-Michel, mûe par les forces naturelles.

Au moment où paraitra ce livre, l'usine St-Michel sera en plein fonctionnement ; nous en avons déjà parlé, à propos des forces hydrauliques installées en France, pendant ces dernières années (1).

Le canal d'amenée a été construit par MM. Gros et Perrin, sous la direction de M. Hillairet ; les conduites d'eau ont été fournies et posées par M. Joya de Grenoble ; les turbines, d'une puissance variant entre 300 et 1000 chevaux, sortent de la maison Bouvier de Grenoble ; enfin, les machines électriques d'une puissance correspondante sont fournies par MM. Hillairet-Huguet, de Paris.

Considérations générales.

J'ai cherché à déterminer les meilleures conditions de *marche* de l'électrolyte des sels à l'état fondu, conditions qui se rapportent tout à la fois : à la *masse* du bain, à sa *température*, sa *fluidité*, sa *densité*, son *inaltérabilité*, sa *fixité* ; aux dimensions des électrodes (anode et cathode), à celles de la cuve qui contient le bain ; enfin, à la nature même de ces divers organes.

(1) Voir la page 19.

Ces résultats n'ont pu être atteints que par la création d'un outillage spécial et d'appareils nouveaux. J'ai pu également établir la théorie du phénomène étudié et l'expression mathématique qui lie entre elles, les constantes du courant et celles de l'électrolyte.

Choix de l'électrolyte ; ses propriétés physiques ; sa régénération. — Il y a deux genres de sels d'aluminium qui peuvent s'électrolyser à l'état fondu ; les sels halogéniques, c'est-à-dire ceux où le radical acide est un halogène ; les oxysels ou sels doubles constitués par de l'oxyde d'aluminium combiné ou plutôt mélangé avec un sel halogénique d'aluminium : oxyfluorure, oxychlorure et peut-être les sulfures.

Nous avons repris les expériences d'Henry Ste-Claire Deville et nous avons plus particulièrement étudié les chlorures et fluorures d'aluminium.

A l'état de sel simple, le fluorure n'est fusible qu'à une température élevée et son point de fusion est très voisin de son point de volatilisation ; c'est-à-dire qu'il passe directement de l'état solide à l'état liquide.

Le chlorure d'aluminium présente la même propriété, mais à une température beaucoup plus basse (185°).

Or, pour que l'action électrolytique se produise normalement et continue avec une marche régulière, il est *essentiel* que l'électrolyte se présente avec un état particulier de *fluidité*, le plus voisin possible de celui d'un sel en dissolution ; il est difficile d'atteindre cet état avec les sels simples d'aluminium, d'après leur manière de se comporter à la chaleur.

On a songé alors à combiner les sels d'aluminium avec le sel d'un autre métal plus électro-positif, le sodium par exemple ; à former ainsi un sel double et, en plus, à mélanger ce dernier avec un excès d'un sel de sodium, ayant le même radical acide ou un radical acide différent.

Nous avons essayé successivement les mélanges suivants :

1ᵉʳ *Mélange.*

Chlorure double d'aluminium et de sodium : 40 parties.
Chlorure de sodium : 60 parties.

2ᵉ *Mélange.*

Fluorure double d'aluminium et de sodium : 40 parties.
Chlorure de sodium : 60 parties.

Le chlorure double d'aluminium et de sodium, même lorsqu'il est mélangé avec un excès de chlorure de sodium est encore trop volatil et trop instable ; il donne naissance à d'abondantes vapeurs ; il est du reste très corrosif et d'un maniement difficile.

Le bain électrolytique, formé à base de chlorure d'aluminium, s'appauvrit rapidement à la chaleur ; il devient pâteux en raison de la faible quantité de chlorure d'aluminium qu'il retient, à moins qu'on n'atteigne la température de fusion du sel marin ; dans ce cas, il ne reste plus de sels d'aluminium ; il est difficile de réaliser, dans ces conditions, une électrolyte régulière et de longue durée (1).

(1) Henry Sᵗᵉ-Claire Deville, qui avait essayé d'électrolyser le chlorure d'aluminium, ne réussit qu'à produire de faibles quantités de métal sous la forme de grains disséminés dans la masse du bain. Il dut arrêter rapidement son expérience en raison des vapeurs corrosives qui se dégageaient du bain.

Le bain, à base de fluorure d'aluminium, donne de meilleurs résultats : il est formé d'un mélange, en proportions définies. de chlorure de sodium et de fluorure double d'aluminium et de sodium, répondant à la formule chimique, exprimée en équivalent : $6\ NaCl + Al^2Fl^3 3NaFl$. Point de fusion : 675°. Point d'émission de vapeurs : 1056°. Densité à 829° : 1,76. Coëfficient de dilatation à l'état fondu : $5 \times \overline{10^4}$. Conductibilité électrique à 870° ; 3,1.

La conductibilité électrique, en fonction de la température, se calcule par la relation :

$$Ct = 3,1\ [1 + 0.0022\ (t - 870^o).$$

Pour un courant d'une intensité de 1200 ampères, la masse du bain est représentée par un poids de 20 kilogrammes.

A 800°, il est suffisamment fluide pour que l'électrolyse s'opère normalement et assez peu volatil pour qu'il ne se perde pas en 24 heures plus des 5/100 à 8/100 de sa masse totale.

Régénération du bain. — Au passage du courant électrique, le fluorure d'aluminium se décompose : l'aluminium se porte au pôle négatif, et en même temps, sont mis en liberté au pôle positif du fluor qui se dégage dans l'atmosphère et du fluorure de sodium qui reste dans le bain, de façon que si l'alimentation, au fur et à mesure de la décomposition, se faisait avec de la *cryolithe* seule (fluorure double d'aluminium et de sodium), le bain s'enrichirait de fluorure de sodium et l'on serait vite arrêté à cause de l'excès de ce sel ; à un moment donné, rapidement atteint, on produirait du sodium au lieu d'aluminium.

Cette considération est un résultat d'expérience. On évite

cet inconvénient au moyen de deux procédés, basés sur des principes différents, mais qui conduisent au même résultat.

(α) **Régénération du bain par le fluorure d'aluminium.**

Cette méthode était tout indiquée. Il suffit de verser dans le bain, au fur et à mesure de la décomposition du fluorure d'aluminium, des quantités équivalentes de ce sel qui se combineront avec les proportions de fluorure et de sodium devenues libres pour maintenir rigoureusement constante, pendant toute la durée de l'opération, la composition du bain.

(β) **Régénération par l'oxyde d'aluminium ou alumine.**

Qu'arrive-t-il si, au lieu du fluorure d'aluminium, on ajoute dans le bain de l'alumine, à l'état de poudre fine, en ayant soin de verser l'oxyde tout autour de l'anode ?

Première hypothèse. — L'alumine se dissout dans le fluorure de sodium devenu libre, ou dans la masse du bain, et s'électrolyse en même temps que le fluorure d'aluminium. Elle peut former également, avec ce dernier sel, un oxyfluorure qui se dissoudrait également dans le fluorure de sodium en excès, ou dans la cryolithe qui reste toute formée dans le bain.

Les résultats que donne l'expérience ne sont pas conformes à cette première hypothèse.

Seconde hypothèse. — Au contact du fluor qui est mis en liberté à l'électrode positive, l'alumine se transforme en fluorure d'aluminium.

$$Al^2O^3 + 3Fl = Al^2Fl^3 + O^3.$$

C'est l'hypothèse que nous avons adoptée ; au fait, comme le fluor qui se dégage n'est pas complètement absorbé par l'alumine, il est nécessaire d'ajouter en même temps que cet oxyde, si on veut maintenir constante la composition du bain, certaines proportions de fluorure d'aluminium : voici la formule du mélange de sels que nous employons pour l'alimentation et qui nous donne de très bons résultats.

Alumine hydratée, en partie desséchée :

$$6(Al^2O^3, 2HO) = 416,4.$$

Fluorure double d'aluminium et de sodium :

$$Al^2Fl^3. 3NaFl = 210,4.$$

Oxyfluorure d'aluminium :

$$Al^2Fl^3, 3Al^2O^3 = 238,4.$$

Ce mode d'alimentation permet de régénérer les deux tiers du fluorure d'aluminium.

Le niveau du bain est maintenu à la même hauteur, pendant toute la durée de l'expérience, au moyen d'un mélange de sel marin et de fluorure double d'aluminium et de sodium, aux proportions indiquées plus haut.

Remarque. — Il importe toutefois, pour que la marche de l'électrolyse soit régulière, que la composition du bain reste constante et, pour arriver à cela, d'opérer des analyses fréquentes du bain. On sait combien sont délicates les analyses de fluorure et de chlorure ; et cependant elles doivent se faire rapidement. Nous avons tourné la difficulté en nous basant sur la solubilité du chlorure de sodium et l'insolubilité du fluorure double d'aluminium et de sodium et de l'alumine. Voici comment nous procédons pour faire rapidement l'analyse du bain :

Soient p le poids du bain à analyser, finement pulvérisé; P une quantité d'eau que l'on mélange au poids p et dans laquelle se dissout le chlorure de sodium, dont le poids est p'.

Lorsque la proportion τ du chlorure de sodium dissous ne dépasse pas $\dfrac{P}{10}$, sa valeur peut être déterminée par une expression mathématique simple.

Soit δ la densité de la solution ; on peut écrire

$$\delta = a + b\tau = 1 + 0.75\tau.$$

Or, si nous faisons $P = 10p$, on a dans tous les cas l'identité

$$\tau = \frac{\delta - 1}{0,75};$$

δ est mesuré au moyen d'un densimètre. La quantité p' de chlorure de sodium dissous est déduite de la relation

$$\frac{p'}{\tau} = \frac{P}{1 - \tau},$$

d'où

$$p' = P\,\frac{\tau}{1 - \tau}.$$

Il sera dès lors facile de calculer la quantité p'' de matières insolubles (fluorures doubles et oxyde) contenues dans p,

$$p'' + p - p'$$

et l'on aura finalement, comme expressions des proportions de chlorure de sodium et des matières insolubles contenues dans le bain :

Chlorure de sodium . . . . $\tau' = \dfrac{p'}{p}$

Fluorure d'aluminium et de sodium. . $\tau'' = \dfrac{p - p'}{p}$

Nature et dimension du vase qui renferme l'électrolyte; nature et dimension des électrodes. — Un électrolyte étant donné, il fallait établir un vase et des électrodes qui satisfissent à certaines conditions.

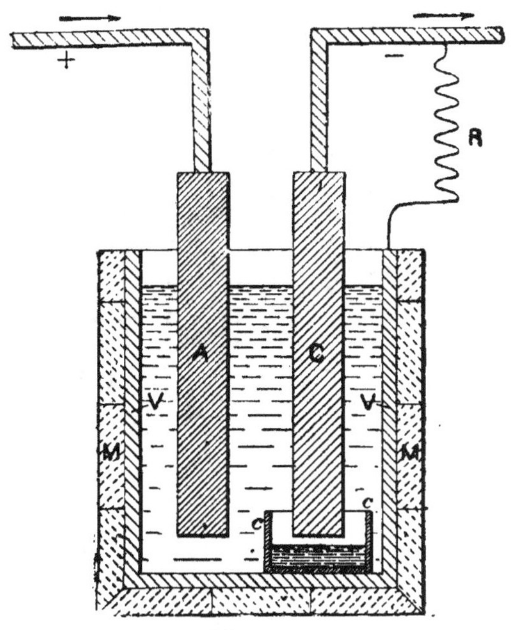

Fig. 18.

11

La *cuve* ou vase, qui renferme l'électrolyte, doit être d'une nature telle qu'elle ne puisse être attaquée par les sels en fusion ; outre que cette attaque nuirait à la constance du bain, en y apportant des éléments étrangers, la cuve, de ce fait, serait rapidement mise hors d'usage.

Or, aucune substance autre que le charbon aggloméré ne résiste à l'action corrosive des fluorures fondus.

Nous avons réussi à résoudre ce premier problème de plusieurs façons.

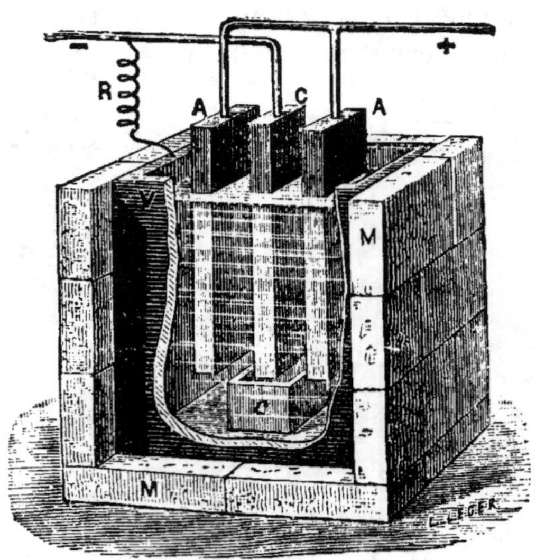

Fig. 19.

Nous avons, tout d'abord, adopté une cuve métallique (fonte) ayant la forme d'un parallélipipède, dont les arêtes ont présenté une longueur variant entre 20 et 40 centimètres, suivant l'intensité du courant lancé dans l'électrolyte, intensité qui, dans nos expériences jusqu'à ce jour, avait oscillé entre 89 et 1500 ampères (1).

Cette cuve, quelle que soit la nature du métal employé dans sa constitution, eût été attaquée par le bain, si nous n'avions pas employé l'artifice représenté figure 18.

La cuve VV est revêtue d'une garniture en maçonnerie MM qui la protège contre l'action des gaz chauds qui l'enveloppent.

Les électrodes (A positives ; C négatives) sont constituées de charbon aggloméré, de composition analogue à celle des charbons à lumière.

Immédiatement sous la cathode, se trouve disposé un petit creuset, C,C, recevant le métal qui s'écoule de la cathode après s'y être déposé.

La cuve est établie en dérivation sur l'électrode négative, par l'intermédiaire d'une résistance R, dont la valeur est calculée de façon qu'il ne s'échappe par la cuve que les 5/100 du courant total.

Les 95/100 du courant qui traversent la cathode agissent utilement pour l'électrolyse.

Au moyen de cet artifice, les parois intérieures de la cuve *sont continuellement recouvertes d'une couche d'aluminium infiniment mince, qui les protège contre l'action corrosive du bain ;* en fait, le métal reçu dans le creuset CC ne renferme que des proportions très faibles du métal de la cuve, proportions variant entre 2/1000 à 5/1000.

Nous reproduisons (fig. 19) la perspective de l'appareil. disposé pour supporter un courant de grande intensité.

On est forcé alors de mettre deux anodes A, dont les di-

---

1 On utilise actuellement à St-Michel un courant d'une intensité qui atteint 3600 ampères.

mensions et l'écartement, par rapport à la cathode, sont tels
que la résistance de l'électrolyte reste constamment inver-
sement proportionnelle à l'intensité maxima du courant.

Nous donnons pour mémoire une autre disposition de
l'appareil (fig. 20).

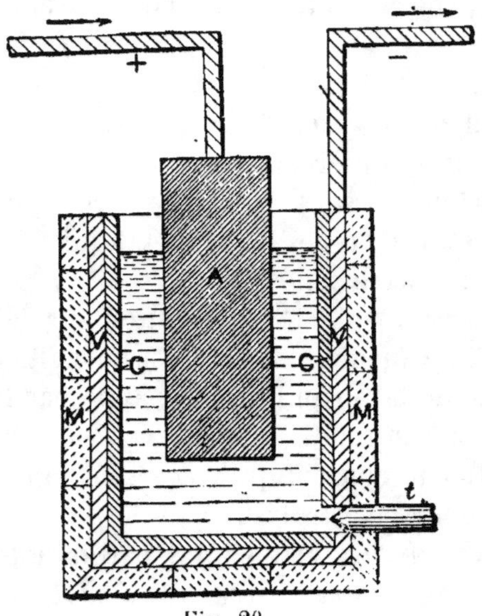

Fig. 20.

L'anode A occupe le milieu du bain, la cuve elle-même
sert de cathode ; elle a la forme d'un parallélipipède et
elle est en fonte ; un trou de coulée est ménagé à la partie
inférieure de la cuve, d'où on retire le métal, après une
période de temps fixée par l'intensité du courant.

Lorsqu'on veut produire du métal pur, la cuve reçoit intérieurement une garniture de charbon aggloméré C,C. Si,
au contraire, l'aluminium doit faire partie dans un alliage

où le métal de la cuve entre également comme partie
constituante, la garniture C,C peut être supprimée.

Marche générale du phénomène électrolytique par fusion ignée ; son expression mathématique en fonction des constantes du courant ; poids du métal produit en fonction des quantités d'électricité mises en jeu.

1° *Marche générale du phénomène électrolytique par fusion ignée.*

Le tableau IX témoigne de la régularité de l'opération.
On remarque en effet que, bien que l'intensité du courant
ait varié dans de grandes proportions, puisqu'elle partait
d'un minimum égal à 89 ampères, et atteignait un maximum de 1500 ampères, abstraction faite du courant dérivé
sur la cuve, la différence de potentiel aux électrodes restait sensiblement constante.

Ce résultat a été obtenu par la précaution qu'on avait
d'augmenter les dimensions des électrodes (cathode et
anode) de façon que la densité de courant maximum était
toujours la même.

Et, remarque importante, chaque fois qu'on se dépar-
tait de cette précaution, la marche du phénomène devenait
irrégulière et ne pouvait plus être exprimée par l'expression mathématique que nous donnons plus loin.

Le point, qui correspond au 10 décembre 1890, a été
obtenu avec une cuve garnie intérieurement et servant de
cathode ; les autres chiffres d'expériences, avec une cuve
en dérivation.

TABLEAU IX

Constantes électriques par fusion ignée des oxyde et fluorure d'aluminium.

Date de l'expérience	Nature de la cathode.	Durée de l'expérience.	Intensité du courant. I	Différence de potentiel aux électrodes E	Poids du métal déposé	Poids du métal calculé	Coefficient de rendement
		h	amp.	volts	gr.	gr.	p. 100
1887							
7 mai	charbon	15	89	5,5	200	363	55
8 juin	charbon	12	124	5,5	320	506	68
13 juillet	charbon	14	90	4,0	260	428	60
25 juillet	charbon	24	113	4,5	570	922	61
27 septembre .	fer	23	100	5,5	400	782	51
30 octobre....	charbon	12	200	4,25	420	816	63
26 novembre .	charbon	12	142	5,75	380	579	75
10 décembre..	charbon	12	160	5,75	520	653	64
1888							
27 janvier....	charbon	12	110	5,0	870	440	60
4 février.....	charbon	13	180	6,0	500	796	62
24 mars	charbon	12	255	5,5	600	1040	57
4 août.......	charbon	12	360	6,0	1000	1460	68
1889							
23 juillet......	charbon	2	650	5,8	2430	4860	50
24 juillet......	charbon	22	650	5,8	2559	4860	52
30 septembre .	charbon	10	700	5,6	2600	4760	54
10 octobre....	charbon	20	700	5,6	2600	4760	54
20 novembre..	charbon	20	800	5,6	2800	5340	52
22 novembre..	fer	20	800	5,8	3400	5440	52
5 décembre..	fer	20	800	5,5	3600	5440	62
1890							
15 janvier	fer	11	950	6,0	2100	3550	60
20 janvier	fer	7	975	6,1	1900	2320	82
7 février.....	charbon	7	1200	6,35	1680	2860	60
2 mars	charbon	7 1/2	1330	6,00	1850	3393	05
10 décembre..	charbon	22	1500	4,55	6500	11220	58

Quelle que soit la disposition adoptée pour la cuve, celle-ci peut servir, sans se détériorer, pendant un temps assez long, comme l'indique le tableau n° X.

TABLEAU X

Dates	Nombre de jours	Heures		Nombre de cuves	Poids du métal déposé
		de marche	d'arrêt		
					kil.
1888 Novembre....	30	715	5	6	140
1889 Avril	30	715	5	6	160
1889 Juillet-Août ..	36	858	6	6	288
1889 Sept.-Octobre.	42	1001	7	6	504
1890 Février-Mars .	50	1190	10	4	900
1890 Nov.-Décem..	50	1190	10	4	1000

2° *Expression mathématique du phénomène électrolytique par fusion ignée en fonction des constantes du courant* :

Lorsqu'on opère l'électrolyse d'un sel en dissolution, avec des densités du courant aux électrodes, calculées de manière que la résistance spécifique de l'électrolyte ne varie pas avec l'intensité du courant et qu'il ne se produise qu'un phénomène de ségrégation moléculaire, sans réactions secondaires, les constantes du courant satisfont à l'équation :

$$(11) \qquad\qquad s = e + \rho I \text{ (1)}.$$

L'expérience démontre que le phénomène d'électrolyse

(1) Voir pour la définition des termes qui entrent dans l'équation (11) et suivantes, le chapitre relatif aux unités électriques et aux lois générales de l'électrolyse.

par fusion ignée suit la même loi ; il suffit pour cela de disposer les électrodes de façon à maintenir constante la densité de courant qui correspond au point où l'intensité est maximum. Pour tous les moments où l'intensité du courant est plus faible, l'expression (11) s'applique rigoureusement.

La densité du courant à la cathode peut atteindre un maximum de 2.5 ampères par centimètre carré ; à l'anode, un ampère seulement, pour la même unité de surface.

Ces densités sont bien supérieures à celles que l'on constate dans l'électrolyse des sels en dissolution ; c'est ainsi que, dans ce dernier cas, on ne peut guère lancer que 1/50 à 1/300 d'ampère par centimètre carré, si l'on veut avoir un bon dépôt.

3° *Force électromotrice minima e.*

Nous savons que la force électromotrice minima d'un électrolyte est proportionnelle à sa chaleur de formation C.

$$e = 0,04355 \, C.$$

Il suffit donc de connaître la valeur de C pour avoir immédiatement celle de e.

Les chaleurs de formation (état solide) des sels d'aluminium qui entrent dans la formation du bain ou qui peuvent se produire par des réactions secondaires et les forces électromotrices minima qui en résultent sont comprises dans le tableau suivant :

TABLEAU XI

Chaleurs de formation des sels d'aluminium

Composés	Formules électrolytiques	Chaleur de formation (c)	Force électromotrice minima (e)
Fluorure...........	$Al^{\frac{2}{3}}Fl$	73,3	3.49
Oxyde.............	$Al^{\frac{2}{3}}O$	65,3	2,84
Chlorure..........	$Al^{\frac{2}{3}}Cl$	53,6	2,33

La chaleur de formation du fluorure d'aluminium n'a pas été déterminée expérimentalement ; celle que nous adoptons se déduit de la chaleur de formation de l'acide fluorhydrique, qui a été trouvée égale à 39,6 par MM. Berthelot et Moissan.

Comparons, en effet, les chaleurs de formation des composés de l'hydrogène et de ceux de l'aluminium avec les halogènes, autres que le fluor, à l'état gazeux pour les premiers composés, solide pour les seconds.

TABLEAU XII

Composés de l'aluminium			Composés de l'hydrogène			Différenc entre les deux chaleurs de formation
Noms	Formules électrolytiques	Chaleur de formation	Noms	Formules électrolytiques	Chaleur de formation	
Chlorure.	$Al^{\frac{2}{3}}Cl$	53,6	Acide chlorhydr.	BCl	22	31,6
Bromure.	$Al^{\frac{2}{3}}Br$	44,2	Acide brombydr.	HBr	9,5	34,7
Iodure...	$Al^{\frac{2}{3}}I$	28,8	Acide iodhydr...	HI	−6,2	35

On peut admettre que la *différence* entre la chaleur de formation du fluorure d'aluminium et celle de l'acide fluorhydrique est sensiblement la même que pour les autres composés halogéniques de l'aluminium et de l'hydrogène.

Cette différence a varié de 31 Cal. 6 à 35 Cal.; elle présente une moyenne pour les composés chlorés, bromés, iodés, égale à 33 Cal. 7.

On pourra ainsi calculer la chaleur de formation du fluorure d'aluminium :

	Cal.
Chaleur de formation de l'acide fluorhydrique	39.6
Moyenne des différences entre la chaleur de formation des composés d'aluminium et de l'hydrogène avec les halogènes	33.7
Chaleur de formation du fluorure d'aluminium	73.3

Le tableau XI renferme également les chaleurs de formation de l'alumine hydratée et du chlorure d'aluminium anhydre.

Il existe des quantités notables de ce dernier sel dans le bain électrolytique, qui proviennent de la réaction du fluorure d'aluminium libre, c'est-à-dire non à l'état de sel double, sur le chlorure de sodium

$$NaCl + Al^{\frac{2}{3}}Fl = NaFl + Al^{\frac{2}{3}}Cl,$$

le fluorure de sodium résultant de cette réaction se combine avec les quantités de fluorure d'aluminium restant à l'état libre

$$NaFl + Al^{\frac{2}{3}}Fl = NaFl, Al^{\frac{2}{3}}Fl$$

pour former un sel double.

La chaleur de formation de l'oxyde d'aluminium anhydre

est peu différente de celle de l'hydrate d'aluminium, celui-ci faisant partie de la série des hydrates faibles. Elle n'a, du reste, pas été déterminée expérimentalement.

Quelques auteurs admettent que la chaleur de formation du fluorure d'aluminium est voisine de la chaleur de formation du chlorure anhydre de ce métal.

En fait, comme on va le voir dans le paragraphe suivant, la valeur de e, trouvée par expérience, lorsqu'on opère sur un bain formé de sels d'aluminium, exempt de sels de fer et de silicium, correspondrait à la chaleur de formation du chlorure d'aluminium.

Elle oscille en effet entre 2.4 et 2.17 volts ; or, la force électromotrice qui se déduit de la chaleur de formation du chlorure d'aluminium anhydre est 2.33 volts exactement.

4° *Relation entre les constantes du courant et celles de l'électrolyte.* — Ce problème se divise en deux parties. Soient ε la différence de potentiel aux électrodes ; e la force électromotrice de décomposition ; ρ la résistance de l'électrolyte, celle des électrodes étant négligeable ; I l'intensité du courant ; δ la densité du courant maximum aux électrodes, pour chacune des périodes étudiées.

« A. *Les sels qui composent le bain sont chimiquement purs.*

« (a) *Première période*, comprise entre la densité du courant aux électrodes égale à zéro, et celle pour laquelle la force électromotrice de polarisation a la même valeur que la force électromotrice de décomposition de l'électrolyte considéré.

« Pour les points les plus bas, la différence de potentiel peut s'exprimer par la relation $\varepsilon = KI$, la température restant constante. Vers la densité-limite, la valeur de la différence de potentiel ne peut se calculer par une expression simple; j'ai pu toutefois déterminer, dans certains cas, la forme de cette expression,

« Pour une température de 870°, δ' le maximum de la densité du courant aux éleclrodes, correspondant à la première période de l'électrolyse du bain étudié par nous, oscille entre $0^{amp}, 02$ et $0^{amp}, 03$. La valeur de δ' varie avec la température et l'état physique de la surface des électrodes.

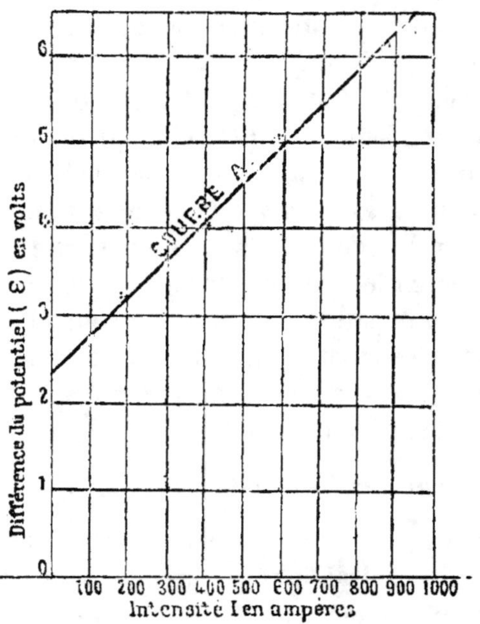

Fig. 21.

(b) *Deuxième période*. — A partir du moment où la force électromotrice de polarisation est égale à la force électromotrice de décomposition de l'électrolyte considéré jusqu'à une densité δ à l'électrode positive qui, pour notre bain au fluorure, atteint une valeur de 1 ampère, la différence de potentiel s'exprime comme nous le disions plus haut par l'expression:

$$\varepsilon = e + \rho\, T$$

Des expériences, effectuées dans le but de vérifier cette relation, sont représentées dans une série de courbes et tableaux A, B, C. La disposition des appareils et la composition du bois étaient celles que nous avons données. Si l'on considère la courbe A, on voit que les points relevés par l'expérience se confondent avec une droite ne passant pas par l'origine, ce qui démontre que le phénomène électrolytique par fusion ignée suit la même loi que l'électrolyse par voie humide.

Formule de la courbe A :

$$\varepsilon = e + \rho I = 2.4 + 0{,}00441\, I.$$

Intensité I	Différence de potentiel ε	
	mesurée	calculée
amp.	volts	volts
196...............	3,26	3,26
403...............	4,12	4,17
485...............	5,05	4,97
885...............	6,18	6,29
Température...........	900°.	

« Dans cette expérience, la température était de 900°. La force électromotrice minima était égale à 2 volts 4. Elle est peu différente de celle du chlorure d'aluminium, qui est de 2 volts, 32 et la force électromotrice minima de l'alumine hydratée, qui est égale à 2 volts 84. Pendant la marche, le bain était alimenté, du reste, avec de l'alumine, et nous avons constaté des dégagements d'oxygène au pôle positif.

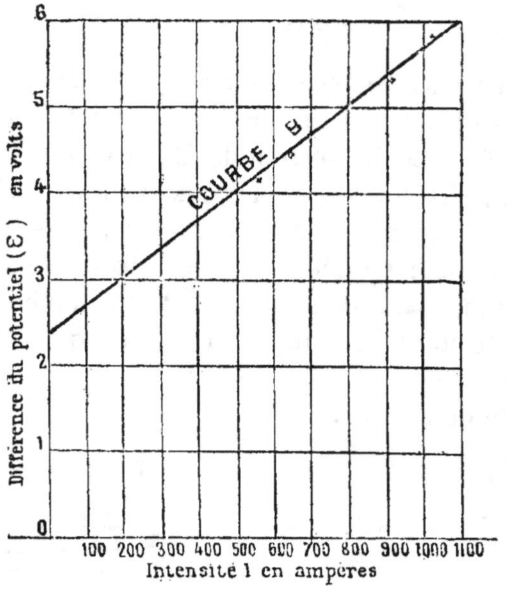

Fig. 22.

« Nous ajouterons que d'autres courbes tracées dès le début de l'expérience, alors qu'il n'y avait comme électrolyte que du fluorure d'aluminium, correspondaient aussi à une force électromotrice variant entre **2, 3** et **2, 6,** suivant la température.

Formule de la courbe B :

$$\varepsilon = e + \rho I = 2{,}34 + 0{,}0033\, I.$$

Intensité I amp.	Différence de potentiel ε	
	mesurée volts	calculée volts
572....................	4,23	4.23
650....................	4,48	4.48
910....................	5.30	5.54
1030....................	5,78	5,74
Température..........	1000°	

La courbe B a été tracée à une température supérieure de 100° à celle de la courbe A. La force électromotrice minima de l'électrolyte n'a pas beaucoup varié avec l'augmentation de température ; elle présente, en effet, une valeur égale à 2 volts, 34. La résistance du bain, au contraire, est plus faible.

Il était intéressant d'augmenter encore la température pour déterminer la relation possible entre cette quantité et la force électromotrice du bain, ainsi que la résistance de l'électrolyte.

La courbe C correspond à une température de 1100°. Il est difficile de dépasser cette température, qui est voisine de la température de la fusion de la fonte qui constitue la cuve.

Formule de la courbe C :

$$\varepsilon = e + \rho I = 2,17 + 0,0025 \, I.$$

Intensité I amp.	Différence de potentiel ε	
	mesurée volts	calculée volts
152....................	2,48	2,55
598·....................	3,65	3,67
1070....................	4,90	4,84
1430....................	5,74	5.74
Température..........	1100°	

La force électromotrice minima, déduite de la courbe C, est inférieure aux deux précédentes, mais dans des proportions telles qu'on peut admettre que l'action due à la température est très faible *jusqu'à* 1100°.

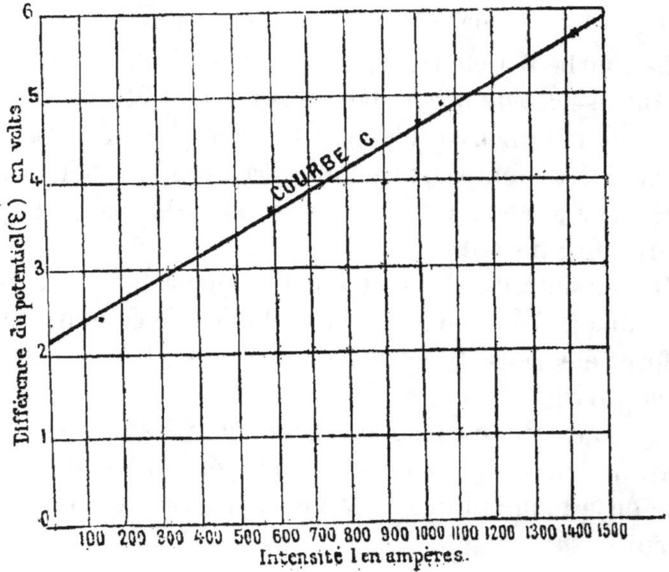

Fig. 23.

Au contraire, la résistance de l'électrolyte est descendue à 0 ohm, 0025.

On a eu successivement pour la valeur de cette quantité, calculée au moyen de l'expression, des résultats qui permettent d'établir une relation entre la résistance de l'électrolyte et la température ; cette dernière quantité était rigoureusement déterminée au moyen du couple Lechâtelier.

$$\rho = \frac{z - e}{I} :$$

Courbes	Température t^0	Résistance ρ
A..........................	900	0,0044
B..........................	1000	0,0033
C..........................	1100	0,0025

qui est celle d'une droite ne passant pas par l'origine.

Les coëfficients a_1 et b_1 de cette droite peuvent être déduits des chiffres de l'expérience et l'on a finalement l'expression

$$\rho = a_1 - b_1 t,$$

qui permet de calculer la résistance du bain en fonction de la température.

$$\rho = 0,0143 - 0,000011 \, t,$$

Il faut faire remarquer que, dans cette résistance, sont comprises.non seulement celle de l'électrolyte, mais encore la résistance des électrodes et de la couche de gaz entre les électrodes et le bain.

(c) *Troisième période*. — Pour des densités de courant à l'anode supérieures à 1 ampère, la valeur de la différence de potentiel ne peut plus se calculer en fonction de l'intensité par une expression simple. Elle atteint rapidement une quantité voisine de celle d'un arc électrique ; soit 30 à 40 volts.

B. *L'électrolyte est mélangé avec des proportions de sels étrangers* : sels de fer et de silicium, pour le cas qui nous occupe. Lorsqu'on maintient, dans certaines limites, la densité du courant aux électrodes, ces sels se décomposent suivant la loi de Sprague. Voici les nombres obtenus sur un bain où les sels de fer et de silicium ont été successivement éliminés :

Température 810° (sels de fer). $e=0,75$ $\rho=0,0093.$			Température 840° (sels de silicium). $e=1.37$ $\rho=0,0089$			Température 870° sels d'aluminium. $e=2,15$ $\rho=0,0085$		
	ε			ε			ε	
amp. I.	volts mesur.	volts calcul.	amp. I.	volts mesur.	volts calcul.	amp. I.	volts mesur.	volts calcul.
75,0	1,45	1,45	65,0	1,95	1,95	100,0	3,00	3,75
147,5	2,20	2,11	137,5	2,65	2,61	130,0	3,28	3,00
225,0	2,85	2,85	217,5	3,35	3,31	187,5	3,75	3,25

Il est à remarquer que, dans ces dernières expériences, la résistance ρ de l'électrolyte est restée constante, la composition du bain au fluorure d'aluminium étant celle que nous avons indiquée en commençant ; les sels de fer et de silicium, qui le souillaient, s'y trouvaient en très petite quantité.

5° *Poids du métal produit en fonction des quantités d'électricité* (Iθ) *et* (IH).

La quantité d'aluminium mise en liberté pendant le passage dans l'électrolyte d'une quantité d'électricité égale à un coulomb (un ampère-seconde) (I$\theta = 1$), déduite de l'équivalent électro-chimique, est égale à 0,095 milligramme.

On a, en effet, l'identité :

$$p = \varepsilon q \times \frac{2}{3} = \frac{\varepsilon q \times \frac{2}{3}}{96512} = 0,095 \text{ milligrammes.}$$

En pratique, on adopte pour la quantité d'électricité une unité plus grande : *l'ampère-heure* (IH) qui est égale à 3600 coulombs.

Le poids P d'aluminium correspondant à cette unité est de 0 gr. 34.

$$P, = p \times 3600 = 0{,}095 \times 3600 = 0 \text{ gr. } 34.$$

On a vu que le métal recueilli (tableau IX) n'était guère en moyenne que les $\dfrac{60}{100}$ du poids qui, théoriquement devait se déposer.

Dans certaines expériences, on a pu atteindre un rendement de 70 0/0 et même de 80 0/0, si l'on abaisse la différence de potentiel aux électrodes, à une valeur voisine de 4 volts. C'est le rendement de 80 0/0 qu'il faut adopter pour l'avenir.

Le poids de l'aluminium P, produit en fonction de la quantité (IH) d'électricité, pourra être déterminé d'avance par l'équation :

$$(\mathbf{12}) \qquad P = 0{,}34 \times 0{,}8 \times (IH) = 0 \text{ gr. } 272 \,(IH).$$

(IH) étant exprimé en ampères-heure.

6° *Poids de métal produit en fonction de la quantité d'énergie dépensée dans le bain.*

L'unité pratique d'énergie est le cheval-heure.

Nous avons donné comme expression de l'énergie W_{ch}, dépensée dans les bains en ⌊chevaux-vapeur-seconde, la formule :

$$W_{ch}H = \frac{\varepsilon\,(I\theta)}{g \times 75}$$

La même quantité d'énergie en chevaux-heure sera ainsi exprimée :

$$W_{ch}H = \frac{\varepsilon\,(I\theta)}{g \times 75 \times 3600}$$

En remplaçant les chiffres par leur valeur et en écrivant l'identité :

$$\frac{10}{3600} = (III)$$

on aura :

$$(13) \qquad W_{ch}H = \frac{\varepsilon\,(III)}{9,8074 \times 75} = 0,00131\ \varepsilon\,(III)$$

La quantité de métal produit, pour une dépense d'énergie dans les bains, égale à un cheval-heure, se déduit des expressions (12) et (13).

Soit P_2 cette quantité. On a successivement :

$$P_2 = \frac{P}{W_{ch}H} = \frac{0\ \text{gr}.\ 272\,(III)}{0,00131 \times \varepsilon \times (III)}$$

$$(14) \qquad P_2 = \frac{0.272}{0,00131} \times \frac{1}{\varepsilon} = \frac{207,6}{\varepsilon}$$

On arrive à cette conclusion intéressante que le poids du métal produit pour une dépense dans les bains d'une quantité d'énergie équivalente à un cheval-heure est indépendante de la quantité d'électricité qui traverse le bain ; elle est *en raison inverse* de la différence de potentiel ε, aux électrodes.

Nous disons plus loin qu'il est possible de marcher normalement avec une différence de potentiel aux électrodes de 4 volts seulement ; le poids du métal produit par cheval-heure, dépensé dans les bains, serait alors 52 grammes.

La dépense, comme force motrice, pour la production d'un kilogramme d'aluminium, descendrait donc à vingt chevauxh-eure. Elle serait très faible et peu coûteuse, si l'on emploie les forces naturelles pour actionner les machines électriques.

7° *Chiffres des expériences effectuées à l'usine de Creil.* (A)
Les premiers résultats se rapportent à une série d'essais
effectués avec beaucoup de soin le 11 février 1890 ; on
avait établi quatre cuves en tension et la composition du
bain était celle du second mélange. Température, 1100°.
Densité maximum du courant : aux anodes, 1 ampère ; à la
cathode, 3 ampères par centimètre carré. Durée de l'expérience, 21 heures.

Constantes correspondant
à une seule cuve

Différence de potentiel............	$e = 5$ volts, 75
Intensité...................... ...	$1 = 1500$ ampères
Force électromotrice de décomposition	$e = 2$ volts
Résistance de l'électrolyte	$\rho = 0$ ohm.0025
Poids du métal produit............	$p = 5250$ gr.

Constantes correspondant
à quatre cuves

Différence de potentiel............	23 volts
Energie totale dépensée en chev.-heure	978 chev. heure
Poids total du métal produit.........	21000 gr.
Poids théorique.......	41580 gr.

Coefficient économique du système en fonction de la quantité
d'électricité..................... $\varphi = \dfrac{21000}{41580} = 50.5$ p. 100

Poids du métal produit pour une
dépense d'énergie, dans les bains,
correspondant à un cheval-heure)... $P = 21$ gr., 5.

(B) D'autres recherches sur l'électrolyse du fluorure d'a-
luminium à l'état fondu commencées au mois de mai 1890
et terminées au mois de décembre de la même année m'ont

permis d'améliorer le rendement du système en fonction de la quautité d'électricité mise en jeu, d'abaisser la différence de potentiel aux électrodes ; j'ai pu, par suite, atteindre à une production de 32 gr. de métal pour une dépense d'une quantité d'énergie équivalente à 1 cheval-heure.

Conditions de l'expérience. — La nature du bain n'a subi aucun changement, pas plus que le mode d'alimentation ; les dispositions de la cuve et des électrodes diffèrent, au contraire, de celles qui avaient été adoptées dans les essais précédents.

La cuve est en fonte, elle a conservé sa forme primitive ; mais ses dimensions sont plus petites : elle est munie *intérieurement* d'une garniture de charbon aggloméré, qui s'isole de l'électrolyte ; elle sert d'*électrode négative*.

L'aluminium s'écoule le long des parois en charbon, au fur et à mesure de sa formation, se rassemble au fond du creuset, d'où il est extrait au moyen d'un trou de coulée. Un appareil ainsi établi fournit une marche continue, pendant un temps qui varie entre 20 et 30 jours.

Voici les points d'expériences relevés pour une seule cuve, le 10 décembre 1890 ; ils représentent la moyenne des résultats obtenns, pendant le courant du même mois, sur trois appareils semblables établis en tension.

Densité du courant (intensité par centimètre carré) : au pôle positif $\delta = 0^{amp},75$, au pôle négatif $\delta = 0^{amp},5$. Température $t = 920^o$. Durée de l'expérience $\theta = 22^h$.

$$
\begin{array}{llll}
\text{Intensité} \dots & I & = 1500 \text{ ampères} \\
\text{Quantité d'électricité} \dots & (I\theta) & = 330 \text{ ampères-heure} \\
\text{Poids théorique} \dots & P & = 10 \times 0^{gr},34 = 11220^{gr} \\
\text{Poids obtenu} \dots & p & = 63000^{gr}
\end{array}
$$

Rendement du système en fonction
de la quantité d'électricité........ $\dfrac{p}{P} = 58$ pour 100

Force électromotrice minima ... $e = 2$ volts

Résistance de l'électrolyte...... $\rho = 0'',0017$

Différence de potentiel aux élec-
trodes......................... $E = e + \rho I = 4^{volts},55$

Énergie électrique exprimée en
chevaux-vapeur................ $W = \dfrac{\varepsilon I}{736} = 9^{ch},27$

Quantité totale d'énergie dépen-
sée en chevaux-heure........... $W\theta = 204$ chevaux-heure

Poids du métal produit pour une dépense d'énergie électrique, dans l'électrolyte, correspondant à un cheval-heure. $31^{gr},9$

Quantité d'énergie dépensée en chevaux-heure, dans l'électrolyte, pour la production de 1^{kg} d'aluminium..................................... $31,3$ ch.-h.

En comparant ces résultats avec les chiffres trouvés le 11 février 1894, on remarque les avantages que présente la nouvelle disposition de la cuve sur la première; ils sont de divers ordres ; avec le dernier appareil, les manipulations sont également simplifiées.

Lorsqu'on emploie l'alumine du commerce et qu'on la transforme directement en oxyfluorure d'aluminium, sans purification préalable. pour l'utiliser ensuite à l'alimentation du bain, le métal obtenu renferme de 2 à 3 pour 100 d'impuretés, constituées en grande partie par du silicium ; la proportion du fer n'est que de $\dfrac{6}{1000}$ à $\dfrac{8}{1000}$. Tel quel toutefois, l'aluminium peut aisément se marteler et se travailler à froid. Avec des produits exempts de silice, la richesse du métal atteint 99 pour 100.

Les observations qu'il m'a été donné de faire, dans le cours de cette dernière étude, me font prévoir que la différence de potentiel peut s'abaisser encore et atteindre un minimum de 4 volts, et cela quelle que soit l'intensité du courant, si l'on prend des dispositions en conséquence. Avec cette différence de potentiel, le chlorure de sodium, qui entre pour les $\dfrac{65}{100}$ dans la formation du bain, ne serait plus décomposé, sa force électromotrice minima étant de 4,35 volts, et le rendement en fonction de la quantité d'électricité s'élèverait à 70 au moins et quelquefois à 80 pour 100.

« Les pertes seraient encore de 30 ou de 20 pour 100 ; nous n'avons pu en définir complètement la nature. D'après les recherches de M. Hampes, une de leurs principale causes résulterait de l'attaque du fluorure en fusion par l'aluminium à l'état naissant ; il se formerait alors un sous-fluorure d'aluminium. En fait, le rendement augmente avec la dilution du fluorure d'aluminium dans le bain.

Ces pertes sont considérablement diminuées, le rendement est presque théorique lorsque l'appareil est disposé pour la formation d'alliages d'aluminium ; dans ce dernier cas, la garniture intérieure est supprimée, la cuve est constituée par un des métaux qui entrent dans la formation de l'alliage. L'aluminium à l'état naissant se combine avec le métal de la cuve, et le phénomène dont nous parlons plus haut se produit plus difficilement, en raison de cette nouvelle affinité. »

8º *Phénomène de polarisation des électrodes, après le passage
du courant.*

Lorsque, après avoir fait passer pendant quelques heures un courant d'une intensité de 800 ampères environ, on rompt subitement les connexions de la machine, et qu'on réunit les électrodes polarisées par un conducteur métallique d'une résistance de 0 ohm 075, le conducteur est traversé par un courant qui atteint, au bout d'une heure, une intensité constante ; cela, pendant un temps dont nous n'avons pas pu fixer la durée, à cause du refroidissement rapide du bain.

Voici les chiffres obtenus par l'expérience ; les conditions, pour ce qui concerne les dimensions des électrodes, étaient les mêmes que celles qui correspondent aux courbes A, B, C :

Temps	Résistance intercalée	Différence de potentiel	Intensité
	ω	ε	1
0'...............	0.075	1,95	25,3
5'...............	»	1,88	25
15'...............	»	1,58	21
30'...............	»	1,38	12,4
45'...............	»	1,29	17,2
60'...............	»	1,20	16
75'...............	»	1,20	16

« D'autres essais ont été faits, qui se rattachent au phénomène de polarisation, dont le but était de déterminer tout à la fois la force électromotrice de polarisation et la résistance de l'électrolyte aux différents moments de l'expérience.

TABLEAU XIII

Détermination de la résistance du bain pendant le phénomène de polarisation.

Périodes d'essais	Résistance extérieure	Différences de potentiel (e et s)	Intensité I	Résistance du bain calculée	Moyenne des résistances du bain	Moyenne générale de la résistance
		v				
1...	circuit ouvert ...	1,72	0	»		
	0ω.0750.........	1,58	21	0,0081	0,0076	
	0ω.0125.........	1.40	88	0,00705		
	circuit ouvert ...	1,72	0	»		
2...	circuit ouvert ...	1,26	0	»		
	0ω,0125.........	0.795	64	0,0072		
	0ω,0083.........	0,745	86	0,0063	0,0067	0,0071
	0ω,0050.........	0.550	110	0,0065		
	circuit ouvert ...	1,26	0	»		
3...	circuit ouvert ...	1,17	0	»		
	0ω,0125.........	0,755	64,4	0,0068	0.0070	
	0ω,0050.........	0.480	96	0,0072		
	circuit ouvert ...	1,17	0	»		
4...	circuit ouvert ...	0.825	0	»		
	0ω,0125.........	0.540	40,8	0,0077	0,00735	
	0ω,0050.........	0,343	68,6	0,0070		
	circuit ouvert ...	0,825	0	»		

« On faisait passer dans le bain, pendant quatre heures, un courant d'une intensité de 800 ampères environ ; les connexions des électrodes avec la machine étaient supprimées, et l'on mesurait à divers moments la force électromotrice de polarisation en prenant la différence de potentiel à circuit ouvert et la différence de potentiel aux électrodes, après avoir réuni ces dernières au moyen de résistances connues et d'inégales valeurs.

La différence de potentiel à circuit (force électromotrice de polarisation) était prise au commencent et à la fin de chacune des quatre périodes d'essais ; le tableau XIII indique que sa valeur était restée constante, pour chacune des périodes, pendant tout le temps de l'expérience.

On pouvait, dès lors, appliquer la formule pour trouver la valeur de ρ

$$\rho = \frac{c - \varepsilon}{I} \cdot$$

De l'inspection du tableau XIII, il résulte que, pour des intensités variant entre 0 et 100 ampères et des forces électromotrices de polarisation oscillant entre 0 volt 825 et 1 volt 720, la résistance de l'électrolyte est restée sensiblement constante et égale à 0 ohm 0071.

Nous avons vu que, lorsque l'électrolyte était traversé par un courant plus puissant, sa résistance avait une valeur sensiblement égale à la moitié de celle qui correspond au phénomène de polarisation. Cette différence résulte, sans doute, de l'abaissement de température du bain ; et, de fait, dès qu'on interrompait le passage du courant, dont l'intensité était voisine de 800 ampères, la teinte du bain devenait voisine du rouge sombre, ce qui accusait une température de 700° à peine.

Généralisation des procédés Minet. — *Electrolyse par fusion ignée des sels de bore et de silicium.* — J'ai cherché à généraliser la méthode, avec laquelle j'avais réussi l'*électrométallurgie* de l'aluminium, en l'appliquant à l'extraction des métalloïdes et des métaux dont les oxydes ne sont pas réductibles par le carbone. Les premiers résultats obtenus se rapportent au silicium et font l'objet de ce paragraphe.

En décomposant par la pile un chlorure double d'aluminium et de sodium, renfermant un peu de silice. Henri Sainte-Claire Deville était arrivé à produire une espèce de fonte grise, fusible et cristallisée, formée d'une combinaison d'aluminium et de silicium. La proportion de silicium, dans cet alliage, peut s'élever aux $\frac{70}{100}$ de la masse totale.

Si l'on attaque cette masse métallique par l'acide chlorhydrique, on obtient du silicium graphitoïde. Lorsqu'on opère sur des alliages pauvres en silicium, le métalloïde se présente sous la forme d'une poudre fine, dont chaque grain conserve une structure cristalline ; avec les alliages riches, le silicium est mis en liberté sous la forme de lames métatliques brillantes.

Dans le procédé que j'ai étudié, le sel d'aluminium, employé par Deville, est remplacé par un mélange de chlorure de sodium, 60 parties, et de fluorure double d'aluminium et de sodium, 30 parties. On ajoute à ces sels, au moment de leur fusion, de l'alumine, 5 parties, et de la silice, 5 parties. La silice peut être à l'état libre ou alliée avec l'alumine.

Le bain fondu ne dissout que de faibles quantité d'alumine et de silice ; la majeure partie de ces oxydes y reste purement et simplement en suspension, à l'état pâteux, lorsque leurs proportions correspondent à celles du silicate d'alumine.

Nous avons vu que le fluorure double d'aluminium et de sodium présente, depuis sa température de fusion, 700°, jusqu'à une température voisine de 1000°, des conditions de *fluidité* et de *fixité* qui assurent à l'électrolyse une marche régulière et de longue durée, sans perte importante par volatilisation, ce qui ne peut être obtenu avec les chlorures.

Théorie de la réaction. — Au passage du courant, le fluorure d'aluminium est d'abord décomposé : le fluor qui se porte à l'électrolyte positif y rencontre de l'alumine et de la silice qu'il transforme en fluorure d'aluminium et en fluorure de silicium ; ces deux sels se combinent avec le fluorure de sodium devenu libre pour former des fluorures doubles et sont décomposés à leur tour.

L'alimentation s'opère avec un mélange d'oxyfluorure d'aluminium (Al^2Fl^3, $3Al^2O^3$), d'alumine et de silice, la proportion de ces divers sels variant avec la quantité de silicium que doit renfermer l'alliage.

Le bain est contenu dans un creuset de fonte, garni de charbon intérieurement et qui sert de cathode ; les anodes sont constituées par des plaques de charbon aggloméré.

Relation entre les constantes du courant et l'électrolyte. — Pour une surface donnée d'anodes et des densités de courant (intensité par centimètre carré), variant entre zéro et un maximum ∂ fixé par l'expérience, les constantes du courant et de l'électrolyte satisfont à l'équation

$$\varepsilon = e + \rho I,$$

dont les termes sont connus.

La valeur de la force contre-électromotrice e subit des variations, suivant qu'on réalise l'électrolyse d'un ou de plusieurs sels.

« Le tableau suivant indique ces variations ; les chiffres qu'il renferme se rapportent à un seul et même bain, sur lequel on opérait des électrolyses fractionnées ; on éliminait ainsi, et successivement, les sels de fer et de silicium qui s'y trouvaient en faible proportion.

Pendant toute la durée de l'opération, le bain était alimenté avec du chlorure de sodium et du fluorure d'aluminium, de manière à maintenir constante sa résistance électrique ρ. Température, 850°.

Périodes	Nature du métal ou de l'alliage déposé	Maximum de densité à l'anode δ amp.	Force électro-motrice e volt.	Résistance électrique ρ ohm.
1	Fer	0,15	0,54	0,009
2	Fer (traces de silicium)	0,20	0,75	0,0093
3	Ferro-silicium	0,25	1,37	0,0089
4	Ferro-silicium (traces d'aluminium)	0,30	1,54	0,009
5	(Traces de fer) silicium-aluminium	0,30	1,74	0.008
6	Traces de silicium (aluminium)	0,50	2,15	0,0085
7	Aluminium (traces de sodium)	1,00	2,50	0,0087

Applications industrielles. — Ces expériences démontrent qu'on peut arriver, en traitant électriquement les minerais d'aluminium (bauxites blanche et rouge) et les silicates d'alumine naturels, à produire toute la série des alliages de fer, silicium, aluminium, et, à la fin de l'opération, l'aluminium chimiquement pur.

PROCÉDÉ COWLES (1).

C'est en 1885 que MM. Cowles, frères, prirent leurs premiers brevets. Leur première usine d'expériences, fut établie à Cleveland.

(1) Extrait de la conférence de M. Spiral à la Société des ingénieurs civils (avril 1891).

La force utilisée était donnée par une machine de 125 chevaux, actionnant une dynamo qui pouvait produire un courant de 1,500 ampères, avec une force électromotrice de 50 volts.

Ils établirent ensuite une usine à Lockport, où l'on utilisait une chute d'eau pouvant fournir un courant de 3,000 ampères et de 50 volts. Le rendement du four, en marche normale, était de 1 kilogramme d'aluminium pour une dépense d'énergie électrique dans les bains équivalente à 77 chevaux-heure.

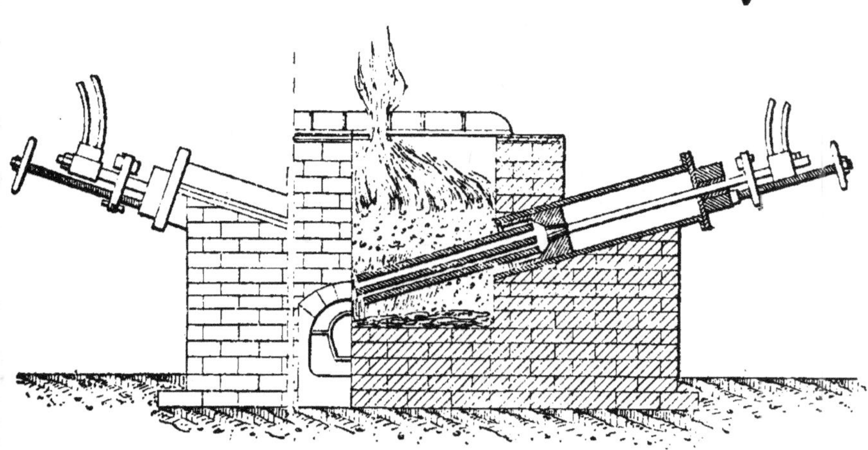

Fig. 24.

Leurs différents essais prouvèrent à MM. Cowles que le rendement augmentait avec la puissance de la dynamo.

Aujourd'hui, à l'usine de Milton, on marche avec une dynamo qui donne un courant de 5,000 ampères avec une force électromotrice de 60 volts.

Appareils. — Les fourneaux de l'usine de Milton sont

formés d'une cuve en briques réfractaires, ayant les dimensions suivantes :

Hauteur : 0.66 m. ; grand côté : 1,68 m. ; petit côté, 0,51 m.

Sur le bas d'une des faces se trouve un trou de coulée.

Dans les deux parois latérales sont cimentés deux manchons en fonte, permettant le déplacement longitudinal des crayons en charbon servant d'électrodes.

Il y a 9 crayons par électrode ; leur diamètre est d'environ 6 cm. ; leur longueur de 80 à 97 cm. Ils sont portés par une masse en fer ou en cuivre, laquelle porte un écrou où s'engage une vis, suivant l'alliage à produire et qui glisse dans le manchon en fonte.

La masse est fixée à une tige de cuivre, laquelle porte un écrou où s'engage une vis, qui manœuvre par une manette, ce qui permet le mouvement de va-et-vient de tout le système. Ce mouvement d'avance et de recul est nécessaire pour approcher ou écarter les électrodes et rendre la résistance aussi peu variable que possible pendant l'opération.

Dans les premiers fours, ce dispositif n'existant pas, il en résultait des sautes brusques dans la résistance.

Chargement du four. — On étend et l'on tasse, sur le fond du four, du charbon de bois en poudre préalablement trempé dans un lait de chaux, puis desséché. Le charbon de bois seul, non chaulé, qui était primitivement utilisé, devenait, par suite de la chaleur intense à laquelle il était soumis, presqu'aussi conducteur que du graphite.

Par trempage dans un lait de chaux, le charbon, même transformé en une espèce de graphite, reste peu conducteur. L'épaisseur de la couche de charbon ainsi tassée est de 20 à 23 cm.

Les parois du four sont aussi recouvertes de la même

brasque. Pour cela, on introduit un gabarit en tôle, sorte de parallélipipède dont les bases sont enlevées, ayant exactement les dimensions que l'on veut donner au laboratoire.

Des échancrures laissent la place nécessaire au passage des électrodes.

Alors, dans l'espace vide, laissé entre le gabarit et les parois, on continue à tasser du charbon chaulé; l'intérieur du gabarit est alors rempli du mélange à réduire. On a soin auparavant de rapprocher les crayons au contact, pour qu'au début du passage du courant la résistance soit minima.

Pour la production du ferro-aluminium, le mélange est formé de bauxite, de rognures de fer et de débris de crayon.

Pour le bronze aluminium, on remplace le fer par du cuivre et de la bauxite : si elle est trop ferrugineuse, par de l'émeri et du corindon.

Quand le laboratoire est rempli, on retire le gabarit avec précaution; on finit le remplissage du fourneau par de la sciure de bois bien desséchée, qui paraît donner toute satisfaction. Elle est en effet assez mauvaise conductrice ; de plus, elle forme une couche légère et perméable qui permet facilement le dégagement des gaz produits. Elle est du reste peu à peu carbonisée, et donne de la poudre de charbon qui, après chaulage, pourra servir à former la sole.

Quand le four est rempli, on place le couvercle en matériaux réfractaires ; ce couvercle est percé de quelques ouvertures pour le dégagement des gaz.

Pour la mise en marche, une fois le fourneau introduit dans le circuit, on augmente graduellement la résistance :

l'intensité monte peu à peu jusqu'à 3,000 ampères ; on la maintient à ce chiffre jusqu'à ce que la masse soit bien incandescente et que la flamme dûe au développement d'oxyde de carbone commence à se montrer. On monte alors au maximum. On suit l'opération en maintenant la résistance aussi constante que possible jusqu'à la fin de l'opération.

L'alliage d'aluminium produit se rassemble au fond du creuset. Quand la réduction est terminée, on retire les électrodes après avoir interrompu le passage du courant ; on débouche ensuite le trou de coulée.

La coulée terminée, on peut recommencer à charger le four pour une nouvelle chauffe.

Outre l'alliage d'aluminium, on aurait une certaine quantité, assez variable, d'une combinaison d'aluminium et de carbone, à forte dose d'aluminium.

On fabrique à Milton du bronze-aluminium dont la teneur en aluminium varie de 18 à 30 0/0.

On fabrique aussi du bronze au silicium de 6 à 7 0/0. La charge se compose alors de quartz, de charbon de bois et de rognures de cuivre.

Avec de l'argile pure on a un bronze alumino-siliceux.

Pour le ferro-aluminium, la teneur en aluminium varie de 5 à 20 0/0.

Par des refontes faites à une fonderie annexée à l'usine de Milton, on amène les bronzes à la teneur demandée, en ajoutant, soit du cuivre, soit du bronze riche.

Pour arriver au titre, on s'appuie sur la couleur de l'alliage refroidi et sur sa résistance à la traction. La couleur est d'autant plus claire que la teneur en aluminium est plus forte.

Le rendement du fourneau pour bronze aluminium est plus avantageux, qu'en marche pour ferro-aluminium.

Pour le bronze, on a pu arriver à produire 22 grammes d'aluminium par cheval-heure.

Pour le ferro-aluminium on n'a pu dépasser 16 grammes par cheval-heure.

Remarque sur le procédé Cowles. — L'opération Cowles est une application des idées émises par Siemens, lorsqu'il proposa l'emploi du four électrique pour la fusion de l'acier et des métaux à points de fusion élevés.

Le principe de ce four repose sur l'action dûe à la grande quantité de chaleur que peut produire le courant électrique, dans certaines conditions, chaleur qu'il est facile de concentrer sur une petite surface d'action.

Il en résulte que, pendant cette opération, le phénomène principal, auquel est dû la production de l'aluminium, est la dissociation et non pas l'électrolyse de l'alumine, ni sa réduction par le carbone.

Il paraît difficile, en effet, d'admettre que l'atome de carbone, qui, en se combinant avec l'atome d'oxygène pour donner une molécule d'oxyde de carbone, dégage environ 30 grandes calories, puisse réduire l'alumine qui dégage en se formant 195 calories, soit pour le tiers de sa molécule $(Al^{\frac{2}{3}} O)$, 65,3 grandes calories.

La production de l'oxyde de carbone ne peut être niée, mais c'est une conséquence de la dissociation de l'alumine, et non de sa réduction par le carbone.

L'oxyde de carbone se produit dans les parties les plus froides du four.

Le carbone agit aussi par sa masse pour empêcher l'oxygène dégagé de se reporter sur l'aluminium, pendant que ce dernier est absorbé par le fer ou le cuivre fondu.

Quant à l'action électrolytique du courant, elle paraît tout à fait secondaire ; on a, en effet, des résultats sensiblement similaires, que les courants soient alternatifs ou continus.

D'après toutes ces considérations, le procédé Cowles doit être considéré comme faisant partie de la classe qui comprend les méthodes électro-thermiques.

PROCÉDÉ HÉROULT (1).

Ce procédé est appliqué par la Société électro-métallurgique suisse, aux usines de Lauffen-Neuhausen, près de Schaffouse, et par la Société électro-métallurgique française dont les usines sont situées à Froges (Isère).

D'après la revendication de l'inventeur, ce procédé repose sur *l'électrolyse* de l'alumine, fondue par le courant lui-même.

On peut obtenir soit de l'aluminium pur, soit des alliages d'aluminium.

Le travail demandé au courant est double.

1° Fondre le minerai (alumine seule ou alumine mélangée de fluorure d'aluminium pour avoir un bain plus fusible) ;

2° Réduire l'alumine en aluminium qui se portera au pôle négatif et oxygène qui se combinera au carbone du pôle positif.

(1) Extrait de la conférence de M. Spiral.

A l'usine de Froges, on utilise comme force motrice une chute d'eau qui actionne trois turbines :

1° Deux turbines de 300 chevaux accouplées à deux dynamos Brown, qui peuvent fournir un courant de 6.000 ampères avec une force électromotrice de 15 volts.

On serait arrivé aujourd'hui, à Froges, à opérer avec un courant de 8 volts seulement ;

2° Une turbine de 100 chevaux à laquelle est accouplée la dynamo excitatrice, qui peut donner un courant de 300 ampères avec une force électromotrice de 65 volts. Cette turbine fait de plus marcher les appareils de l'usine.

Le courant produit par les deux premières dynamos est envoyé aux creusets, où s'effectue la réduction par l'intermédiaire de deux gros conducteurs en cuivre.

La disposition de la cuve à réduction, ainsi que la composition du bain, diffère, suivant que l'on veut obtenir de l'aluminium pur ou un alliage.

Production de l'aluminium pur. — Le bain est formé d'un mélange d'alumine et de fluorure d'aluminium et de sodium. Le creuset de réduction est constitué par une cuve cylindrique en fer (hauteur 0,75 m. ; diamètre 0 60 m.) ; elle est garnie intérieurement de charbon. Une ouverture sur le fond de la cuve livre passage à l'électrode négative. Une seconde ouverture sur la paroi cylindrique forme le trou de coulée.

La cuve est fermée par un couvercle percé de deux trous, l'un au centre pour le passage de l'électrode positive ; l'autre, pour le chargement de l'alumine.

L'électrode négative est en charbon. L'électrode positive, formée par un faisceau de plaques de charbon, peut recevoir un mouvement de va-et-vient dans le sens vertical, pour régler uniformément la résistance.

Marche de l'opération. — On remplit la cuve de cryolithe bien sèche, aussi exempte que possible de fer et de silice ; on fait passer le courant pour en produire la fusion. On ajoute alors peu à peu de l'alumine et du fluorure d'aluminium, au fur et à mesure de la production de l'aluminium, en ayant soin de ne pas refroidir le bain par des charges trop fortes.

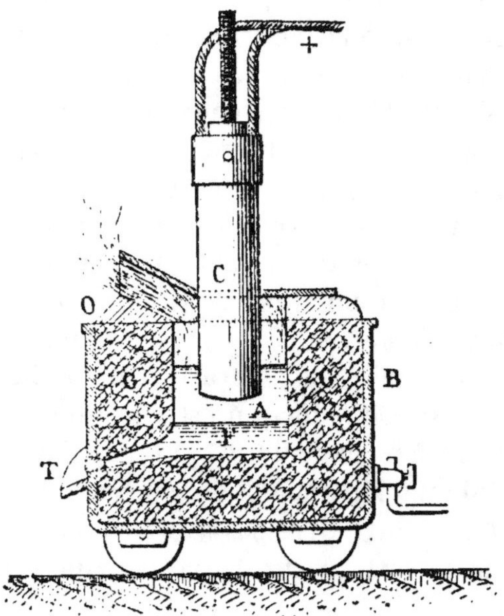

Fig. 26.

L'électrode positive est brûlée par l'oxygène. Il se forme de l'oxyde de carbone, qui se dégage par les ouvertures du couvercle.

On maintient cette électrode positive à la distance convenable de la cathode ; et, quand elle est complètement brûlée, on la remplace aussi rapidement que possible pour que le bain ne se refroidisse pas.

Quand la quantité d'aluminium produite est suffisante, on procède à la coulée (en général toutes les vingt-quatre heures). Au bout de quinze à vingt j urs, il faut vider toute la cuve pour remplacer la cryolithe toujours très détériorée.

Production des alliages d'aluminium. — Le creuset où se fait la production des alliages d'aluminium est formé par une caisse en fonte de 1 m. de hauteur et de section carrée dont les côtés ont 1,20 m.

Toutes les parois sont revêtues d'une couche de charbon conducteur, d'environ 0,35 m. d'épaisseur et formant le pôle négatif.

L'électrode positive est formée, comme pour le cas de l'aluminium pur, de plaques de charbon. Elle peut recevoir un mouvement de va-et-vient dans le sens vertical. La caisse est fermée par un couvercle en matériaux réfractaires.

Marche de l'opération. — On introduit dans le creuset une certaine quantité du métal à allier à l'aluminium. On abaisse l'anode et l'on fait passer le courant.

Le métal est alors fondu. On ajoute alternativement et par petites quantités à la fois, de l'alumine calcinée et du métal. Sous l'influence de la chaleur, dùe à la résistance qu'introduit l'alumine au passage du courant, celle-ci est instantanément fondue.

On continue l'addition de l'alumine et de métal jusqu'à ce que le creuset soit rempli, puis au fur et à mesure de la formation de l'alliage. On coule quand le creuset est plein.

La marche de l'opération doit être suivie avec soin, pour maintenir constante la distance des deux électrodes, dans le bain.

On fabrique à Froges du ferro-aluminium à 30 0/0 d'aluminium ; du bronze d'aluminium, de 10 à 25 0/0.

On fabrique. aussi, par les mêmes procédés des bronzes siliceux à 15 0/0 de silicium.

Dans le procédé Héroult, on peut admettre qu'il y a électrolyse de bain fondu, sous l'influence du courant ; mais en outre, celui-ci doit, comme nous l'avons dit, donner la chaleur nécessaire pour maintenir la fusion du bain.

A ce titre ce serait un procédé mixte qui tiendrait lieu de milieu entre les méthodes électro-thermiques et les méthodes électrolytiques.

Dans le cas de l'aluminium pur, le rôle de la cryolithe est plus complexe que celui que lui a attribué tout à l'heure l'inventeur.

Elle permet d'obtenir, il est vrai, un bain fusible à température relativement basse, ce qui n'aurait pas lieu avec l'alumine seule, ainsi que le montrent les travaux de M. Cowles.

Mais il faut, de plus, lui attribuer une influence marquée dans les réactions, influence qui est indiquée par l'altération, plus ou moins grande, que subit la cryolithe, que n'explique pas seule la haute température à laquelle elle est portée.

La cryolithe, est tout d'abord décomposé sous l'action du courant et donne de l'aluminium et du fluor. Ce dernier, à son tour, réagit sur l'alumine pour former du fluorure d'aluminium et dégager l'oxygène qui se porte sur le charbon, au pôle positif.

Procédé Hall (1).

Le procédé Hall, employé par la Pittsburg Réduction Cie, en Amérique,et par les usines Patricroft, près Manchester, en Angleterre, se rapproche beaucoup du procédé Minet.

On mélange du fluorure d'aluminium et du fluorure de calcium, dans la proportion de 169 à 78 en poids. Ils s'unissent pour former un fluorure double d'aluminium et de calcium, plus fusible que ses constituants, de formule Al^2Fl^3, $CaFl$.

On obtient le fluorure d'aluminium en traitant l'alumine hydratée par un excès d'acide chlorhydrique. On emploie aussi, comme bain de fusion, un fluorure triple d'aluminium,de sodium et de calcium, obtenu par la fusion de 420 parties de cryolithe, 234 parties de fluorure de calcium, et 507 parties de fluorure d'aluminium en poids; mais, les proportions de ce bain peuvent varier sensiblement, sans en changer l'efficacité.

Le creuset dans lequel s'opère l'électrolyse est chauffé extérieurement et est garni à l'intérieur d'une couche de charbon aggloméré. On peut se servir de la cuve comme cathode, l'anode occupe alors le milieu du creuset. La densité du bain traité étant supérieure à celle de l'aluminium, celui-ci tend à flotter à la surface, et, par conséquent, à s'oxyder au contact de l'air ou de l'électrode positive. On a commencé par éviter cet inconvénient en munissant, pour la réduction de l'aluminium pur, le creuset, d'un couvercle qui laisse passer les tiges des électrodes p et n

(1) Extrait de la Conférence de M. Haubtmann à la Société des Ingénieurs civils, avril 1891.

(fig. 24), percé d'un trou pour l'échappement des gaz et pourvu d'une cloison en charbon, séparant les électrodes. L'aluminium monte à la surface du bain, du côté seulement de l'électrode négative, d'où on l'enlève de temps en temps après avoir retiré le couvercle.

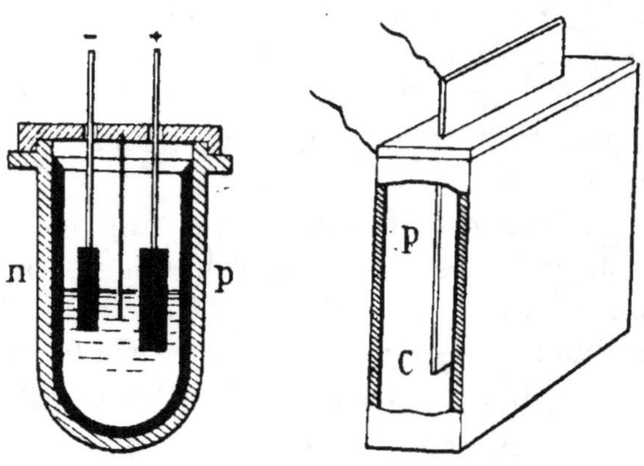

Fig 26.

Actuellement, nous croyons que l'on a renoncé à cette disposition, et que l'on abaisse la densité du bain au dessous de celle de l'aluminium, en y ajoutant 66 0/0 de fluorure de lithium ou de potassium. Ce bain épaissit peu à peu et sa résistance augmente : mais, on évite en partie son engorgement par l'addition de 3 à 4 0/0 de chlorure de calcium, que l'on renouvelle très souvent à cause de sa volatilité.

Dans tous ces bains, la différence de potentiel entre les électrodes est d'environ 7 à 8 volts, et l'alimentation est opérée au moyen, soit d'un oxyfluorure, ou simplement d'alumine.

PROCÉDÉS DIVERS

Maintenant que la description des méthodes électrolytiques qui ont déjà reçu une application industrielle importante est complétée, nous allons reprendre, pour les autres
procédés, l'ordre indiqué d'abord, c'est-à-dire qu'ils seront
groupés par classe, d'après le principe sur lequel ils reposent.

MÉTHODES ÉLECTROLYTIQUES

Procédé Berg.

Electrolyse au moyen d'un courant de faible tension,
d'un mélange de minerai d'aluminium, cryolithe et bauxite
par exemple, de charbon, de nitrate ou de sulfure alcalin.

Ce mélange, finement pulvérisé, est soumis, dans un
creuset de plombagine, entre deux électrodes de carbone,
à un courant de 20 à 50 volts et de 1000 à 10000 ampères.

Les nitrates ou sulfures alcalins auraient pour effet de
séparer de l'aluminium réduit par le carbone les impuretés, silicium et fer, etc., amenés par les gangues du minerai ou par les matières du creuset, sans toucher à l'aluminium moins oxydable. Ces impuretés se séparent ainsi,
dans la scorie, de l'aluminium qui reste presque pur.

Toute la caractéristique du procédé se résume à l'addition directe de nitrates alcalins, qui permettraient, d'après

M. Berg, d'obtenir facilement de l'aluminium pur avec des minerais relativement impurs et moins rares que ceux qu'on traite habituellement.

Procédé Burghart et Twining

On précipite l'alumine en traitant une dissolution de sulfate d'alumine par un excès d'une dissolution ammoniacale.

Cette alumine, bien lavée, est dissoute dans une solution de soude caustique. On fait bouillir l'aluminate de soude ainsi produit avec du cyanure de potassium d'abord, puis avec du bicarbonate de soude, pendant 12 heures ; on ajoute enfin une petite quantité d'acide cyanhydrique, et le bain est prêt à être électrolysé à une température de 75° environ.

Procédé Bull

Dans des creusets de plombagine A, B, chauffés dans un four à gaz et groupés par paire (fig. 27) on place : dans le creuset A du sel marin ou du chlorure de potassium que l'on maintient en fusion; dans le creuset B du chlorure d'aluminium que l'on volatilise. Le creuset A est le siège des actions électrolytiques. Il forme lui même anode et est traversé par des crayons en plombagine E, E, qui constituent la cathode.

La marche de l'opération s'effectue comme suit : sous l'action du courant, il se forme dans le creuset A du sodium,

sur lequel on fait arriver les vapeurs de chlorure d'aluminium produites dans le creuset B.

La réaction qui se produit est très vive ; au fur et à mesure qu'il prend naissance, l'aluminium tombe au fond de

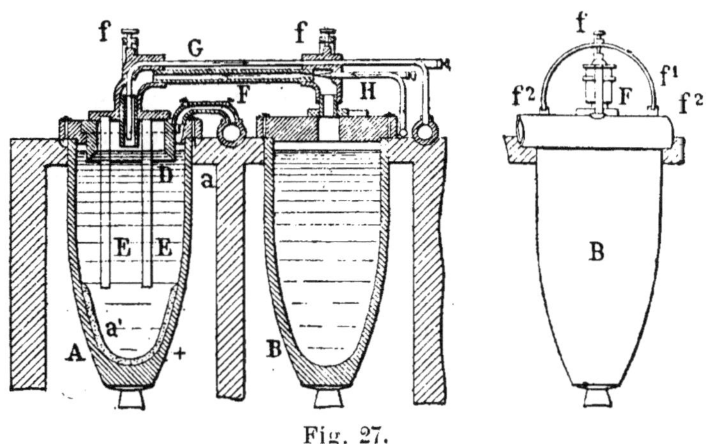

Fig. 27.

A sur un lit d'alumine pure *a'* qui le préserve de l'attaque
du chlore dont le dégagement ne commence qu'au dessus
et où on le recueille tous les quatre ou cinq jours.

Le chlore dégagé, le long des parois du creuset A, par
l'électrolyse du chlorure alcalin, est évacué par l'espace
annulaire *a* et un coude F qui l'amène à la conduite générale K, dans laquelle un jet de vapeur maintient la circulation.

Afin d'entraîner les vapeurs de chlorure d'aluminium et
faciliter leur réduction, on lance, au moyen de l'ajutage
H un jet d'hydrogène produit par la décomposition de la
vapeur d'eau passant sur une partie du sodium de A. On
conduit, à cet effet, l'opération de façon qu'il se produise

dans le creuset A du sodium en excès sur la quantité né-cessaire pour décomposer le chlorure de B.

Ces vapeurs de sodium sont amenées par G en I, où elles se condenseut.

Procédé Daniel.

Ce procédé est semblable à la méthode électrolytique de Henry Sainte-Claire-Deville, mais disposé de manière à la rendre continue par une régénération du chlorure double d'aluminium et de sodium.

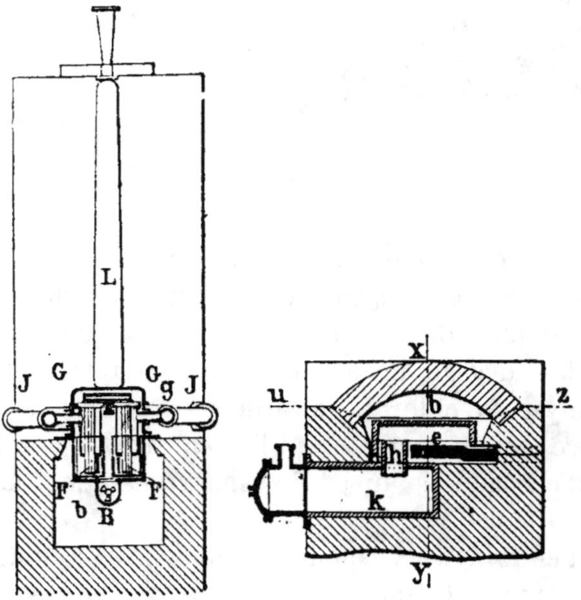

Fig. 28.

La figure 28 donne le détail du creuset qui contient le

chlorure d'aluminium fondu et la figure 29, l'ensemble de
l'appareil électrolytique employé par M. Bull.

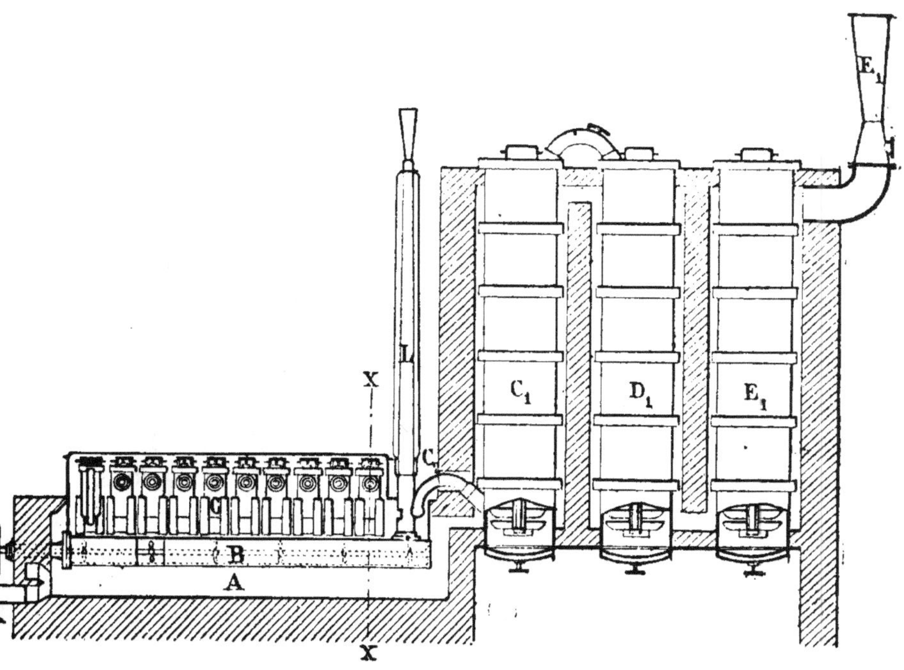

Fig. 27.

Le creuset B qui renferme le sel d'aluminium a la forme
d'une auge en fer. Il est chauffé par une flamme de gaz A.

.On branche sur chaque creuset une série de cases où
sont plongées les anodes de carbone F et les cathodes métalliques H, autant que possible en aluminium.

Ces cathodes entourent les cylindres de porcelaine G,
disposés autour des anodes F.

Pendant l'électrolyse, l'aluminium se dépose sur les cathodes H, le chlorure d'aluminium et le chlore se dégagent

par les branchements G et les tuyaux *s*, au bas de la colonne D'. Cette colonne se compose d'une série de cases, remplies d'un mélange d'alumine et de carbone séché et aggloméré en boules de 50 millimètres de diamètre.

Le chlore, en traversant les colonnes C_1, D_1 décompose l'alumine pour former du chlorure d'aluminium, qui retourne au bain B, où il reforme du chlorure double d'aluminium et de sodium, avec le chlorure de sodium qu'il rencontre.

La troisième colonne E_1 ne sert qu'à sécher l'alumine et le charbon, destinés aux deux autres colonnes D_1 et C_1.

Les gaz qui s'échappent de ces deux colonnes passent, avant d'arriver en B, au travers du condenseur L. Le tirage au foyer A est assuré par un éjecteur à vapeur E_2, qui oblige les gaz brûlés à passer autour des colonnes D_1 E_1 C_1. Enfin, une hélice *h*, agite constamment le chlorure double, dans l'auge B, pendant son électrolyse.

Procédé Diehl

La figure 30, représente le creuset employé de préférence par M. Diehl. L'anode F est en charbon. Elle est séparée par une cloison *c*, de la cathode G, en carbone également, si l'on veut préparer de l'aluminium pur ; en cuivre, en plomb ou en fer si l'on veut un alliage.

Le bain, qu'électrolyse M. Diehl est obtenu par un mélange d'alun, de fluorure de sodium, de chlorure de calcium ou de magnésium et du sulfate de soude, en quantité suffisante pour former, par double décomposition, du fluorure double d'aluminium et de sodium, et des sulfates alcalins, que l'on sépare par lavage.

On fond ensuite ce chlorure avec du chlorure de sodium et du spath fluor, et l'on soumet la masse fondue à l'électrolyse. L'aluminium se précipite à l'électrode négative, en

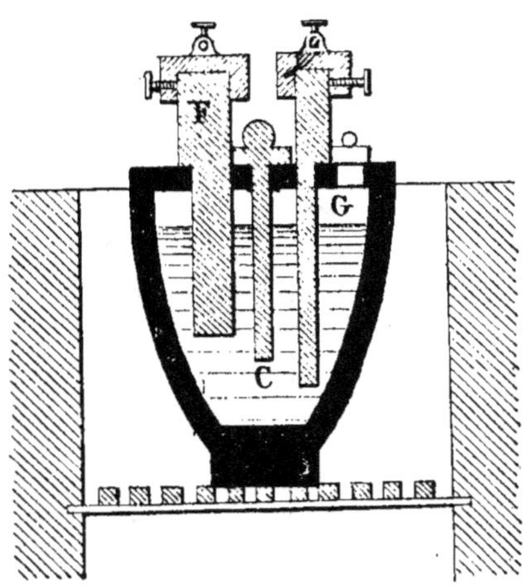

Fig. 30.

même temps qu'il se forme dans la masse un peu de fluorure de sodium suivant la réaction :

$$Al^2Fl^3, 3NaFl + 3NaCl = Al^2 + 6NaFl + 3Cl$$

La fusion de ce fluorure avec de l'alun donne du fluorure double d'aluminium et de sodium que l'on traite par l'électrolyse comme précédemment ; de cette façon, tout le fluor est régénéré.

Le plomb pris comme cathode forme un alliage à 75 0/0 d'aluminium : il se sépare par sa légèreté lorsqu'on fond toute la masse. Le plomb restant peut être employé de nouveau.

Avec le fer et le cuivre l'alliage formé est riche en alu-

14

minium (90 0/0) fusible, et qui se liquate en un alliage cristallisé peu fusible presque pur.

L'alliage pauvre qui reste est à nouveau employé comme cathode.

Procédé Douglas-Dixon

L'appareil électrolytique de M. Douglas-Dixon est constitué essentiellement d'un creuset en plombagine A (figure 31) chauffé par une grille, et surmonté d'une sorte de cornue B. La disposition des électrodes n'est pas toujours la même.

Toutes les combinaisons imaginées par M. Douglas-Dixon sont du reste reproduites dans les quatre croquis (*a*) (*b*) (*c*) (*d*).

Avec la disposition (*a*), l'électrode positive ou anode traverse la cornue B ; tandis que le creuset lui-même sert de cathode.

La cornue renferme un mélange d'alumine, de charbon et de chlorure de sodium ; elle communique par le haut avec un condenseur qui reçoit l'oxyde de carbone et les chlorures volatils dégagés des réactions.

L'électrode positive pénètre dans le creuset par une gaine poreuse C, percée de trous et fermée au bas pour empêcher que l'élément électro-négatif du bain ne se dégage immédiatement au-dessous de l'anode.

Les gaz s'échappent du creuset dans la cornue par des trous *m*, percés dans son couvercle.

Voici le mélange qu'on introduit dans le creuset avec 3 à 5 0/0 de fluorure double d'alumininm et de sodium.

Chlorure de magnésium. . . .	35 parties
Chlorure de potassium	25 »
Chlorure de sodium	40 »

On chauffe le creuset à 800° environ pour maintenir en fusion le mélange des sels. La force électromotrice du courant ne déspasse guère 6 à 8 volts.

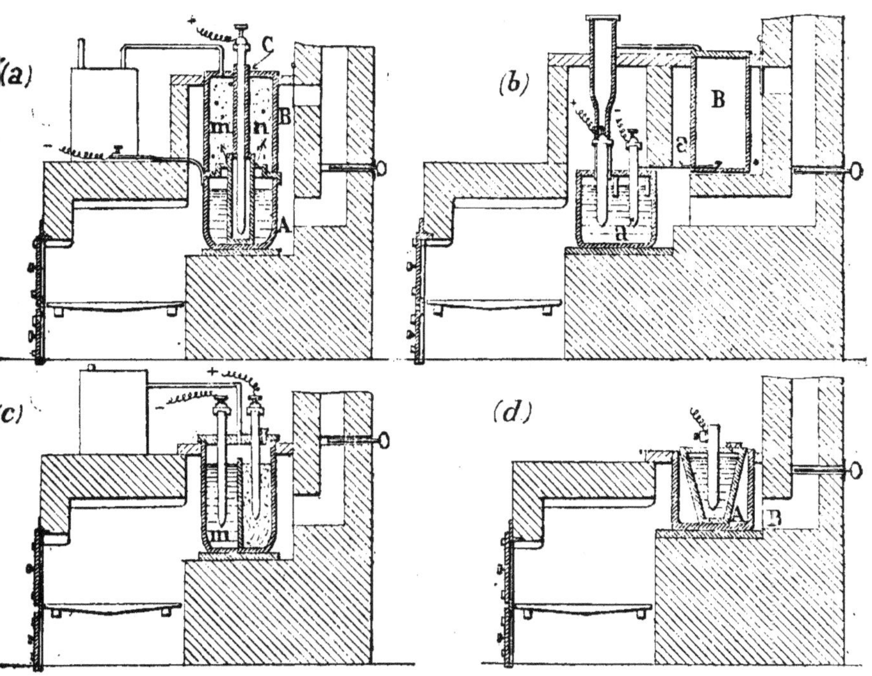

Fig. 31.

Le chlorure de magnésium se décompose en magnésium qui monte à la surface du bain et en chlore qui s'échappe par les ouvertures *m* à travers la cornue, où il rencontre le mélange d'alumine, de charbon et de chlorure de sodium.

L'alumine se décompose par l'action du chlore, et il se forme du chlorure d'aluminium qui se combine avec le chlorure de sodium pour constituer un sel double :

$$3Cl + Al^2O^3 + 3C + 3NaCl = Al^2Cl^3, 3NaCl + 3CO$$

La température de la cornue est assez élevée pour fondre ce chlorure, mais sans le volatiliser, de sorte qu'il tombe dans le creuset à l'état fondu.

Il est réduit alors par le magnésium qui se trouve à la surface du bain au moyen de la réaction :

$$Al^2Cl^3, 3NaCl + 3Mg = 2Al + 3MgCl + NaCl$$

en reproduisant du chlorure de magnésium.

Dans la variante représentée en (b), on emploie une électrode négative indépendante a. et la cornue, placée latéralement au creuset, lui est reliée par un tuyau a'. On la charge avec un mélange préparé pour donner naissance à du chlorure d'aluminium qui se volatilise et se précipite en poudre dans le condenseur, d'où il tombe dans le creuset.

Avec la disposition (c), le mélange d'alumine et de charbon n'est séparé du bain réducteur que par une cloison poreuse m, de sorte que le chlorure d'aluminium formé par le dégagement du chlore à l'anode, va se réduire directement à la surface du bain.

L'appareil (d) permet de réduire l'alumine par une méthode différente des précédentes. Le creuset A renferme un bain fondu, composé de 95 parties de chlorure de magnésium, pour 75 de chlorure de potassium, avec 6 à 7 0/0 de fluorure comme fondant ; la cornue B renferme l'alumine, qui est réduite par le magnésium dégagé au creuset cathode.

$$3Mg + Al^2O^3 = Al^2 + 3MgO.$$

L'aluminium tombe au fond de la cornue B, tandis que la magnésie MgO reforme au creuset A le chlorure de magnésium d'après la formule

$$3MgO + 6Cl = 3MgCl + 3ClO.$$

Les réactions se produisent dans le bain d'une manière continue. La tension du courant doit être bien entendu assez basse pour ne jamais décomposer le chlorure de potassium.

Procédé Falk et Schaag (1).

Dans le procédé récemment breveté, par MM. Falk et Schaag, on électrolyse une solution d'un sel d'aluminium en présence d'un acide organique non volatil, en employant comme anode le métal allié à l'aluminium.

L'électrolyse peut être additionnée du cyanure de ce métal.

Voici, d'après leur brevet, la préparation d'un alliage cuivre-aluminium.

Pour obtenir une solution aussi concentrée que possible d'oxyde d'aluminium dans l'alcali, on dissout de l'hydrate d'alumine dans un acide quelconque, sulfurique, chlorhydrique, acétique, oxalique, citrique ou tartrique, et l'on charge le bain en y faisant dissoudre encore de l'aluminium métallique jusqu'à refus, avec ou sans l'intervention du courant électrique.

A cette dissolution on ajoute, si on n'en a pas fait usage

____

(1) Extrait du *Génie civil* du 3 août 1889.

déjà, de l'acide citrique ou tartrique, dans le but d'empêcher la précipitation de l'alumine par l'alcali.

Pour neutraliser, on prend un hydrate ou carbonate alcalin, potasse de soude ou ammoniaque, et on augmente la conductibilité du bain en ajoutant encore un nitrate, phosphate ou borate alcalin.

D'un autre côté, on dissout jusqu'à refus un sel de cuivre, tel que sulfate, nitrate, chlorure, acétate, sous-carbonate, carbonate, oxyde, cyanure, etc., dans une solution concentrée de cyanure de potassium ou de sodium, alcalinisée par l'ammoniaque ou un carbonate alcalin.

La solution alcaline de cuivre est mélangée avec le double de son poids environ de la liqueur aluminique ci-dessus, et pour 100 kilogrammes de ce mélange, on ajoute encore 1 kilog. environ de nitrate ou de phosphate de potassium, de sodium, ou d'ammonium.

En soumettant cette liqueur à l'électrolyse avec une anode en cuivre, on obtient un alliage d'aluminium et de cuivre, dont la couleur fonce de plus en plus, au fur et à mesure que le dépôt s'enrichit de ce dernier métal.

Afin d'obtenir un alliage aux proportions à peu près constantes, lorsque l'on reconnaît à la coloration du dépôt que le point convenable est atteint, il faut éloigner l'anode de cuivre, ou mieux, affaiblir et régler son action.

Dans ce but, on isole l'anode au moyen d'une cloison poreuse, qui plonge dans un bain. L'intervalle entre la plaque de cuivre et les parois doit, naturellement, être rempli avec un liquide conducteur, soit avec le bain lui-même, soit avec la solution de cyanure de cuivre.

On arrive, de cette manière, à ne dissoudre le cuivre dans le bain par diffusion à travers la cloison poreuse, que juste autant qu'il en faut pour maintenir constante la composition de l'électrolyte, et par suite, les proportions des métaux qui constituent l'alliage.

On peut se dispenser d'ajouter au bain un sel de cuivre et se contenter d'apporter ce métal, sous forme d'anode.

Dans ce cas, il est nécessaire d'ajouter à la solution aluminique, un excès d'alcali caustique ou de carbonate ; mais il faut employer une paroi poreuse pour séparer l'anode formée par le métal, qui doit entrer dans la constitution de l'alliage, d'avec la portion principale de l'électrolyte.

PROCÉDÉ FELT

M. Felt a proposé pour la décomposition électrolytique des sels d'aluminium l'appareil représenté par la fig. 32.

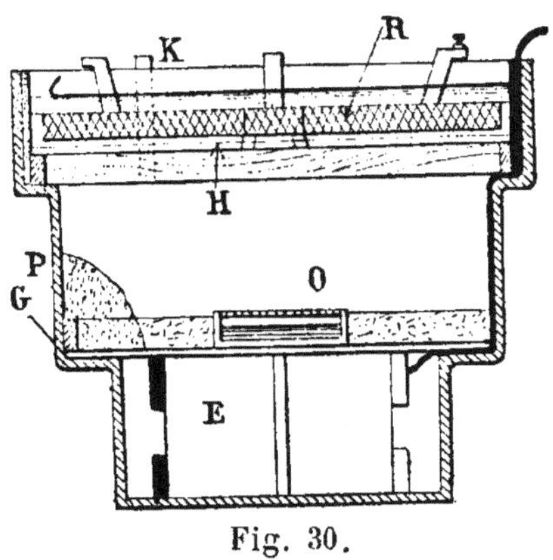

Fig. 30.

L'électrode négative, en cuivre, est constituée par une sorte de croisillon E, forcé dans le bas de la pile et surmonté de toiles métalliques en cuivre G. L'électrode posi-

tive, placée en haut de l'appareil, est constituée par une sorte
de grille circulaire en zinc R, avec canaux de mercure C,
ce qui suffit pour l'amalgamer ; la partie intermédiaire de
l'appareil est séparée du haut par un diaphragme en papier
parcheminé H, traversé par un tube K permettant le dégagement des gaz de l'électrolyse.

Le liquide employé est de l'acide sulfurique étendu, additionné d'un peu de nitrate de mercure dissous dans 100
fois son poids d'eau, et revivifié sans cesse par du mercure
disposé dans une terrine percée O.

Le minerai d'aluminium, une argile pure par exemple
se place en P, sur les toiles métalliques. D'après M. Felt,
cette argile se décompose en silice qui se précipite au fond
de l'appareil, au travers des toiles métalliques, et en aluminium qui se dépose sur ces toiles, mais pas sur le reste
de la cathode E. Pour obtenir de l'aluminium pur, on ver-
nit l'une des faces des toiles G, de manière que l'aluminium
ne se dépose que sur l'autre face, et qu'il suffit de dissoudre
le cuivre par un acide.

PROCÉDÉ GRÆTZEL (1).

Le brevet Graetzel, se rapporte d'une façon générale à
ses appareils pour la production des métaux, contenus dans
les terres alcalines. Graetzel emploie les combinaisons de
l'aluminium avec le chlore ou le fluor, en se servant si-
multanément *d'un courant de gaz* réducteur. Le chlorure
d'aluminium est facile à obtenir, ayant été introduit si utilement pour la synthèse dans la chimie organique.

(1) Extrait du Journal « *La Lumière Electrique* » du 31 mai 1884.

Le principe de l'appareil consiste dans l'introduction séparée des électrodes dans l'électrolyte, et dans un arrange-
ment qui permet la séparation du corps halogène développé
à l'anode.

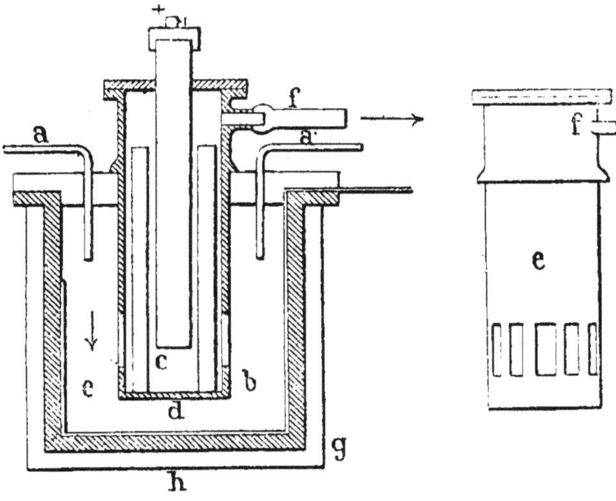

Fig. 33.

On a trouvé qu'avec la forme générale des cellules électrolytiques, l'air au-dessus de l'électrolyte et les gazs chauds
développés par l'électrolyse forment un contact addition-
nel entre les électrodes, ce qui affaiblit le rendement en
métal.

La figure 33, représente une section de l'appareil électrique dans son application spéciale à la séparation de l'a-
luminium. C'est un vase en métal servant comme cathode,
qui est placé dans un creuset *g*. Ce creuset est en faïence ou
tout autre matière analogue, et de plus il est garanti du
contact direct avec la flamme par une enveloppe métallique.

Cette enveloppe peut être supprimée, si l on place *b* dans

un creuset de plombagine ou d'un métal quelconque qui résiste au feu.

Le creuset est fermé par un couvercle de même matière dans lequel se trouve un grand orifice central pour recevoir le vase *e*, et deux petits orifices pour les tubes *a* et *a'*.

Le vase *e* est en ciment ou porcelaine et reçoit l'anode de charbon *c*.

A la partie supérieure, il est muni d'un tube latéral *f*, qui permet la sortie du corps halogène dégagé.

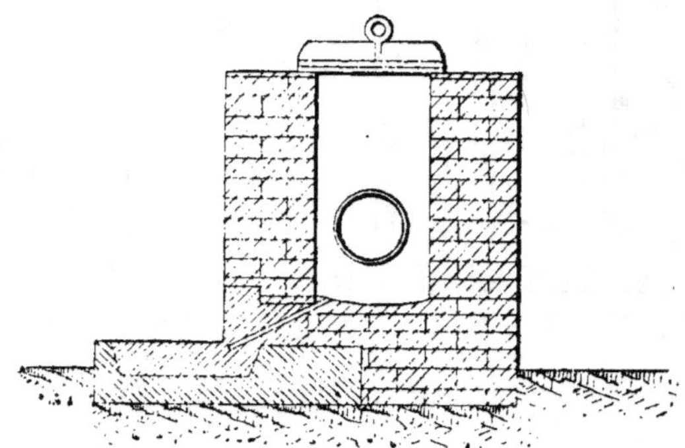

Fig. 33 *bis*.

A la partie inférieure de *a* se trouvent des ouvertures par lesquelles la masse fondue peut circuler.

Un gaz réducteur entre par le tube *a* et sort par *a'* sans venir en contact avec le corps halogène dégagé.

Pour assurer l'application fructueuse de cet appareil on aura encore à trouver un métal propre à former la cathode.

Graetzel indique pour l'aluminium l'emploi de cathodes en cuivre, fer, acier et en aluminium. Pour la production du magnésium, la cathode est en acier fondu.

Pour éviter la tension électrique dans l'intérieur de l'appareil, ainsi que pour effectuer l'enrichissement du bain de fusion, épuisé peu à peu, on place en *e*, parallèles à l'électrode de charbon et isolées d'elles. des lames ou bâtons *d* qui consistent en un mélange de quantités équivalentes d'alumine et de charbon (pour le magnésium, de magnésie et de charbon). Le charbon se combine avec l'oxygène de l'alumine, dont le métal se combine avec le chlore et entre dans la masse fondue.

On peut joindre ensemble plusieurs appareils qui reçoivent alors une conduite de tuyaux commune pour l'entrée et la sortie du gaz réducteur et pour l'enlèvement du corps halogène.

On produisait déjà, en 1884, le magnésium avec ce brevet ; quant à l'aluminium, toutes les difficultés n'étaient pas encore surmontées à cette époque.

Nous ne saurions dire si, à l'heure actuelle, le procédé de M. Graetzel a pris une grande extension ; nous le considérons comme un de ceux qui ont été le mieux étudiés.

PROCÉDÉ HAMPES

Il consiste à électrolyser à une température de 1000° environ un mélange de cryolithe et de sel marin. Un peu au-dessus de 1000°, le sodium se dépose au pôle négatif et l'aluminium se précipite en globules.

Comme on le voit, le procédé de M. Hampes ressemble à celui de Creil-St-Michel. Nous croyons toutefois que ce savant, jusqu'à ces derniers temps, n'a pas dépassé les recherches de laboratoire qui sont très remarquables au point de vue scientifique mais qui ne donnent aucune indication, relativement à l'application industrielle du procédé.

La théorie émise par Hampes pour expliquer la production de l'aluminium dans un bain de fluorure d'aluminium, mélangé avec du fluorure et du chlorure de sodium, est différente de la nôtre et nous croyons qu'il serait difficile de la défendre, si l'on veut faire une analyse rigoureuse du phénomène.

PROCÉDÉ KLEINER (1).

M. Kleiner est un des premiers qui ait essayé d'électrolyser de la cryolithe. Dans son procédé, la cryolithe est réduite en poudre et mise au fond d'un creuset. On approche d'une façon convenable deux électrodes, de manière à produire un arc au sein de la masse à traiter, et c'est sous l'action de la chaleur dégagée par cet arc que la matière entre en fusion et se décompose.

Il fut question dans un temps d'une grande application de ce procédé, à Wolverhampton, mais nous ne saurions dire quel a été le résultat de cette entreprise.

PROCÉDÉ KILIANI.

M. Kiliani a remarqué que, dans la fusion ignée d'un électrolyte chauffé par le courant seul, la région active est limitée à l'espace compris entre les électrodes, à moins qu'on

(1) Extrait de la conférence de M. Haubtman à la société des Ingénieurs civils, avril 1891.

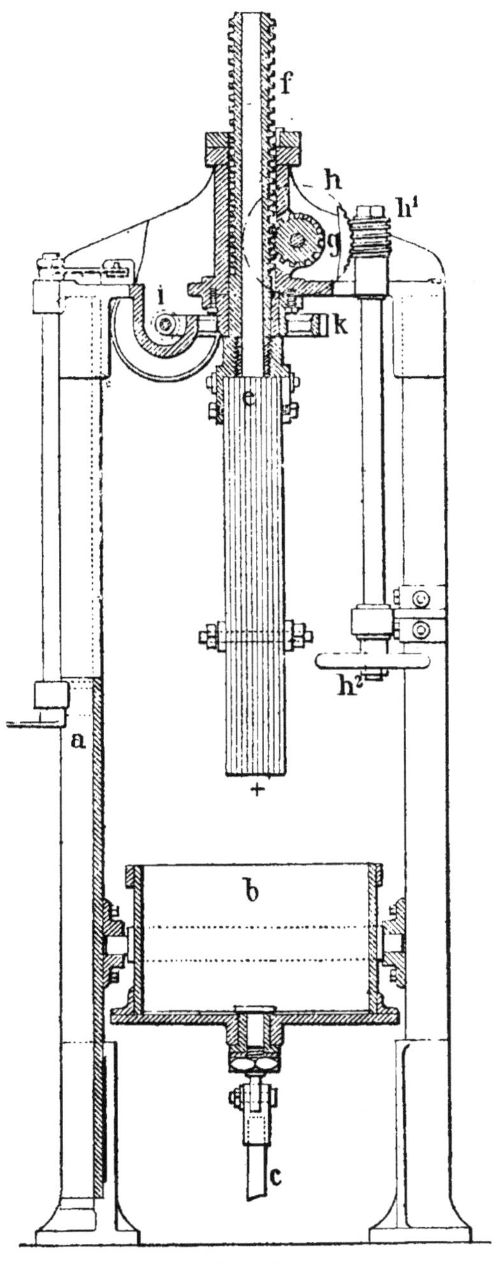

Fig. 32

ne leur donne une chaleur excessive, nuisible à leur conservation et aussi à l'économie de l'électrolyse, parce que les éléments dissociés à une température trop élevée se recombinent en partie dans la masse du bain fondu.

Il faut donc opérer avec une température de l'électrolyte aussi basse que possible : mais, on risque alors de voir se former à la surface du bain une croûte solide qui empêche la continuité de l'opération.

Afin de remédier à cet inconvénient, M. Kiliani imprime aux électrodes, un mouvement continuel de va-et-vient et de rotation dans le bain en fusion, qui se trouve ainsi toujours dégagé.

C'est ainsi que, avec le dispositif représenté par la figure, 32. l'électrode positif prismatique *e* reçoit du train *lik* un lent mouvement de rotation dans le bain *b*, dont le récipient fixe constitue l'électrode négative, et l'on peut, en même temps, faire monter et descendre l'électrode *e* dans le bain par la manette *h¹* et le train (*h' hgt*).

Une seconde manette *a* permet de débrayer à volonté la poulie *l* qui commande le mouvement de rotation.

L'électrode positive est constituée en lames de charbon aggloméré.

L'électrode négative en cuivre débouche au fond de la cuve *b*, sous une couche de graphite aggloméré. On verse dans le bain, d'abord de la cryolithe en poudre, graduellement, à mesure qu'elle fond, puis de l'alumine pure.

Après vingt-quatre heures environ, on obtient avec une cuve de 0,60 de diamètre sur autant de profondeur une vingtaine de kilogrammes d'aluminium. La tension du courant varie de 20 à 25 volts. Le rendement en aluminium oscille aux environs de 20 grammes par cheval-heure aux génératrices, et le charbon positif s'use d'environ 1 kg. par

heure, ou de 1,5 à 2 kg. par kilogramme d'aluminium produit.

Remarque. — Ce brevet est en date du mois d'avril 1889.
Le dispositif des appareils est nouveau, mais la constitution du bain rappelle celle qu'a indiqué M. Héroult en 1886.
Il est vrai d'ajouter que les deux procédés sont exploités
par la même compagnie. Nous avons dit que cette société,
d'abord concessionnaire des brevets Héroult, ne réussissait
à faire que de l'aluminium allié (1887-1889), et que ce
n'est qu'à partir de la fin de l'année 1889 qu'elle est arrivée
à produire de l'aluminium pur. A cette dernière époque,
elle prétendait réussir par une combinaison de la méthode
Héroult avec le dispositif Kiliani. Elle négligeait de dire
qu'à cette époque elle commença à alimenter ses bains
avec un mélange de fluorure d'aluminium et d'alumine et non
avec de l'alumine seule, comme elle l'avait fait jusqu'alors,
pour se conformer aux instructions du brevet Héroult,
année 1886.

Ceci est tellement vrai qu'à l'heure actuelle on a com-
plétement abandonné, à Froges, le dispositif Kiliani : on a
augmenté notablement la proportion de fluorure dans le
mélange d'alimentation ; la température du bain s'est abais-
sée de ce fait ; la force électromotrice du courant est voisine de 10 volts.

En réalité, la manière d'opérer est maintenant identique
à Froges et à Saint-Michel, sauf pour certains détails in-
fimes.

A Schaffouse, en Suisse, on a suivi l'exemple de Froges ;
Hall de son côté, en Amérique, était rentré dans cette voie,
dès la fin de l'année 1888 ; il s'ensuit qu'en réalité les méthodes électrolytiques qui reçoivent une application industrielle importante se résument en une seule : celle de Creil-
Saint-Michel préconisée par nous, dès l'année 1887.

PROCÉDÉ MONTGELAS.

Le procédé Montgelas comprend deux opérations : dissolution de chlorure double d'aluminium et de sodium, préparée par l'électrolyse ; séparation de l'aluminium également par l'électrolyse.

Le chlorure double d'aluminium et de sodium se prépare en traitant dans un vase deux solutions concentrées, l'une D de chlorure d'aluminium, et l'autre C de sel marin, séparées par une cloison poreuse B. L'anode E est en aluminium et la cathode F en cuivre. La réaction est terminée quand la dissolution D a entièrement perdu sa coloration jaune.

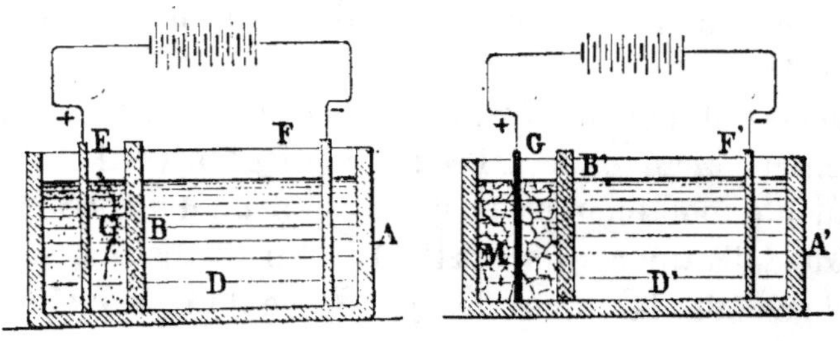

Fig. 35.   Fig 36.

Pour en extraire l'aluminium, on traite le chlorure double, d'abord évaporé à sec pour le rendre aussi neutre que possible, puis dissous dans l'eau chaude, au moyen d'un second appareil électrolytique A' (fig. 33). Le chlorure double est en D' séparé par une cloison poreuse B' d'un mélange de sel marin et de chlorure double d'aluminium et de sodium, fondus en proportions égales et brisés en morceaux, au milieu desquels plonge l'anode en charbon G.

L'électrolyse fonctionnerait d'une façon continue pourvu que l'on renouvelle à mesure les morceaux de sel en M, de façon à maintenir invariable la composition du bain électrolytique.

Dès que la cathode en cuivre F est recouverte d'une couche d'aluminium assez épaisse, on détache l'aluminium, puis on le fond dans un creuset avec du chlorure de potassium.

On peut aussi employer comme cathode une plaque d'aluminium, que l'on fond alors avec l'aluminium électrolytique, sans qu'il soit indispensable de l'en séparer.

M. de Montgelas remplace quelquefois le mélange des sels M et l'anode G par une plaque composée en agglomérant par pression à une température de 100° environ un mélange de 50 parties de chlorure double d'aluminium et de sodium, 25 parties de sel marin, 25 parties de poussier de coke, le tout agglutiné avec une proportion suffisante de goudron.

PROCÉDÉ NAHNSEN.

M. Nahnsen attribue la plupart des insuccès qui caractérisent en général, les procédés d'électrolyse de l'aluminium par voie humide, à ce que l'alumininm, à l'état naissant, décompose activement l'eau aux températures de ces électrolyses.

D'après M. Nahnsen, cette décomposition cesserait de se produire au-dessous de 4°, et l'on obtiendrait réellement de l'aluminium en opérant à cette température.

Voici un fait très intéressant à vérifier. La caractéristique du procédé de M. Nahnsen consiste donc à refroidir le bain électrolysé, principalement aux environs de l'électrode négative. Ce refroidissement peut s'opérer, par exemple, au moyen d'un serpentin d'eau glacée.

Il conseille, en outre, l'emploi de solutions très concentrées et maintenues homogènes par l'agitation, pendant toute la durée de l'électrolyse.

PROCÉDÉ OMLOT, BOTTIGER ET SEIDLER.

Cette méthode, qui est employée dans les usines de Cros-snitz, se distingue par l'emploi de moufles *b*, C (fig. 37, 37 *bis*)

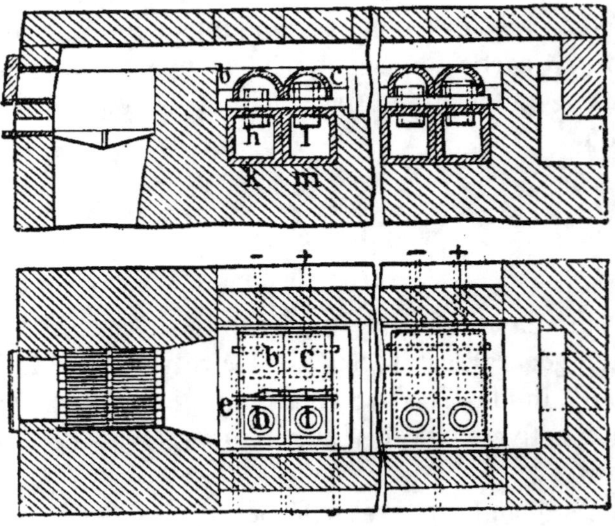

Fig. 37 et 37 *bis*.

sans plancher plongeant dans le lit de fusion, et en recevant, l'un, l'électrode négative e, l'autre, l'électrode positive f également plongées dans le bain, maintenu en fusion par la chaleur du four.

Le métal aluminium, qui se réduit à l'électrode négative e, s'écoule par hk et les halogènes s'évacuent de la même manière autour de l'électrode positive f par l'ouverture l. Les moufles et les poches km sont en briques réfractaires avec garnissage en charbon et lutés à l'abri de l'air, complètement exclus des poches km au moyen d'un gaz neutre.

PROCÉDÉ ROGER.

D'après le journal *la Métallurgie*, du 18 mars 1890, M. Roger aurait été conduit, au cours de ses recherches sur la fabrication de l'aluminium, à mélanger au sel d'aluminium un alliage de plomb et de sodium. Cette modification du procédé ordinaire augmente, paraît-il, le rendement dans de grandes proportions. L'alliage de plomb et de sodium est obtenu par l'électrolyse d'un bain de sel marin en fusion, en prenant comme cathode une lame de plomb.

Dans l'une des premières expériences, un courant de 80 ampères et 24 volts traversait quatre creusets montés en série et renfermant chacun un mélange d'une partie de cryolithe (fluorure double d'aluminium et de sodium), trois parties de sel marin et 27 grammes de plomb. Après six heures de traitement, on recueillait 15 grammes d'aluminium, tandis qu'il restait au fond des creusets une assez forte quantité de sodium fondu avec de la cryolithe.

D'après M. Roger, le procédé peut donner environ 500 grammes d'aluminium par cheval et par 24 heures.

PROCÉDÉ WOHLE (1).

Le liquide pour bain électrolytique est préparé comme il suit : on fait dissoudre d'abord 2 kilogrammes d'alun dans 3 litres d'eau chaude; on fait, d'autre part, une deuxième solution de carbonate de potasse, additionnée de 8 à 10 grammes d'ammoniaque.

Ces deux solutions produisent une effervescence, au moment où on les mélange, puis un précipité. Ce dernier est séparé, lavé soigneusement à l'eau et mis en réserve.

Une troisième solution est préparée ensuite avec 4 kilogrammes d'alun dans dix litres d'eau chaude, avec addition de 2 kg. de cyanure de potassium pur, à l'état solide.

Cette solution est versée sur le précipité mis en réserve et le tout porté à l'ébullition.

Après avoir maintenu l'ébullition pendant une demi-heure, la solution est augmentée de 10 litres d'eau et de 2 kg. de cyanure de potassium, puis portée de nouveau à l'ébullition pendant un quart d'heure : Il ne reste plus ensuite qu'à filtrer afin de recueillir le précipité, dès lors prêt à être employé pour la composition du bain électrolytique.

Dans un bain, composé ainsi qu'il vient d'être indiqué, les anodes sont des plaques perforées en aluminium, disposées de manière à pouvoir être facilement soulevées et abaissées.

Anodes et cathodes sont reliées avec les bornes d'une batterie, ou d'une machine Dynamo ; le bain entier est chauffé à 150° Fahrenheit.

---

(1) Extrait du journal *La Métallurgie,*

En attachant aux anodes des pièces d'autres métaux, par exemple d or, d'argent, etc., la couleur du métal déposé se trouve diversement modifiée.

Si l'aluminium est obtenu avec sa couleur grise naturelle, l'objet peut être rendu brillant par une simple immersion dans une solution de soude caustique, solution qui, non-seulement donne ce brillant, mais encore prévient l'oxydation,

PROCÉDÉ LOSSIER

Ce procédé est basé sur l'électrolyse d'un fluorure d'aluminium obtenu au sein du bain électrolytique, au moyen d'une double réaction chimique.

Lossier introduit dans le bain fondu un mélange de fluorure de calcium $(CaFl)$ et de silicate d'alumine $(Al^2O^3, 2SiO^2)$; il se formerait, à la température de l'opération, du fluorure d'aluminium qui s'électrolyserait et du silicate de chaux qui resterait en suspension dans le bain.

$$3CaFl + Al^2O^3, 3SiO^2 = Al^2Fl^2 + 3CaO, SiO^2$$

Le grave inconvénient de ce procédé est de donner un métal chargé de silicium ; en plus, le bain ainsi formé, étant plus dense que l'aluminium, celui-ci monte à la surface des sels en fusion et l'on en perd beaucoup par oxydation, avant de le recueillir.

MÉTHODES ÉLECTRO-THERMIQUES.

Procédé Brïn.

Le creuset ou fourneau électrique de MM. Brin frères est disposé de façon à permettre l'introduction d'un gaz inerte à la naissance de l'arc qui entoure d'une atmosphère neutre le lieu même de la réaction.

Ces gaz inertes agiraient alors, d'après MM. Brin, comme un véhicule pour transporter les vapeurs du foyer dans un condenseur, et pour les amener plus intimement, au moment même de leur formation, au contact des métaux avec lesquels on désire former des alliages.

Dans un autre procédé, MM. Brin emploient l'électricité sous deux formes différentes : à haute tension (50 à 100 volts). de manière à faire jaillir l'arc, et à basse tension (2 à 35 volts) par électrolyse proprement dite.

Le bain employé dans le premier procédé exclusivement électrothermique, est composé de :

Bauxite 100 ; sel marin 125 ; borax.

On fond le mélange dans un creuset fermé; jusqu'à l'apparition des fumées blanches; on y plonge l'électrode négative en carbone, et l'on place l'électrode positive à la surface du bain.

L'arc jaillit sous 40 à 100 volts à la surface du bain. L'aluminium se précipite sur l'électrode négative, mais il s'en volatilise une grande quantité, que l'on protège de l'oxydation par un courant d'acide carbonique qui l'entraine en même temps dans les appareils de condensation disposés à la suite du creuset.

Dans le second procédé, les deux électrodes de charbon plongent dans le bain. Le chlore et les chlorures se dégagent au pôle positif : Le sodium et l'aluminium vont au pôle négatif et forment au fond du creuset un alliage riche.

On peut aussi employer des creusets emboîtés dans lesquels on dispose les fondants et l'électrode positive de carbone ; le creuset intérieur renferme l'électrode négative et le bain. On porte le tout au rouge vif et le passage du courant de 20 à 35 volts précipite,dans le creuset intérieur, un alliage d'aluminium et d'un peu de sodium.

PROCÉDÉ BESSEMER

L'appareil de M. Bessemer (fig. 38) comprend trois parties : le foyer A ; le réducteur B et le condenseur C. Le foyer A, en tôle, garni et bourré de briques réfractaires, comme un générateur Siemens,est capable de résister à une pression de quatre atmosphères ; il est chauffé par un jet de gaz inflammable et d'air insufflé en *a* et dont les produits brûlés s'échappent par la cheminée X. Une fois les briques portées au rouge, on ferme les ouvertures *a* et X et l'on injecte par le tube *b*, dans le réducteur B, préalablement chauffé, un jet de gaz combustible qui y brûle à une température très élevée, sous l'action d'un courant d'air chaud, lancé aux travers des briques de A et de la pression élevée qui règne en B.

Une fois le réducteur porté au rouge blanc, on y introduit la charge qui se compose d'un minerai d'aluminium pulvérisé et mélangé à du charbon, puis aggloméré en bri-

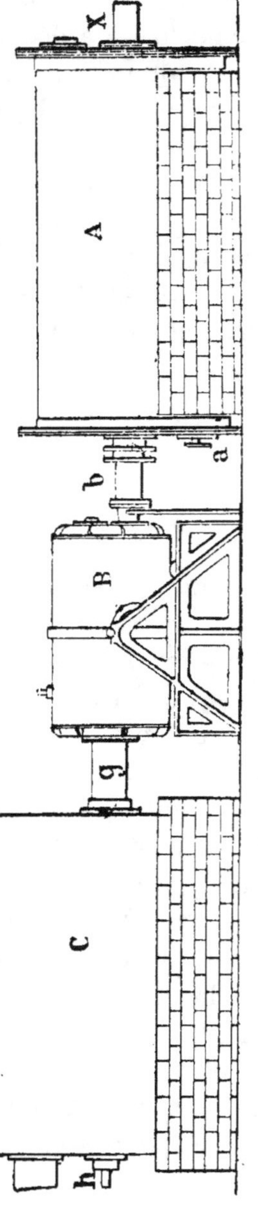

quettes. Ce mélange est additionné de fondants nécessaires : carbonate de soude, chaux, borax, etc., également sous la forme de briquettes.

Une fois le réducteur chargé, on le porte à une température très élevée (qui peut être obtenue facilement au moyen de l'arc voltaïque) sous laquelle la réduction de l'alumine s'opère par le carbone.

L'aluminium, volatilisé à cette haute température, va se précipiter dans le condenseur C, entouré d'une enveloppe d'eau, et où le gaz tombe à la pression atmosphérique.

Le réducteur B est aussi en— veloppé d'une enveloppe d'eau permettant de régler la chaleur à l'intérieur.

PROCÉDÉ FARMER

M. G. Farmer produit directement l'aluminium pur au moyen de l'arc électrique.

Pour y arriver, il fait jaillir l'arc électrique, au milieu d'un creuset réfractaire entre deux crayons.

Ces crayons ont de 10 à 15 mm. de diamètre ; ils sont formés d'une pâte composée par moitié : 1° de charbon ; 2° de corindon ou d'émeri ; le tout est agglutiné avec du sucre ou des résidus de pétrole.

Le creuset reçoit par la tuyère E (fig. 39) un jet d'air et

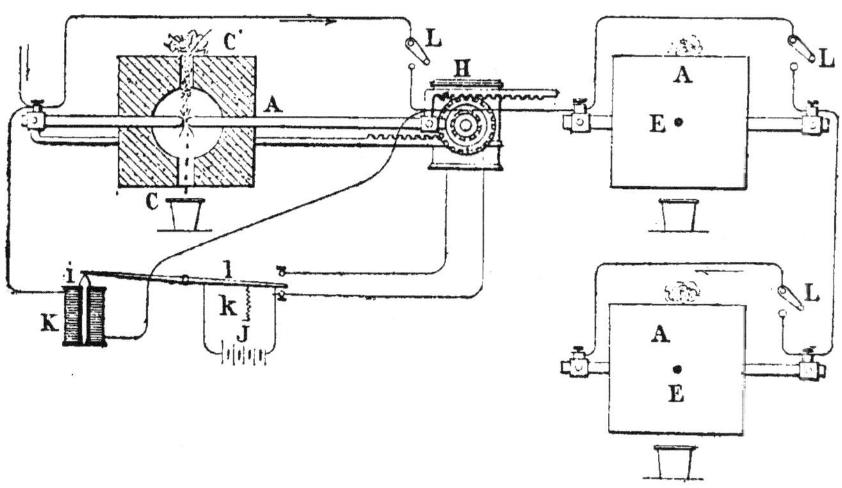

Fig. 39.

de gaz d'éclairage. de vapeur de pétrole, de vapeur d'eau ou de zinc volatilisé.

D'après M. Farmer, ce jet a une action réductrice qui facilite l'opération ; il augmente en outre la température du creuset et y fait intervenir,en temps utile, les phénomènes de dissociation.

Un solénoïde K, en dérivation sur le circuit principal, maintient l'arc au centre du creuset.

En effet l'armature I du solénoïde s'abaisse en i, malgré le ressort K, dès que la résistance augmente, et met ainsi dans le circuit de la pile j la dynamo H.

Les charbons sont ainsi rapprochés à la distance voulue par un mécanisme indiqué sur la figure et facile à comprendre.

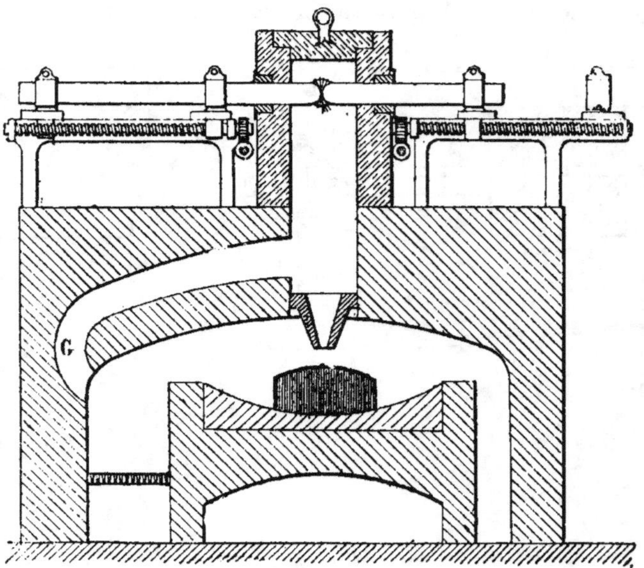

Fig. 38.

On peut disposer les creusets A en série avec des coupe-circuits L qui permettent d'isoler ces creusets dès la fin de l'opération, et en nombre tel que la réduction s'opère d'une manière continue, sans que les génératrices soient interrompues.

Les gaz de la réduction s'échappent par l'évent c', tandis que l'aluminium presque pur s'écoule par le trou de coulée C.

L'avantage du procédé de M. Farmer, c'est de fonctionner indifféremment avec des courants alternatifs ou des courants continus.

PROCÉDÉ GÉRARD LÉCUYER

La figure 40 donne le détail de l'appareil employé par M. Gérard-Lécuyer. L'arc jaillit entre deux électrodes faciles à remplacer et formées de crayons composés d'un aggloméré de 50 parties d'alumine calcinée, 80 de charbon en poudre, et 100 de poussière de cuivre agglutinée par l'addition d'un peu de résine ou de goudron.

Un train de vis sans fin, facile à comprendre sur la figure, permet de faire avancer ces électrodes à mesure qu'elles s'usent.

Le bronze d'aluminium, ainsi produit, tombe sur la sole d'un four à réverbère, garnie d'un peu de chaux, pour en faciliter la fusion et chauffée en partie par la combustion de l'oxyde de carbone amené de l'arc par G.

On obtient ainsi une masse métallique contenant 20 0/0 environ d'aluminium.

C'est de cette masse que l'on part pour fabriquer l'aluminium, en la pulvérisant et en lui faisant remplacer, dans la préparation de nouvelles électrodes, les 100 parties de cuivre des électrodes primitives.

On arriverait ainsi, après quelques substitutions, à un métal presque pur.

PROCÉDÉ PEARSON ET PRATT

Ces ingénieurs ont proposé de fabriquer des alliages de fer et d'aluminium dans le haut fourneau ou dans le cubilot même, en partant directement du minerai d'aluminium.

A cet effet, on ajoute au minerai de fer, aussi argileux que possible, du fluorure de calcium ou spath fluor, en place du calcaire ordinaire, puis on le passe au haut four-neau.

Lorsqu'on veut fabriquer ainsi de l'acier aluminé, il faut employer les minerais les plus purs, sans soufre ni phosphore, puis on traite la fonte alumineuse au Bessemer comme à l'ordinaire.

Il n'est pas d'ailleurs indispensable de remplacer toute la chaux par du spath fluor ; on obtient de bons résultats, en n'en remplaçant que 25 0/0.

Avec des minerais du Staffordshire par exemple — pro-toxyde de fer et alumine — on peut employer une charge composée de 40 de minerai argileux, 11 de chaux, 4 de spath fluor, 60 de charbon avec le vent chaud ou 60 de coke au vent froid.

PROCÉDÉ STÉFANITE

Employé en Allemagne, consistant à ajouter à la charge du haut fourneau de l'émeri ou de l'alun en poudre ou en briquettes. On obtient ainsi une fonte alumineuse qui, traitée au four à puddler, donne un métal se trempant comme l'acier, et beaucoup plus résistant que le fer.

Remarques. No 1. — Bien que l'électricité ne joue aucun rôle dans les derniers procédés qui viennent d'être décrits, nous avons cru devoir les classer parmi les méthodes élec-tro-thermiques. Les réactions. sur lesquelles ils sont basés, diffèrent du reste de la plupart de celles qui caractérisent les méthodes chimiques.

Dans ces dernières, la force d'affinité joue un rôle important ; au contraire, dans le procédé Pearson et Pratt, aussi bien que dans le procédé Stéfanite, c'est la chaleur qui devient le principal agent, et la somme de calories nécessaires à la dissociation des composés en présence pourrait être véhiculée avec avantage par l'agent électrique.

N° 2. — Nous ne terminerons pas cette partie de notre étude sans dire combien elle a été facilitée par M. Richard qui s'est fait dans le journal *La Lumière Électrique*, l'historiographe de la métallurgie et de l'électrométallurgie de l'aluminium.

Nous lui avons fait de nombreux emprunts sans rien changer à ses descriptions qu'il avait faites minutieusement en calquant, pour ainsi dire, sur les brevets l'exposé même des inventeurs.

Nous n'avons ajouté aucun commentaire ; cela nous eût entraîné trop loin. Il faut bien dire cependant que nous ne croyons pas à la possibilité de produire de l'aluminium avec la majeure partie des méthodes décrites. Quelques-unes, et particulièrement celles qui reposent sur l'électrolyse par voie humide des sels d'aluminium nous paraissent contestables ; d'autres nous semblent d'une application industrielle peu avantageuse.

Il était intéressant toutefois de les citer, ne serait-ce que pour éclairer le lecteur qui voudrait procéder à des recherches analogues.

Nous signalons également à nos lecteurs les articles de M. Ledeboer et de M. Rigout, parus, dans la *Lumière Électrique*, les ouvrages de M. Eric Gérard, et de M. Gore, les *Annales d'électricité*, *l'Électricien*, où ils trouveront des renseignements complémentaires sur la question qui vient d'être traitée.

TROISIÈME PARTIE

Propriétés et usages de l'aluminium et de ses alliages.

ALUMINIUM

État naturel. — L'aluminium est de tous les métaux le plus répandu sur la terre. Il ne se présente pas à l'état natif, mais allié avec l'oxygène, avec lequel il forme un sesquioxyde Al^2O^3.

Il rentre dans la composition de la plupart des roches communes et des argiles.

Les roches ignées, les porphyres en contiennent; il est associé au quartz dans le granit, le gneiss, le mica, la syénite et quelques grès ; le saphir et le rubis sont constitués par son oxyde.

On n'utilise que très rarement tous ces minerais dans la production de l'aluminium ; on emploie, de préférence. pour des raisons de pureté sans doute, les dépôts d'argile françaises ou bauxites qui tirent leur nom de leur pays d'origine : les Baux, près d'Arles et qui sont également très répandues dans plusieurs départements du Midi de la France : l'Hérault, les Bouches-du-Rhône, le Var.

On utilise aussi les argiles anglaises et irlandaises et la cryolithe d'Evigtok (Groënland) et de Norwège.

On peut aussi employer avec avantage l'émeri et le corindon, que l'on trouve plus spécialement en Amérique.

Constantes chimiques. — Symbole : Al. Poids atomique 27,5 ; équivalent 13,75.

Équivalent *électro-chimique* 0,143 milligramme.

Poids d'aluminium déposé par l'électrolyse de ses sels halogéniques, avec une quantité de courant égale à un ampère — heure : 0.343 gramme.

Constantes physiques. — Métal blanc, très sonore. Densité 2,50 à 2,67. Température de fusion 425°. Le point de fusion n'est pas sensiblement augmenté lorsque le métal renferme certaines quantités de fer et de silicium. Sa chaleur spécifique a fait l'objet des recherches de plusieurs savants :

> 0.2145. . . . Regnault.
> 0.2020. . . . Kapp.
> 0,2185. . . . Margottet.

Suivant Mathiessen, voici la résistance électrique d'un mètre d'aluminium, d'un diamètre égal à 1 millimètre, comparée à celle de quatre métaux types :

> Argent recuit. . . 0,01937
> Cuivre   » . . . 0,02056
> Or   » . . . 0.02650
> Aluminium » . . . 0,03751
> Fer   » . . . 0,12510

Sa résistance est donc le double environ de celle de l'argent et du cuivre, le quart de la résistance du fer.

L'aluminium est également bon conducteur de la chaleur.

Sous l'action de la chaleur. vers 550°, il prend un état pâteux ; il ne peut alors être soumis au martelage sans se casser. A cette température, il peut se souder sur lui-même par la compression.

Il est fixe aux températures les plus élevées.

On doit le fondre à sec, c'est-à-dire sans fondant dans un creuset brasqué à la magnésie, si l'on veut lui conserver toute sa pureté.

Cependant, en pratique, ou peut employer pour sa fusion un creuset de terre, sans autre précaution, et même un creuset de plombagine. La faible quantité de silicium qu'il prend alors ne change pas sensiblement ses propriétés. L'expérience nous a démontré que, contrairement aux idées généralement reçues, des proportions de silicium pouvant atteindre 5 et 6 0/0. modifient avantageusement sa texture. lui donnent plus de résistance, sans nuire à sa malléabilité (*voyez ses alliages*).

Il est un peu magnétique.

Constantes mécaniques. — L'aluminium coulé froid est mou, très ductile et très malléable.

Le laminage et le martelage le rendent plus dur et plus résistant.

Sa limite d'élasticité et sa résistance à la traction varient du simple au double suivant que l'on opère sur un simple moulage recuit ou sur le métal ayant subi un travail.

	Limite d'élasticité en kilogrammes par millimètre carré de section.	Résistance à la rupture en kil. par millimètre carré de section.	Contraction 0/0.
Métal coulé.........	4,25 kg.	10.60 kg.	15
— laminé........	8,40 »	17,00 »	35
— étiré..........	11,30 »	20,40 »	60
— en barres......	10.00 »	20.00 »	40

Comme ce tableau l'indique, sa limite d'élasticité est atteinte avec une charge égale à la moitié seulement de celle qui correspond à la rupture.

Il est intéressant de reproduire, en regard de ces chiffres, ceux que m'ont donné l'expérience.

Nous avons opéré sur l'aluminium presque chimiquement pur et sur le métal renfermant des proportions de fer et de silicium, éléments qui, en général, constituent ce qu'on appelle ses impuretés. Un même échantillon a subi parfois plusieurs sortes de travaux mécaniques qui sont indiqués du reste dans le tableau.

Quelques-uns de ces types, en raison de la proportion considérable de silicium qu'ils renferment, doivent être considérés comme de véritables alliages et, de ce fait, étudiés en même temps que ceux-ci ; nous n'avons pas cru devoir, dans le tableau des constantes mécaniques, les séparer des types qui sont communément classés par les métaux purs ou commerciaux.

On pourra ainsi juger de l'influence exercée sur l'aluminium par la présence du fer et du silicium.

Alliages de fer, de silicium, et d'aluminium.

	Composition du métal.			Nature du travail.	Résistance à la rupture en kg. par m/m carré.	Allongement.
N°	Aluminium	Fer	Silicium.			
1	99.5	0.18	0.32	Coulé.....	10 kg.	20 0/0
				Martelé....	12.3	9 25
2	98.22	1.28	0.50	Coulé.....	10.95	2.42
				Martelé....	15.45	9.25
3	98.65	1.1	0.23	Laminé....	16.5	7.1
4	98.04	0.63	1.33	Coulé.....	12.3	6.43
				Martelé....	13.9	21

5	97.67	0.59	1.74	Coulé.....	12.4	8.57
				Martelé....	12.3	9.18
6	97.50	1.06	1.44	Coulé.....	12.80	6.66
				Martelé....	14.97	1.83
7	96.80	1.60	1.60	Coulé.....	14.5	3.57
				Martelé....	15.5	10
8	94.3	1.30	4.4	Laminé é-croui	23.5	3
				Laminé re-cuit (400°).	15.1	17
9	92.60	1.30	6.10	Coulé.....	12.6	1.53
				Martelé....	15.6	2.75
10	91.54	0.30	8.16	Laminé é-croui....	18.2 / 18	13 / 11.4
11	89.80	1.57	8.90	Coulé.....	17.1	2.85
				Laminé....	19.7	9.18
12	89.60	1.4	9	Laminé é-croui....	18 / 20	3 / 1.4
13	93.40	6.6	traces	Coulé.....	6.2	0.7
				Martelé....	7.75	nul
14	86.80	0.4	12.8	Laminé é-croui....	18.8	7 0/0

Il y a un grand nombre d'observations à faire sur les chiffres contenus dans ce tableau ; quelques-uns des résultats qu'ont donnés les essais mécaniques présentent même un grand intérêt comme on peut en juger (1).

1° La présence du silicium dans l'aluminium, contrairement aux idées généralement répandues depuis Henry Ste-Claire Deville, est loin de nuire à ses qualités, il lui donne

1. Ces essais à la traction ont été effectués au laboratoire de M. Le Verrier, au Conservatoire des Arts et Métiers, avec l'aide de M. Gustave Tresca.

tout à la fois plus de *dureté* et plus de *résistance*, sans faire varier sensiblement sa *malléabilité*, et cela, jusqu'à une teneur voisine de 10 0/0. Le fer, au contraire, est l'élément nuisible ; cependant.jusqu'à une teneur de 1,25 0/0,il augmente la résistance de l'aluminium.

2° La texture des alliages de silicium-aluminium dont la proportion de fer ne dépasse pas 0,50 0/0 rappelle celle de l'aluminium ; de plus ces alliages sont très homogènes et ne présentent aucune liquation pendant leur fonte.

Ils sont toutefois plus facilement oxydables à l'état fondu. Leur température de fusion est sensiblement celle de la fusion de l'aluminium.

3° D'une façon générale, on peut dire que l'aluminium pur et commercial, travaillé, offre des résistances à la traction pouvant varier entre 10 et 15 kilogrammes par millimètre carré et un allongement de 15 0/0 en moyenne.

Les alliages de silicium aluminium pour des teneurs de silicium oscillant entre 6 et 10 0/0, possèdent des résistances dont la limite paraît être 25 kilogrammes par mm. carré, et un allongement de 10 0/0 environ.

Nous verrons à l'article alliages les applications qu'on peut en faire.

4° L'aluminium et ses alliages présentent une particularité intéressante que font ressortir les chiffres d'expériences correspondant au type 8.

Un recuit à une température de 400°,pendant une heure. change complètement les propriétés du métal. Le même alliage qui, laminé-écroui, avait une résistance de 23,5 kilogrammes et un allongement ne dépassant pas 3 0/0, présentait après un tel recuit les constantes mécaniques suivantes : résistance 15,1 kilogrammes ; allongement 17 0/0.

Il n'est pas douteux qu'on ne puisse, avec un recuit proportionné, comme température et comme durée, obtenir un métal dont les constantes mécaniques présenteraient à volonté toutes les valeurs comprises entre les chiffres extrêmes qui correspondent à l'écrouissage et au recuit complet.

Nous avons reçu dernièrement de M. André Lechatelier, ingénieur de la Marine, bien connu par ses recherches sur les alliages, un intéressant travail sur *l'influence de la chaleur sur les propriétés mécaniques des métaux*, où le phénomène du recuit est étudié d'une façon très complète et il conclut qu'on peut donner, en effet, à un métal ou un alliage donné, des propriétés de résistance et de malléabilité, en fonction du temps et de la durée du recuit.

Nous reviendrons plus loin sur ce travail, en en faisant un résumé qui, nous le croyons, intéressera le lecteur.

5° Tandis que les alliages de silicium-aluminium conservent leurs propriétés mécaniques jusqu'à des teneurs de silicium voisines de 10 0/0, les alliages de fer-aluminium les perdent rapidement. La teneur de fer ne doit pas dépasser 1 0/0 si l'on veut un métal qui donne toute sécurité. Avec quelque précaution, elle peut être poussée cependant à 1.5 0/0.

Avec des proportions de fer atteignant 6,6 0/0 la résistance à la rupture tombe à 7 kilogrammes à peine et la malléabilité du métal est presque nulle. Sa texture est cristalline, il devient cassant ; avec une teneur plus grande de fer, jusqu'à 10 0/0 de fer, la température de l'alliage n'est pas beaucoup supérieure à celle de l'aluminium.

6° Lorsqu'on doit employer l'aluminium à la formation des alliages, il faut avant tout choisir le métal le plus pur possible. Certaines qualités que l'aluminium acquerrait par la présence d'un métal donné, se trouvent, en effet, annihilées, par la présence d'autres éléments. Voici quelques chiffres caractéristiques relatifs à cette observation.

Nous avons formé divers alliages de cuivre-aluminium pour lesquels la teneur en cuivre ne dépassait pas 2 0/0, et qui étaient formés avec de l'aluminium de nature variable.

Constantes mécaniques d'alliages légers de cuivre-aluminium.

Composition du métal.				Nature du travail.	Résistance à la rupture	Allongement.	
Alluminium.	Fer.	Silicium.	Cuivre.				
97.5	0.18	0.31	2	Coulé..	16	18.3 0/0	
				Martelé.	15.4	15	
95.86	1.57	1.57	2	Coulé..	15.7	4.3 0/0	
				Martelé.	18.8	6.7 0/0	
95.60	1.04	1.41	2	Coulé..	17.47	7.94	
87.71	1.57	8.72	2	Coulé..	5.5	nul	Pailleux.
				Martelé.	9.4	nul	

L'aluminium renfermant 2 0/0 de cuivre, martelé, présente une résistance de 16 kilogrammes par mm. carré et un allongement de 18 0/0 environ.

Sa résistance augmente un peu, et sa malléabilité diminue, lorsqu'il renferme des proportions de fer et de silicium qui ne dépassent pas 1.50 0/0.

Avec 8,7 0/0 de silicium, il perd toutes ses qualités de résistance et de malléabilité.

Il est fort probable que cette même quantité de fer dans l'alliage d'aluminium à 2 0/0 de cuivre aurait la même influence que le silicium.

PROPRIÉTÉS CHIMIQUES

Action de l'air. — L'air sec ou humide n'a aucune action sur l'aluminium pur ; c'est là une des propriétés les plus caractéristiques de ce métal. Henry Ste-Claire Deville en donne piusieurs exemples : 1° M. Collot, habile constructeur de balances, avait fabriqué, au mois d'août 1855, un fléau qui est resté dans son atelier pendant trois ans, manié par tout le monde, exposé aux émanations de toutes sortes auxquels l'argent ne résiste pas ; il ne portait après aucune trace d'altération.

2° Il en était de même d'une lame de plaqué d'aluminium sur cuivre, fabriquée par M. Savard et qui n'avait rien perdu de son éclat dans une des armoires de son laboratoire, tandis que le cuivre était devenu presque noir.

3° Une lame d'aluminium polie, exposée pendant les mois d'automne et de l'hiver constamment et sans abri à l'action de l'air et de la pluie, n'a pas subi l'altération la plus légère.

On peut fondre impunément l'aluminium à l'air ; il ne s'oxyde que très légèrement et la pellicule d'oxyde qui couvre sa surface protège le reste.

La perte, due à la formation de cet oxyde, est très faible ; point n'est besoin, lorsqu'on a à faire plusieurs fusions successives, de garantir le métal par une couche de charbon, comme on le fait quelquefois pour d'autres métaux.

Action de l'eau. — Henry Ste-Claire Deville a constaté, contrairement à ce qui était admis, que l'eau n'a aucune action sur l'aluminium ni à la température ordinaire, ni à la température de l'ébullition de l'eau, ni même à la température rouge, voisine du point de fusion du métal.

A 100°. — Deville a constaté qu'un fil d'aluminium très fin pesant 149,8 milligrammes et laissé pendant plus d'une demi-heure dans l'eau bouillante, contenue dans un vase de verre, n'a pas eu sa surface ternie.

L'eau n'avait pas perdu de sa limpidité et le poids du fil n'était pas changé.

Au rouge. — Le même fil d'aluminium introduit dans un tube de verre chauffé au moyen d'une lampe à alcool et traversé par un courant de vapeur surchauffé ne subit aucune altération, ni dans son éclat, ni dans son poids.

Au blanc. — Suivant l'observation de Deville, pour obtenir une action sensible, il faut opérer à la température la plus élevée que puisse obtenir un fourneau à reverbère, surmonté d'un tuyau de tôle d'un mètre environ de longueur.

Même alors l'oxydation est si faible, qu'elle ne se développe que par places, en produisant des quantités presque négligeables d'alumine blanche.

Remarque. — Toutes ces observations se rapportent à de l'aluminium chimiquement pur ; les phénomènes observés ne seraient plus les mêmes avec le métal qui renfermerait quelques centièmes d'impuretés.

Hydrogène sulfuré. — Aucune action, comme on le constate, en laissant l'aluminium au contact d'une dissolution de cet acide.

On peut faire évaporer sur une lame d'aluminium du sulfhydrate d'ammoniaque qui ne laisse sur le métal qu'un dépôt de soufre, et disparaît à la moindre chaleur.

Soufre. — L'aluminium ne s'altère pas lorsqu'on le chauffe au rouge au milieu de la vapeur de soufre.

A une très haute température, l'aluminium, d'après Deville, se combinerait directement avec le soufre pour former un sulfure.

Hydrogène silicié. — Lorsque l'aluminium renferme du silicium, il dégage de l'hydrogène silicié lorsqu'on le dissout dans l'acide chlorhydrique.

Toutefois, la quantité de silicium qui disparaît de ce fait est inappréciable ou du moins très faible.

La majeure partie du silicium reste comme résidu à l'état *graphitoïde*.

Action des acides. — *Acide sulfurique*. — L'acide sulfurique, étendu dans les proportions les plus convenables pour attaquer les métaux qui décomposent l'eau, n'exerce aucune action sur l'aluminium et le contact d'un métal étranger ne favorise pas, comme pour le zinc pur, la solution du métal, suivant l'observation de La Rive. Ce fait singulier éloigne considérablement l'aluminium des métaux communs. Pour le constater mieux, Henry St-Claire Deville a laissé pendant plusieurs mois des globules d'aluminium pesant à peine quelques milligrammes au contact de l'acide sulfurique faible ; le métal ne subissait pas d'altération visible ; cependant, la solution acide précipitait légèrement ensuite par l'ammoniaque.

Acide nitrique. — Faible ou concentré, cet acide n'agit pas à la température ordinaire sur l'aluminium.

Dans l'acide bouillant la dissolution s'effectue avec une lenteur telle que Deville avait dû renoncer à ce mode d'attaque dans les analyses.

M. Hulot avait proposé de remplacer le platine par l'aluminium, dans la pile de Grove, ayant observé également l'inertie de l'aluminium en présence de l'acide nitrique.

Acide chlorhydrique. — Le véritable dissolvant de l'aluminium. Toutefois, quand le métal est chimiquement pur, la réaction est si lente que Favre a dû renoncer à ce mode d'attaque, lorsqu'il a voulu déterminer la chaleur de formation du chlorure d'aluminium.

Acide acétique, vinaigre, etc. — L'acide acétique étendu agit sur l'aluminium, à la manière de l'acide sulfurique, c'est-à-dire avec une extrême lenteur. Cet acide étendu représentait le degré de concentration du vinaigre ordinaire.

Acide tartrique. Vin. — M. Paul Morin a laissé, pendant très longtemps, une plaque d'aluminium dans le vin qui contient de l'acide tartrique en excès (tartre) et de l'acide acétique. Il a remarqué que l'aluminium n'avait subi aucune altération.

Sel marin et chlorures. — Une dissolution de sel marin ou de chlorure de potassium a une action insensible sur l'aluminium.

Telle avait été l'observation de Deville.

De nouvelles expériences, effectuées par M. Werth en collaboration avec M. André Lechâtelier, semblent confirmer cette observation.

Il n'en est pas de même des autres chlorures qui sont décomposés par l'aluminium avec une facilité d'autant plus grande que leur chaleur de formation est plus faible.

Le chlorure d'aluminium lui-même dissout l'aluminium en formant un sous-chlorure.

Le fluorure double d'aluminium et de sodium, à l'état fondu, dissout également l'aluminium et forme un sous-fluorure.

Sel marin et vinaigre. — L'action d'un mélange d'acide acétique et de sel marin en dissolution dans l'eau sur l'aluminium pur est assez sensible ; l'acide acétique déplace une faible quantité de chlore, en décomposant le sel marin; le chlore devenu libre se transforme en acide chlorhydrique qui attaque l'aluminium.

Azotate de potasse. — L'aluminium peut être fondu dans l'azotate de potasse, sans que les deux matières réagissent l'une sur l'autre, jusqu'au rouge vif.

Si l'on pousse plus loin la chaleur, l'azote et l'oxygène du nitre se dégagent vivement et la potasse qui reste se combine vivement avec l'aluminium transformé en alumine, pour produire de l'aluminate de potasse.

Silicates et borates. — C'est en traitant par l'aluminium les silicates et les borates qu'on obtient le silicium et le bore.

Matières animales. — Les matières animales secrétées et qui sont acides, la sueur par exemple, n'ont aucune action sur l'aluminium.

Les matières alcalines, comme la salive, auraient plus de tendance à oxyder l'aluminium.

Les matières purulentes n'attaquent que fort peu l'aluminium. M. Charrière, raconte Henry Ste-Claire Deville, avait fabriqué pour un malade auquel on avait pratiqué la trachéotomie, une petite canule en aluminium très légère, et à cause de cela très facile à porter.

Il s'était formé, au bout de quelque temps, une matière farineuse blanche, en quantité presqu'impondérable, mais bien visible : c'était de l'alumine dont la présence ne pouvait avoir pour le malade aucun inconvénient, à cause de l'innocuité et de l'insolubilité de l'alumine, mais qui indiquait néanmoins une altération du métal par les matières purulentes;assez faible cependant pour que le poids de l'appareil n'ait pas été modifié d'une façon sensible au bout d'un temps très long.

Charbon. — Le charbon ne s'allie, en aucune proportion, avec l'aluminium.

Alliages. — L'aluminium forme avec le silicium, le bore et les métaux de nombreux alliages intéressants à étudier en détail et auxquels il va être consacré un chapitre spécial.

Analyse. — Nouse mpruntons à un article de M. H. Gall, paru dans le 2ᵉ supplément du dictionnaire de Wurtz, la note qui est relative à cette question.

Séparation de l'aluminium et de l'oxyde ferrique. — *Par la triméthylamine.* — On a séparé aisément les deux oxydes en utilisant la solubilité de l'alumine dans la triméthylamine ; il se forme très probablement un aluminate de tryméthylamine ; l'oxyde de fer insoluble est séparé par filtration.

(Vignon C. R. 100. 639).

Par le nitroso-β-Naphtol. — Les sels ferreux et ferriques sont précipités par le nitroso-β-Naphtol en solution acétique, tandis que l'alumine reste en solution : La solution des sels ferriques et aluminiques suffisamment concentrée est neutralisée par l'ammoniaque, puis additionnée d'acide acétique à 50 0/0 et d'un excès de solution de nitroso-naphtol dans le même acide. Après 6 ou 8 heures, on recueille le précipité, on le lave avec de l'acide acétique faible, puis avec de l'eau ; on le sèche et on le calcine dans un petit creuset de porcelaine ; pour empêcher qu'il ne déflagre, on ajoute un peu d'acide oxalique pur ; quant à l'alumine, elle se trouve en totalité dans la liqueur filtrée. La méthode n'est pas applicable en présence des phosphates. (Ilinski et de Knorre, D. chem. G. 18, 2728 ; *Bull. soc. chim.* (2, 46, 510).

Par l'électrolyse. Classen et Ludwig. D. chem. G. 18, 1795 ; *Bull. soc. chim.*, (2) 45, 892. On opère, en présence d'un assez grand excès d'oxalate d'ammonium avec un courant de faible intensité (1.25 ampère environ), en ayant soin de ne pas laisser la température s'élever ; on sépare ainsi l'aluminium du fer, du cobalt, du nickel et du zinc. Si on laisse prolonger, outre mesure, la durée de l'électrolyse, l'aluminium se précipite à l'état d'hydrate d'alumine, *jamais à l'état de métal* ; dans ce cas, il devient nécessaire de rajouter de l'acide oxalique jusqu'à dissolution de l'hydrate d'alumine. (A. Classen, Quant. chem. Analyse durch Electrolyse. Berlin, 1386). Les résultats sont très précis, malgré les assertions contradictoires de M. Wiclandt. (D. chem. G. 17, 1711 et 2931).

Dosage volumétrique de l'aluminium. — M. J. Bayer indique [Zeit. anal. chem., 24. 542] une méthode très simple de dosage de l'aluminium, qui peut être appliquée à l'analyse des aluns, sulfates d'alumine du commerce, ainsi qu'à la fabrication d'aluminate de sodium, dont la surveillance est facilitée.

On additionne le sel d'aluminium d'une quantité de soude

caustique suffisante pour amener l'alumine à l'état d'aluminate de sodium ; quand il s'agit d'un aluminate alcalin,
toute addition est superflue.

On détermine sur deux portions égales du liquide, la
quantité d'acide normale nécessaire pour rougir le tourne-
sol et la tropéoline ; dans le premier cas, l'acide agit uniquement sur la base qui tient l'alumine en solution (Al^2O^3,
nNa^2O) ; dans le second cas, on sature également l'alumine ;
le nombre de centimètres cubes qui exprime la différence
des deux titrages.multiplié par 0 gr. 01713 Al^2O^3 [$Al = 27.5$]
donne la teneur en alumine. La solution doit être exempte
de métaux susceptibles de se combiner avec la soude [Sn,
Zn, Pb, Sb. Cd.

Il convient de tenir compte de ce fait dans l'examen des
produits du commerce, qui renferment fréquemment du zinc.
Dans le traitement des solutions d'aluminate, on trouve des
résultats plus exacts que par les méthodes industrielles ac-
tuelles, dans lesquelles la silice, l'acide chromique, etc.,
sont précipités par l'ammoniaque et pesés avec l'alumine.
On dose l'acide sulfurique libre dans les sulfates d'alumine
en titrant en présence de la tropéoline qui jaunit dès que
l'acide libre est saturé par l'alcali.

Applications industrielles. — L'aluminium, à l'état pur
et surtout allié, reçoit dans l'industrie et le commerce de
nombreuses applications; on le trouve sous divers états et
la manière de le travailler varie avec l'usage auquel on le
destine.

ALUMINIUM CHIMIQUEMENT PUR.

Son état dans le commerce. — On peut s'en procurer sous
la forme de lingots, lingotins ou gueusets ; de plaques préparées pour le laminage ; de plaques, de fils et de tubes de
toutes dimensions et épaisseurs.

Coulage et moulage. — On fond l'aluminium à sec, c'est-à-
dire, sans aucune espèce de fondant, dans des creusets en
terre ou en plombagine.

Il faut avoir le soin d'ajouter constamment du métal pendant la fusion.

Lorsque la masse métallique est complètement fondue,
on la porte au rouge clair, et on retire le creuset du feu.

On brasse vivement le métal au moyen d'un ringard en
fer, terminé par une petite cuillère ronde, pliée à angle
droit et percée de trous.

Lorsque le ringard est assez chaud pour que le métal
n'y adhère plus, on le retire avant qu'il ait atteint la chaleur rouge, on écume la surface du bain, on écarte un peu
la pellicule d'oxyde qui s'est formée à la surface et l'on
coule.

Le retrait de l'aluminium à la fonte étant de 1,8 0/0, il
faut prendre la précaution de ménager une masselotte en
rapport avec l'objet moulé.

On doit aussi verser très doucement le métal fondu afin
de bien nourrir la pièce, au fur et à mesure du retrait qui
accompagne l'abaissement de température, tant que la solidification n'est pas complète.

Le moulage de l'aluminium se fait bien dans des moules

métalliques. et mieux dans le sable pour les objets de forme compliquée.

Tournage et polissage. — Éviter de produire au tour de gros copeaux et imbiber les outils d'huiles légères (essence, benzine, pétrole).

Le polissage comprend plusieurs opérations : 1° on avive le métal au moyen d'une brosse montée sur un tour ; 2° on emploie ensuite un polissoir garni de buffle avec émeri n° 0 et suif ; puis un tampon de rondelles de drap avec du tripoli de bijoutier et de l'huile ; 3° on termine avec un tampon en calicot sec, pour dégraisser et lustrer.

Forgeage et laminage. — L'aluminium pur se forge et se lamine à chaud et à froid sans qu'il soit absolument nécessaire de le recuire après un plus ou moins grand nombre de passes.

On procède toutefois.en pratique et de temps en temps,à l'opération du recuit, sans dépasser la température de 400° ; ce qui rend le métal plus malléable et,par suite, plus facile à travailler.

Les pièces qui doivent présenter de la ténacité sont forgées à froid ; on obtient ainsi une résistance de **20 kilogr.** par m/m. carré et 4 0/0 d'allongement.

Dorure et argenture électriques de l'alumininm. — Il est très difficile d'obtenir la dorure et l'argenture de l'aluminium, surtout avec la solidité désirable. MM. Paul Morin et Deville ont souvent essayé, en employant des bains,à base de suls fure d'or acide ou d'hyposulfite d'argent avec un excès d'acide sulfureux. La réussite n'a été que médiocre. M. Mourey aurait pu,au contraire,argenter et dorer l'aluminium, pour le commerce, avec une grande perfection. M. Cristophle aussi aurait doré de l'aluminium.

Quoi qu'il en soit,cette question n'a fait aucun progrès,depuis l'époque des travaux d'Henry Ste-Claire Deville.

Dans ces derniers temps cependant,ce problème a été remis à l'étude et sa solution aurait une extrême importance.

Nous avons parlé longuement de l'inaltérabilité de l'aluminium chimiquement pur ; il s'en faut de beaucoup qu'il en soit ainsi pour l'aluminium du commerce renfermant seulement 0,50 0/0 d'impureté.

Ce dernier n'est peut-être pas plus attaqué que l'aluminium chimiquement pur, par les agents chimiques, mais il ne conserve pas son poli comme lui, surtout lorsqu'il a été mis au contact de l'eau. Or dans une foule d'applications il importe que l'objet en aluminium reste brillant, si l'on veut qu'il soit adopté. La seule solution pour le cas où on ne pourrait obtenir du métal suffisamment pur serait donc de l'argenter.

On pourrait l'utiliser ainsi dans tous les objets portatifs : chaînes de montre, porte-monnaies, porte-cigarettes, porte-allumettes, porte-crayons, dés à coudre, etc.

L'aluminium argenté trouverait une application directe dans : l'orfèvrerie, l'ornementation des appartements, les garnitures de nécessaires de voyages, les couverts de table, etc., en général dans tous les objets qui se font en argent ou en métal blanc argenté.

Soudure de l'aluminium. — Cette question est plus avancée que la dorure et l'argenture, bien qu'elle n'ait fait jusqu'à ce jour que des progrès insensibles.

Voici comme elle était traitée,en 1887,par le docteur Edward. D. Self, dans le *Moniteur scientifique.*

La grande difficulté d'unir deux morceaux d'aluminium par une soudure, c'est la production d'une fine pellicule d'alumine qui s'oppose complètement à l'union de la matière à souder avec le métal.

17

Cependant, en prenant de très grands soins, on réussit avec les soudures suivantes :

1re soudure { Argent . . . 1 partie. / Aluminium. 2 parties.

Coule difficilement et forme une union un peu cassante.

2° soudure { Etain. . . 85 à 95 0/0. / Bismutht. 15 à 5.

employé avec plus de succès.

3° soudure { Etain . . 99 parties. . / Bismuth. 1 »

à laquelle on ajoute aussi une partie d'aluminium pour avoir une soudure plus résistante.

4° soudure { Etain . . . . 90 parties. / Bismuth . . 5 » / Aluminium. 5 »

On commence par chauffer modérément les pièces, préalablement bien nettoyées et l'on applique ensuite la soudure avec le fer à souder, en se servant de *vaseline* ou de *paraffine*, comme fondant.

5e série de soudures au zinc, imaginée par M. Mourey en 1859, dont on a proclamé les résultats.

Types	zinc	aluminium.
1	80 parties	20 parties.
2	85 »	15 »
3	88 »	12 »
4	92 »	8 »
5	94 »	6 »

Pour faire ces soudures, on commence par fondre l'aluminium et l'on ajoute le zinc petit à petit en agitant constamment. On met des petits morceaux de lard ou de graisse sur la soudure fondue.

Pour appliquer la soudure, on se sert d'un fer à souder, et pour en assurer l'adhésion, on emploie un mélange de matières composé de 3 parties de *baume de copahu*, 1 partie de térébenthine de Venise, et quelques gouttes d'un acide minéral ou végétal faible (Phosphorique, urique).

Il faut avoir bien soin, lorsqu'on fait chauffer, de ne pas oxyder le zinc.

6ᵉ soudure. — Bourbouze, en 1866, réussit à souder en étamant les parties de la pièce qui doivent être en contact.

Pour l'opération de l'étamage, au lieu d'employer purement et simplement l'étain, il se servait de divers alliages : étain et zinc ; étain-bismuth-aluminium ; enfin étain-aluminium qu'il considérait comme les meilleurs de tous. On doit les préparer avec des proportions qui varient avec la nature du travail que l'objet soudé doit supporter.

Lorsque la pièce, pour être achevée, doit se façonner avec la soudure ; aluminium 10 parties, étain 44 parties. Cette soudure est suffisamment malléable pour résister au marteau.

Les pièces ainsi soudées peuvent être emmandrinées et tournées.

Celles qui n'ont à subir aucun travail ultérieur peuvent être soudées avec une soudure tendre, renfermant une quantité moins grande d'aluminium.

Bourbouze ne prenait pour l'étamage aucune précaution spéciale.

Les métaux que l'on veut souder à l'aluminium doivent être aussi préalablement étamés.

7ᵒ soudure. — Je donnerai, à titre documentaire, la formule d'une soudure qui, m'assure-t-on, donne des résultats satisfaisants. Zinc 5 parties ; étain 2 parties ; plomb 1 partie.

Usages de l'aluminium pur. — La principale application se trouve dans la fabrication : des jumelles, des feuilles de faible épaisseur, des fils pour conduire l'électricité de tous diamètres, et en général de tous les objets qui demandent un long travail avant d'atteindre leur forme définitive, et pour lesquels il est difficile ou laborieux de procéder à une série de recuits après un nombre déterminé de manipulations.

On l'emploie également dans quelques appareils de laboratoire et dans l'orfèvrerie, la bijouterie, les objets de luxe.

L'aluminium dit commercial, c'est-à-dire l'aluminium qui renferme de faibles proportions de fer, de cuivre, d'argent est d'un usage plus répandu. Nous avons indiqué déjà une certaine application à propos de la dorure et de l'argenture. Nous aurons l'occasion d'y revenir dans le chapitre suivant.

ALLIAGES D'ALUMINIUM

Introduction

L'aluminium s'allie facilement avec la plupart des métaux et les alliages, ainsi formés, possèdent des propriétés remarquables qui rendent leur emploi dans l'industrie plus général que celui de l'aluminium pur.

On peut les diviser en trois groupes principaux.

1° Les *alliages légers*, c'est-à-dire ceux dont la densité est sensiblement la même que celle de l'aluminium.

Parmi ces alliages sont compris (*a*) l'aluminium du commerce, dont la teneur varie entre 95 0/0 et 98,5 0/0 ; les impuretés sont constituées dans ce métal par le fer et le silicium en quantités à peu près égales.

(*b*) L'aluminium à 2 0/0 de cuivre et à 1 0/0 d'argent, appliqué à l'orfèvrerie.

(*c*) Les alliages à l'étain de Bourbouze.

(*d*) Le *Silicium-aluminium*, étudié par nous tout dernièrement et qui, par ses qualités de résistance et de malléabilité, pourra peut-être être appliqué à la grande mécanique, en remplacement de l'acier extra doux ; surtout, dans les cas où la légèreté de la pièce mécanique constituerait un des principaux éléments de succès.

2° Les *alliages de densité moyenne*, qui comprennent certains alliages à l'étain employés spécialement à la soudure et les ferro-silicium-aluminium, qui trouvent une application directe dans l'affinage de l'acier.

3° Les *alliages lourds*, où l'on compte les bronzes et les laitons-aluminium qui peuvent être utilisés en mécanique.

Depuis que les nouveaux procédés de fabrication de l'aluminium ont pris naissance et dès qu'on a vu la possibilité de se procurer ce métal à bas prix, l'étude des alliages d'aluminium a fait l'objet des recherches d'un grand nombre d'ingénieurs et de savants.

On a parlé déjà des expériences qu'avait effectuées M. André Lechâtelier, relativement à l'influence du recuit, plus ou moins prolongé et à des températures variables, sur les propriété mécaniques des métaux : on doit aussi à M. Lechâtelier un travail complet sur les bronzes d'aluminium, à diverses teneurs de ce métal, dont les résultats sont reproduits plus loin.

Nous aurons aussi à citer, lorsque nous aborderons cette question : MM. Cowles, Ponthière, Héroult, Tetmayer. M. Kirkaldy s'est plus spécialement occupé des bronzes au nickel ; M. Guettier des alliages de cuivre-étain–aluminium.

Très intéressants également les travaux de M. Ostberg, ingénieur suédois qui a produit un métal nouveau connu sous le nom de fer mitis.

L'emploi de l'aluminium dans l'affinage de l'acier a fait le sujet de nombreuses controverses de la part des métallurgistes ;

M. Le Verrier, dans un travail remarquable qui est reproduit plus loin *in extenso*, parait avoir complètement élucidé ce point si intéressant de la métallurgie du fer.

Nous n'oublierons pas également les essais du capitaine Julien sur les alliages légers d'aluminium.

ÉTAIN-ALUMINIUM

Les alliages d'étain–aluminium utilisés dans l'industrie entrent dans la catégorie des alliages légers appliqués surtout à la confection des soudures (Bourbouze).

On emploie aussi dans la petite industrie un alliage d'étain-aluminium renfermant 10 0/0 d'étain. Son inaltérabilité serait supérieure à celle de l'aluminium ; il se travaille facilement.

On en a fait des instruments d'optique, de géodésie, de physique.

La résistance des alliages d'étain-aluminium est plus faible que celle de l'aluminium pur. Voici les chiffres que fournit l'expérience :

Alum.	Composition du métal. Silicium.	Fer.	Etain.	Nature du travail.	Résistance à la traction.	Allongement.
88	1.30	0.65	10	coulé	9 k. 80	4.11 o/o
48.9	0.72	0.36	50	forgé	10 61	0.08 o/o

Leur malléabilité est plus faible que celle de l'aluminium. Densité de l'alliage à 10 0/0 : 2,85.

Il était intéressant de voir comment varie le point de fusion des alliages d'étain aluminium, aux diverses teneurs d'étain :

Aluminium.	Composition centésimale. Silicium.	Fer.	Etain.	Point de fusion.
90	1.40	0.70	8	595°
78.2	1.20	0.60	20	575°
68.4	1.05	0.53	30	535°
58.7	0.90	0.45	40	575°
48.9	0.75	0.38	50	570°
19.6	0.30	0.45	80	530°
9.8	0.45	0.07	90	490°

La température de fusion varie d'abord très peu avec la teneur d'étain, jusqu'à une valeur de 50 0/0. Pour l'alliage à 90 0/0 d'étain cette quantité est encore égale à 490°.

ZINC-ALUMINIUM

L'alliage le plus intéressant de l'aluminium avec le zinc contient 3 0/0 de ce dernier métal ; il est compris, par conséquent, dans la classe des alliages légers. Il serait plus dur que l'aluminium et plus brillant, mais cassant.

OR-ALUMINIUM

Alliage lourd ; une proportion de 3 0/0 d'aluminium dans l'or donne à ce métal une belle couleur et l'or ne perd rien de sa malléabilité.

BISMUTH-ALUMINIUM

Les alliages au bismuth sont cassants.

ARGENT-ALUMINIUM

L'alliage à 5 0/0 d'argent est employé dans l'orfèvrerie et la bijouterie ; il se travaille bien et prend un plus beau poli que l'argent.

Les premiers essais mécaniques que nous avons faits sur les alliages d'argent-aluminium ne nous ont pas donné de bons résultats :

Composition centésimale.				Nature du travail.	Résistance à la traction.	Allongement.
Alumin.	Silicium.	Fer.	Argent.			
97.4	0.1	0.4	2.1	coulé	7 kg	0.71
97.7	0.1	0.4	1.8	coulé	8.5	5.70

Ils n'ont pas été nombreux, du reste ; et il ne faudrait pas s'en tenir définitivement à ces chiffres ; toutefois, nous croyons qu'ils ne s'écartent pas considérablement de la vérité, s'ils ne sont pas rigoureux.

On pourrait utiliser avec avantage ces alliages, particulièrement dans les pièces fondues qui doivent être argentées.

AMALGAME D'ALUMINIUM

M. Krouchkoll a signalé la grande oxydabilité de l'aluminium amalgamé.

Les propriétés de ce corps dont la composition répond exactement à la formule Al^2Hg^3 ont été étudiés par MM. Baille et Féry.

L'amalgame d'aluminium s'obtient d'autant plus facilement qu'on opère à une température plus élevée ; à 100°,il se produit à peine ; à l'ébullition du mercure, la combinaison des deux métaux est très active. Mais la vapeur de mercure n'attaque pas l'aluminium ; c'est le mercure liquide et bouillant qui produit l'amalgame.

Cet amalgame se solidifie en une pâte formée de cristaux ; distillé dans un courant de gaz inerte, il perd son mercure et laisse pour résidu de l'aluminium cristallisé, ce qui permet d'établir sa composition.

Cet amalgame décompose l'eau à la température ordinaire, comme les amalgames alcalins.

Les acides l'attaquent également ; et,en particulier,l'acide nitrique, qui est sans action sur l'aluminium métallique, le dissout entièrement.

La potasse l'attaque très rapidement avec dégagement d'hydrogène et formation d'aluminate alcalin.

Il est décomposé par les amalgames d'antimoine et de plomb au contact de l'air : avec le premier, il y a oxydation successive d'antimoine, puis d aluminium, de sorte que le mercure est peu à peu débarrassé des métaux étrangers ; avec le second de ces alliages, l'aluminium seul s'oxyde et le plomb reste dissous dans le mercure ; le plomb métallique agit d'ailleurs de la même façon.

CUIVRE-ALUMINIUM

Les alliages de cuivre-aluminium ont été jusqu'à ce jour les plus répandus. Ils ont fait l'objet des recherches de nombreux expérimentateurs ; toutefois, ils n'ont pas toujours donné les résultats qu'on en attendait. Cela tient, je crois, à deux causes principales : à *la difficulté de les obtenir bien homogènes* ; *aux impuretés* que contient souvent l'aluminium employé à leur formation.

On les divise en deux classes : *les alliages légers et les alliages lourds*. Les premiers sont toujours de composition simple, c'est-à-dire qu'ils sont formés de deux éléments seulement : l'aluminium et le cuivre, dont la teneur ne dépasse pas 8 0/0.

Les alliages lourds renferment des proportions d'aluminium variant entre 5 et 10 0/0.

L'alliage à 10 0/0 d'aluminium paraît être un composé défini et présente des propriétés remarquables de résistance et de malléabilité.

On comprend aussi dans les alliages lourds de cuivre-aluminium ceux qui sont composés de plus de deux éléments : cuivre-zinc-aluminium, cuivre-étain-aluminium, cuivre-nickel-aluminium, cuivre-manganèse-aluminium, cuivre-silicium-aluminium, etc.

Fonte et moulage. — *Fonte.* — Une des premières conditions de réussite est d'obtenir un métal homogène ; ce qu'on réalise difficilement avec les alliages de cuivrealuminium. Cela tient sans doute à ce qu'un alliage donné peut contenir toute une série de composés métalliques définis dont la température de fusion n'est pas la même. Il se produit alors des liquations, et l'on ne peut atteindre une homogénéïté parfaite qu'après plusieurs fusions.

La manière d'opérer diffère du reste avec la nature de l'alliage.

Alliages légers. — Soit : P le poids total de l'alliage qu'il s'agit de former ; p la quantité du métal lourd.

On commence par fondre dans un creuset, avec les précautions connues, une quantité P d'aluminium un peu supérieure à $\dfrac{P}{n}$; la valeur de n étant le plus souvent égale à 2.

On ajoute au métal en fusion un poids p, un peu supérieur à la quantité p, de façon à avoir finalement un alliage dont la teneur du métal lourd est un peu plus de n fois celle qu'elle devait être.

Après avoir bien brassé, on coule en petits lingotins. On a eu la précaution de préparer d'avance, également en lingotins, un poids $\left(P - \dfrac{P}{n} \right)$ d'aluminium pur.

On réunit dans une seconde fonte les deux masses métalliques, l'alliage trop riche et l'aluminium pur, et on finit par avoir une quantité P_2 d'alliage dont le poids ne diffère pas sensiblement de P et dont la teneur en métal lourd est un peu plus forte que p, mais très voisine de cette quantité.

Après une analyse rigoureuse du mélange des métaux,

on introduit,à l'aide de petites barres,le poids d'aluminium pur nécessaire pour avoir finalement un alliage aux proportions définies.

Enfin, pour être certain de la réussite, on procède à deux ou trois autres fusions avant de livrer l'alliage ainsi formé.

Alliages lourds. — On chauffe d'abord jusqu'à la fusion les métaux lourds qui entrent dans la constitution de l'alliage, et l'on ajoute dans le métal en fusion l'aluminium avec des proportions un peu plus grandes que celles qui représentent sa teneur vraie.

Après analyse rigoureuse,on procède à une nouvelle fonte et on atteint au moyen d'adjonction du métal lourd, par petites quantités, la teneur en aluminium, correspondant à l'alliage déterminé.

Il faut quelquefois opérer d'autres fusions, si l'on veut atteindre une homogénéité parfaite.

L'on forme des alliages de cuivre-aluminium ; on fait donc chauffer le cuivre jusqu'à sa fusion, l'on ajoute ensuite la quantité d'aluminium nécessaire. A la suite d'addition d'aluminium à la masse fondue, il se produit un dégagement notable de chaleur, le bain passe au blanc éblouissant.

Quelques physiciens prétendent que ce phénomène est l'indice d'une véritable combinaison ; d'autres supposent que la somme des calories dégagées provient de la réduction de l'oxyde de cuivre qui se forme toujours pendant la fusion du métal par l'aluminium.

Nous nous rangerions volontiers parmi les partisans de la première hypothèse.

Moulage. — On moule indifféremment en coquille ou dans des moules de sable. Pour couler, on doit prendre avec les alliages de cuivre-aluminium les mêmes précautions que pour l'aluminium pur, en raison du retrait considérable que présentent ces alliages, au moment de leur solidification ; on doit couler le métal lentement dans un moule porté préalablement à une température la plus élevée, toutes proportions gardées ; on nourrit la pièce tant que la masse en fusion ne commence pas à prendre l'état pâteux.

Il faut également avoir soin de disposer à la partie supérieure du moule une masselotte en rapport avec l'importance de la pièce coulée.

ALLIAGES LÉGERS DE CUIVRE-ALUMINIUM

Les alliages légers de cuivre-aluminium sont plus résistants que l'aluminium pur. et plus durs. Ils sont, il est vrai, un peu moins malléables.

On les emploie de préférence à l'aluminium pur lorsque l'objet à préparer doit présenter une grande rigidité.

Voici les chiffres d'expériences obtenus par M. le capitaine Julien au parc aérostatique de Meudon, concernant les propriétés métalliques de ces alliages.

Le métal essayé avait été laminé en feuilles de 1 millimètre d'épaisseur, dans lesquelles on découpait des prises d'essais de 5 millimètres de largeur.

Composition.		Densité		Résistance à la traction en kg.
Aluminium.	Cuivre.	calculée.	trouvée.	par millim. carré.
pur	0	2.67		18.7
98	2	2.78	2.71	30.7
96	4	2.90	2.77	31.1
94	6	3.02	2.82	38.6
92	8	3.14	2.84	35.5

Ces résultats établissent que la résistance à la traction augmente beaucoup avec de faibles teneurs de cuivre.

Dans les essais reproduits, page 246, et qui correspondent à un alliage léger à 2 0/0 de cuivre, les chiffres relatifs à la résistance ne dépassent pas 16 kilos il est vrai, mais il faut remarquer que l'allongement obtenu était de près de 20 0/0, tandis que dans les expériences de M. le capitaine Julien il devait être beaucoup plus faible.

En plus, le métal sur lequel nous opérions n'avait subi qu'un simple martelage plus ou moins régulier, tandis que celui du parc aérostatique de Meudon avait été soumis, avant son essai, à un travail intensif.

On remarque également que la densité de ces alliages n'augmente pas proportionnellement avec la teneur en cuivre.

Usage. — Ils reçoivent la même application que l'aluminium pur.

Température de fusion. — Le tableau suivant renferme les données concernant la température de fusion de toute la série des alliages de cuivre-aluminium.

| Composition | | | | Température (1) |
Aluminium.	Silicium.	Fer.	Cuivre.	de fusion.
100	0	0	0	625°
97.75	1.5	0.75	0	619°
90	1.40	0.70	8	587°
89	1.35	0.68	10	578°
83	1.28	0.64	15	573°
78.2	1.20	0.60	20	528°
73.3	1.13	0.56	25	553°

(1) Ces déterminations ont été faites au laboratoire de M. Le Verrier.

65.5	1.00	0.50	33	527°
58.7	0.90	0.45	40	535°
48.9	0.75	0.38	40	553°
36.7	0.56	0.28	62.5	545°
29.3	0.45	0.23	70	692°
22	0.34	0.17	77.5	694⁸
19.6	0.30	0.15	80	947°
12.2	0 19	0.09	87.5	974°
9.8	0.15	0.07	90	1.029°
7.3	0.11	0.05	92.5	1.000°
4 9	0.08	0.04	95	1.030°
0	0	0	100	1.054°

Il se passe un phénomène analogue à celui que présentent les alliages d'étain ; le point de fusion reste, pour ces derniers, sensiblement constant lorsque les teneurs d'étain ne dépassent pas 60 0/0, et s'abaisse ensuite, avec des quantités plus grandes de ce métal, dont le point de fusion est de 228°, c'est-à-dire environ le tiers de celui de l'aluminium ; la température de fusion des alliages de cuivre-aluminium reste constante également jusqu'à des proportions de cuivre voisines de 60 0/0 pour s'élever ensuite avec des quantités plus grandes de ce métal, le point du fusion de cuivre étant supérieur à celui de l'aluminium (1045°).

ALLIAGES LOURDS DE CUIVRE-ALUMINIUM

Bronzes et laitons d'aluminium.

On donne le nom de bronze-aluminium aux alliages lourds qui ne renferment que du cuivre et de l'aluminium. Le laiton d'aluminium renferme en plus du zinc.

Suivant la proportion d'aluminium, ces alliages présentent des propriétés mécaniques et physiques spéciales.

L'aluminium ajouté au cuivre joue tout d'abord un rôle purement chimique. Il épure complètement le métal en désoxydant les faibles traces d'oxyde de cuivre qui se rencontrent toujours dans le cuivre du commerce.

L'alumine qui résulte de cette réduction monte à la surface du cuivre en fusion et préserve d'une nouvelle oxydation la masse métallique.

Il pourrait donc, dans l'affinage chimique du cuivre, remplacer le silicium et le phosphore ; dans certains cas, même, son emploi serait plus avantageux, en ce sens qu'on obtient avec l'aluminium un métal plus homogène et moins sec.

Quelques millièmes d'aluminium suffisent pour cette seule opération.

La proportion d'aluminium que l'on ajoute ensuite au cuivre pour former des alliages définis peut atteindre 10 0/0 ; ce dernier est le plus remarquable de tous. Ces propriétés bien caractéristiques le font considérer plutôt comme une combinaison que comme un alliage.

Il fut constitué pour la première fois par Debray, peu après la découverte industrielle de la production de l'aluminium par le procédé chimique. Debray l'obtenait au moyen de la méthode décrite plus haut et qu'on applique généralement à la formation de tous les alliages lourds de cuivre-aluminium, c'est-à-dire en faisant fondre le cuivre et en ajoutant ensuite la quantité d'aluminium convenable pour atteindre la teneur de 10 0/0.

Le métal n'est pas obtenu, d'emblée, homogène dans toute sa masse ; pendant le refroidissement, après la première fusion, il se produit en effet des liquations qui nuisent à ses propriétés physiques et mécaniques. Nous savons déjà que, pour lui donner une homogénéité convenable, on doit procéder à plusieurs fusions.

Nous compléterons ici les renseignements qui ont été donnés sur la fonte et le moulage des alliages lourds de cuivre-aluminium.

Les pièces coulées en bronze d'aluminium éprouvent un retrait considérable, qui peut atteindre 2 0/0. Il faut avoir soin de réserver un trou de coulée d'assez grandes dimensions, autant que possible élargi à la base, de manière à avoir une masselotte assez volumineuse et de placer ce trou de coulée aussi près que possible de la partie la plus massive de la pièce.

On ne coulera qu'à la température la plus basse possible.

L'alliage coulé en coquille ou en sable a des propriétés mécaniques différentes. On trouve plus de résistance et plus d'allongement dans les pièces coulées en coquille.

Dans la confection des moules il faudra bien tenir compte du retrait et, dans les cas de moules à noyaux, il faut faire ceux-ci aussi élastiques que possible.

On y arrivera facilement en confectionnant les moules avec du sable bien sec aggloméré avec du goudron ou du bois de résine, et alors avoir bien soin de laisser les évents, pour le dégagement des gaz.

La nature du travail que subissent les pièces d'aluminium a aussi une influence sur leur ténacité ; même observation pour ce qui concerne la pureté des métaux qui entrent dans leur formation.

Aussi, les résultats que donnent les divers auteurs ne concordent-ils pas entièrement entre eux ; il en est qui, pour un alliage donné, sont même très différents ; cela tient évidemment aux conditions de l'expérience qui n'étaient pas les mêmes. La question toutefois tend à s'élucider de plus en plus, grâce aux nombreux chiffres fournis par l'expérience que l'on possède maintenant.

Nous donnerons ceux qui présentent le plus d'intérêt.

Mes recherches personnelles sur ce sujet se sont limitées à très peu de types, et n'ont fait l'objet que d'une seule série d'expériences.

Composition de l'alliage.		Charge à la rupture.	Allongement.
Aluminium.	Cuivre.		
8	92	46.6	30.5
10	90	42	5.5
9	91	33.7	4
8.5	91.5	30.2	11
7.5	92.5	30.9	23
6.5	93.5	30.5	5.5

Ces résultats sont plus faibles que ceux qu'a trouvés M. Héroult et nombre d'autres expérimentateurs, sauf peut-être pour le bronze à 8 0/0 d'aluminium. Ce dernier avait seul subi plusieurs fontes, avant sa mise à essai, et présentait plus d'homogénéité que les autres.

De plus, sauf pour les alliages à 75 0/0 et 80 0/0 d'aluminium, on avait constaté la présence de quelques millièmes de silicium.

Voici les résultats obtenus par M. Héroult dans les essais sur les bronzes produits à Froges et à Schaffouse.

COMPOSITION DU MÉTAL		Charge à la rupture en kg. par mm. carré.	Allongement. pour cent.
Aluminium.	Cuivre.		
10.5	89.5	59	12
10.5	89.5	63.8	6.8
10	90	55.3	18.5
10	90	55.3	20.1
10	90	57.4	16.6
10	90	62.1	10.5
9.5	90.5	52.2	23.5
9.5	90.5	56	16.1
9	91	50.8	32.9
9	91	51.6	39.2
8.5	91.5	48	37.8
8	92	45	45.7
8	82	46.3	48.4
7.5	92.5	40.7	25.5
7	93	38.7	27.3

Tout récemment, M. Cowles a annoncé la production d'une série d'alliages lourds, binaires (bronzes-aluminium ternaires (laitons, aluminium) dont les principales propriétés sont résumées dans le tableau suivant.

Composition des alliages.	Limite d'élasticité par mm².	Charge de rupture par mm².	Allongement par unité de longueur.
Bronze spéc. Cu, 89 ;....	»	80 kg.	»
Al, 10 ; Si, 1........	49	66.5	»
	56	76.5	»
	»	100.5	»
	»	70	»
	»	80	»
	»	84	»
Bronze forgé au rouge...	28	57	0.0023
—	29	61	0.0026
Bronze coulé au sable...	»	61	»
Bronze forgé..........	»	58	»
Bronze : Cu 91.95 ; Al, 75 ;	15	63	0.0013
Si, 0,75, coulé en co-	17	62.5	0.0018
quille..............	»	52	»
	»	48.05	»
	»	50.5	»
Laiton : Cu, 71.25 ; Al 3,75 Zn, 25. Coulé en co- quille..............	15	45	0.0018
Laiton : Cu, 63,33 ; Al 3,33 ; Zn 33,33. Coulé en co- quille..............	34	54	0.0091
— Coulé dans le sable..	»	64	»
	»	62.5	»

Le département de l'artillerie du gouvernement des Etats-Unis, à l'arsenal de Wattertown, a fait des essais mécaniques sur les bronzes Cowles qui ont donné les résultats suivants :

Composition de l'alliage			Résistance à la rupture en kilog par mmc.	Allongement 0/0
Cuivre	Aluminium	Silicium		
88.66	10	1.33	46.20	3.80
90	9	9	50.98	2.40
91.50	7.75	0.75	42.49	23.20

M. Ponthière, professeur à l'université de Louvain, fait observer que ces résultats sont inférieurs à ceux qui ont été obtenus sur des barrettes coulées de 8 millimètres de diamètre, rapportées par lui de Lockport et essayées à sa demande, au banc d'épreuves de Malines.

Composition de l'alliage			Résistance à la rupture	Allongement
Cuivre	Aluminium	Silicium		
88.70	9.40	1.90	81.22	6.9
90.45	8.40	1.75	69.31	4.3
91.47	6.08	2.25	55.95	12.19

Si l'on rapproche ces chiffres de ceux que l'on trouve avec les alliages ayant la même teneur en aluminium, mais moins chargés de *silicium*, on voit que *l'influence de ce dernier élément est fâcheuse, sauf peut-être pour les bronzes spéciaux 11 0/0 (Al + Si) auquel le silicium semble donner plus de raideur.*

Toutefois, suivant le professeur de Louvain, jusqu'à la teneur de 2 0/0, le silicium a peu d'influeuce et agirait même efficacement sur les bronzes à 5 et 8,25 0/0, en rehaussant la ductilité et même la résistance.

On doit à M. André Le Chatelier un travail remarquable sur les bronzes et laitons d'aluminium que nos lecteurs liront certainement avec intérêt (1).

____

(1) Cette étude fait partie d'un travail plus considérable de M. Lechâtelier, relatif à l'influeuce de la température sur les propriétés mécaniques des métaux.

Les *laitons* et les *bronzes* d'aluminium sont de tous les alliages actuellement connus ceux qui possèdent, après simple moulage en sable, les propriétés mécaniques les plus précieuses. Le total des chiffres de résistance et d'allongement peut atteindre 60 à 70 kilogrammes par mm. carré pour les laitons (cuivre-zinc-aluminium) et 90 à 95 kilog. pour les bronzes ; en modifiant leur composition, on peut faire varier leur dureté dans des limites étendues; ils ont enfin une grande homogénéité et une finesse de grain remarquable à laquelle ils doivent d'ailleurs leurs chiffres élevés de résistance et d'allongement et qui les mettent dans d'excellentes conditions de résistance aux chocs et aux vibrations.

Ces qualités sont malheureusement, pour le bronze d'aluminium, compensées par d'assez grandes difficultés de moulage ; quant au laiton, son moulage ne parait pas présenter de difficultés plus sérieuses que celui du bronze d'étain. Quoi qu'il en soit, les nouveaux procédés de fabrication de l'aluminium ayant fait entrer ces alliages d'une manière définitive dans le domaine de la pratique, il était particulièrement intéressant de rechercher de quelles applications ils étaient susceptibles dans la construction des chaudières et machines à vapeur.

Laitons d'aluminium. — Voici les résultats donnés par deux coulées différentes, mais de même composition : aluminium 1 0/0 ; zinc 30 0/0 environ ; le reste de l'alliage était du cuivre.

Diamètre — Millimètres	Température — Degrés	Durée de l'essai —	Charge de rupture par mm.c. kilog.	Allongement 0/0 —
1re Coulée				
13	15	8′	29.85	14.60
12.8	120	3′30″	26.36	12.50
12.8	215	6′35″	26.26	10.71
12.8	280	4′	17.30	5.18
13	340	29′20″	15.04	6.07
12.8	420	7′20″	8.50	4.18
2me Coulée				
16	15	4′35″	34.58	30.7
15.6	140	5′25″	32.46	37
16	230	5′15″	29.60	33.2
15.9	320	4′33″	21.34	15.6

La première de ces deux coulées n'avait pas été faite avec tous les soins nécessaires, étant donné la grande longueur des barettes (140 mm.) et c'est de là que vient son infériorité de résistance et d'allongement par rapport à la seconde.

On doit la considérer comme représentant le minimum de ce que l'on peut obtenir, dans la pratique courante, avec le laiton d'aluminium.

On ne peut atteindre les résultats donnés par la deuxième coulée, qu'avec les pièces simples préparées par des ouvriers exercés au maniement de ce métal.

Bronzes d'aluminium. — Il était intéressant de comparer l'action qu'a la chaleur sur des tuyaux de vapeur en bronze à 10 0/0 d'aluminium et des tuyaux en cuivre.

Le tableau suivant renferme les résultats des expériences effectuées par Le Châtelier.

Température —	Cuivre		Bronze d'aluminium à 10 0/0	
	Résistance à la rupture	Allongement à la rupture	Résistance à la rupture	Allongement à la rupture
15	25.2	30 0/0	53.2	19
100	22.9	30	52.4	22
150	20	30	51	21
200	16.9	30	49.2	22
250	14	29	47	21
300	12.7	20	44.2	19
350	9.4	15	37	15
400	7	10	23.2	21
460	3.6	»	10	23

On voit, d'après ce tableau, que, à 150°, correspondant à une pression de vapeur de cinq atmosphères, la résistance du bronze d'aluminium n'a presque pas baissé, et est plus du double de celle du cuivre ; à 200° (15 atmosphères) la résistance du cuivre a baissé de plus du tiers, celle du bronze de 8 0/0 seulement.

Les gros tuyaux en cuivre des machines marines ne périssent donc pas seulement par leurs soudures, mais aussi par la faiblesse même du métal entre 150° et 200° ; et il y aurait grand intérêt à pouvoir les remplacer par des tubes en bronzes d'aluminium.

M. Lechâtelier a fait d'autres séries de recherches dans le but d'étudier l'influence de la température sur des alliages à 10, 9 et 5 0/0 d'aluminium moulés en sable. Voici les chiffres qu'il a trouvés par l'expérience :

Diamètre — Millimètres	Température — Degrés	Charge de la rupture par mmc. kg.	Allongement 0/0 sur 140 mm. —
Bronze à 10 0/0			
15.9	15	47.24	18.6
15.5	150	37 04	11.5
15.8	220	37.15	10.3
16	340	32 33	11
16	440	32.13	10
Bronze à 9 0/0			
15.9	15	40.45	41.1
16	112	32.34	27.1
16	180	16.90	10.7
16	215	20.40	10.1
16	264	18.91	10.7
15.9	345	18.50	7.9
16	405	14.43	3.6

Ces métaux présentent une chute rapide de résistance et d'allongement, entre la température ordinaire et celle de 150° à 200° environ, de sorte que les remarquables propriétés mécaniques qu'ils possèdent à l'état moulé, n'existent en réalité, qu'à la température ordinaire.

M. Lechâtelier a voulu aussi se rendre compte de l'importance que pouvait présenter la transformation moléculaire, par l'action de la chaleur sur les mêmes métaux, à l'état laminé.

Il a, en conséquence. procédé à de nouveaux essais sur des fils recuits de bronze à 9 0/0 et 5 0/0.

Tempéra-rature	Charge de rupture		Allongement 0/0 sur 150 mm.	
	Bronze 9 0/0	Bronze 5 0/0	Bronze 9 0/0	Bronze 5 0/0
Degrés	Kg.	Kg.	Kg.	Kg.
15	57.5	46	40	33
85	57	»	40	33
95	»	43	»	30
150	48	38.4	35	30
195	»	37	»	28
270	34	37.8	35	28
380	»	31.2	»	10

On voit que la chute de résistance existe également pour les bronzes étirés en fils, mais elle est bien moins importante que pour le bronze moulé.

Les essais sur les fils montrent que cette chute de résistance commence très nettement vers 90. Elle existe également, à partir de 100 degrés, pour l'alliage d'aluminium à 6 0/0 de cuivre ; mais, pour lui, elle est accompagnée d'une augmentation d'allongement qui passe de 12 0/0 à 15°, à 30 0/0 à 150°.

Nous terminons le paragraphe relatif aux alliages lourds d'aluminium par le résumé d'une étude qu'a faite le docteur Edward D. Self, à la *Stavens Institute of technologie* et qui a paru dans le *Moniteur scientifique* :

L'aluminium incorporé dans le cuivre depuis 0 à 10 0/0 forme une série d'alliages de plus en plus résistants. Au-dessus de 10 0/0, l'alliage devient cassant.

Le bronze-aluminium à 10 0/0 est de couleur or foncé ; son poids spécifique est de 7.7 ; *on peut le forger et le travailler à la chaleur rouge*, et le marteler sans déchirure jusqu'au refroidissement.

Mais, il n'acquiert ces propriétés que lorsqu'il a été fondu *plusieurs fois*.

On peut le fondre ensuite indéfiniment : il reste toujours identique à lui-même. Comme il refroidit rapidement, il faut prendre, dans les grands moulages, des précautions pour éviter les déchirures, et employer pour cela de nombreux *évents* et une forte masselotte.

Le bronze à 10 0/0 entre en fusion, a la même température que l'airain à 33 0/0 ; celui à 5 0/0 a une température moins élevée. Le bronze à 10 0/0 doit être coulé aussi froid que possible.

Le retrait du bronze à 10 0/0 est de 15 0/0 plus fort que le bronze ordinaire.

Il se forge comme le meilleur fer de Suède, mais à une température plus basse.

Il se travaille bien au rouge cerise ; à une température plus haute, il devient *rouverin* et s'écrase facilement.

Le bronze à 5 0/0 est plus dur à laminer à chaud, moins dur à froid.

Lorsqu'on veut *étirer en fil*, il convient de préparer le métal comme pour le laminage dans des moules en fer, enduits d'un mélange de plombagine, de terre de pipe et de saindoux. Le métal est alors suffisamment tenace pour être passé à la filière.

Cuivre-aluminium-nickel. — Il paraîtrait qu'on produit un certain nombre d'alliages remarquables et avantageux, en mélangeant des bronzes d'aluminium avec du nickel en diverses proportions.

Ces compositions seraient très ductiles et présenteraient des résistances à la rupture variant entre 50 et 75 kilogr. par millimètre carré, leur allongement étant égal à 30 0/0.

Cuivre-étain-aluminium. — L'addition d'une petite quantité d'aluminium au bronze ordinaire lui donne une plus grande résistance.

Laitons d'aluminium, — Les proportions d'aluminium et d'étain dans le cuivre ne sont pas constantes. Voici les alliages les plus usités :

Cuivre	67	71	55.8	55.8	67.7
Zinc	30	27.5	42	43	26.8
Aluminium	3	1.5	2.2	1.2	5.8

La résistance à la traction des deux premiers alliages varie entre 21 et 45 kilogrammes par millimètre carré ; celle des deux suivants est de 50 kilogr. ; enfin, avec le troisième on atteint, parait-il, des résistances limites égales à 65 kilogrammes.

Les expériences de *Stronge* montrent que la dureté du bronze A*l* est quarante fois supérieure à celle de l'airain, et huit fois celle du bronze ordinaire.

D'après *Guettiez*, le bronze d'aluminium arrive à une résistance de 53.28 kilogr. par millimètre carré, le laiton ordinaire n'arrivant qu'à 25 k. 55.

Usages et applications des bronzes et laitons d'aluminium. — On pourra se servir des alliages lourds de cuivre non seulement à la place des bronzes ordinaires, mais encore à la place du fer.

Ils remplissent le même but que l'acier des canons anglais et allemands.

La *Webster Company* a produit des alliages de cuivre-aluminium pour les lames d'hélice d'un vaisseau exposé à l'action destructive des eaux des rivières et des mers tropicales. On ne remarqua aucune détérioration appréciable.

Les bronzes-aluminium conviennent beaucoup aux frottements. La *Webster Conpany* a fait un alliage particulier pour les brides d'excentrique d'un bateau à vapeur, apprécié par les praticiens.

Elle a également réalisé un alliage blanc ressemblant complètement à l'argent par l'éclat et la beauté, pouvant servir à faire des couverts et de la vaisselle de table, qui n'était nullement changé après sept mois.

Les bronzes Cowles ont été appliqués avec succès pour les coussinets.

En résumé, on peut les appliquer à toutes les branches de l'industrie :

Horlogerie, toiles métalliques, câbles, bouclerie, harnachement.

Engrenage et pignons, coussinets, hélices, tiges de pistons, soupapes, chaudières, tuyauterie des machines à vapeur, compteur.

Boulons, écrous.

Cylindre de papeterie, collecteurs de dynamos, ressorts de pistons.

.Buses de hauts-fourneaux.

Armes à feu, canons.

FERRO-ALUMINIUM ET FERRO-SILICIUM-ALUMINIUM.

De ces deux sortes d'alliages, la seconde est la plus répandue et présente des types de toute densité.

Alliages légers. — La teneur en fer ne dépasse pas 1 0/0 ; celle en silicium 9 0/0.

Nous savons déjà qu'ils présentent sur l'aluminium des avantages de résistance et de dureté qui les rendent d'un emploi plus général (voir les constantes mécaniques de l'aluminium, page 242).

On peut dire même que de tous les alliages légers, ce sont ceux qui offrent le plus de qualités physiques et mécaniques.

Leur grain est très serré ; leur malléabilité correspond à un allongement qui oscille entre 10 et 15 0/0 ; laminés et travaillés avec soin, ils atteignent à des résistances à la traction voisine des 25 kilogrammes, ce qui les rend propres aux applications industrielles. Nous croyons que, dans certains cas particuliers, où la question de prix est presque secondaire, mais où il est important d'avoir des machines ou des appareils les plus légers possibles, on les emploiera au lieu et place de l'acier extra-doux.

Ils ne présentent aucune liquation, sont homogènes, dès la première fusion, et se moulent très facilement.

Chose remarquable : moulés, leur résistance à la traction n'est pas de beaucoup inférieure à celle du métal laminé.

Enfin, en agissant, au moyen d'un recuit bien entendu, sur un ferro-silicium-aluminium écroui à la suite d'un travail intensif, on arrive aisément à donner à l'alliage toute la série des qualités comprises entre les qualités limites, c'est-à-dire entre celles qui correspondent à un *écrouissage* maximum et à un recuit parfait.

Nous avons été amenés à faire une étude particulière des alliages au silicium en considérant que ce métal a le même *poids atomique*, la même *densité* que l'aluminium et, par suite, le même *volume atomique*.

De plus, on sait que le silicium accompagne l'aluminium dans presque tous ses composés. Il nous répugnait d'admettre, à la suite de ces remarques, les idées généralement reçues, depuis les recherches d'Henry Sainte-Claire Deville, que les alliages de silicium-aluminium ne devaient posséder aucune des qualités mécaniques et physiques qui puissent les rendre applicables.

Or, tout au contraire, l'expérience démontre que de tous les alliages légers d'aluminium, le silicium-aluminium est celui qui possède le plus de qualités requises.

Alliages de densité moyenne. — Appliqués directement à *l'affinage de l'acier*, j'en ai produit plusieurs types qui ont déjà reçu leur application dans la métallurgie du fer. En voici la teneur :

Aluminium. . . .	95	90	80	75
Fer.	5	8	10	15
Silicium.	0	2	10	15

L'utilité de l'emploi de l'aluminium dans l'affinage de l'acier est très controversée.

Nous croyons que les résultats que donne l'aluminium dans l'affinage de l'acier sont remarquables, et nous ne pouvons mieux faire, pour élucider cette question, que de reproduire la partie du beau travail de M. Le Verrier, professeur aux arts et métiers, qui a trait à l'emploi de l'aluminium dans l'affinage de l'acier (1).

AFFINAGE DE L'ACIER.

« De nos jours, la fabrication de l'acier est sortie de l'empirisme pour devenir une opération chimique réglée par des principes rationnels. Le métallurgiste opère sur des masses énormes, comme le ferait un chimiste dans un creuset de laboratoire ; par l'addition de réactifs spéciaux, choisis en connaissance de cause et dosés avec précision, il produit à chaque instant du travail les transformations

(1) *Revue des sciences pures et appliquées*, 30 septembre 1891.

qu'il veut, corrige les défauts de la matière première, et obtient, presque avec certitude, un métal ayant la composition qu'il s'est proposée.

C'est surtout vers la fin de l'opération que le travail prend le caractère d'une vraie manipulation chimique. A ce moment, le métal est décarburé et partiellement oxydé; on ajoute des réactifs divers destinés à corriger sa composition : c'est ce qu'on peut appeler la phase du raffinage; la réussite y dépend presque exclusivement du bon choix de ces réactifs et de leur dosage.

Je me propose d'étudier les principes de cette opération délicate, et surtout de signaler deux procédés nouveaux qui commencent à s'introduire dans l'industrie, et dont la véritable portée est encore mal connue : je veux parler de l'emploi du carbone pur (procédé Darby) et de celui de l'aluminium, comme nous le disions plus haut ; on reproduit ici la description du procédé d'affinage par l'aluminium ».

« Depuis que les nouveaux procédés électriques ont abaissé le prix de l'aluminium, on a employé ce métal au raffinage de l'acier : il a donné des résultats remarquables. Cependant, l'opinion n'est pas encore bien assise sur son efficacité réelle : certains auteurs l'ont beaucoup surfaite et lui ont prêté des vertus incroyables. Les seuls métallurgistes qui, à ma connaissance, aient donné sur cette question des études impartiales et sérieuses, MM. Howe et Hadfield, n'ont pas manqué d'exercer leur *humour* aux dépens des panégyristes de l'aluminium.

On peut reconnaître trois avantages sur les réactifs employés jusqu'ici : 1° c'est un désoxydant énergique ; 2° il augmente la fluidité de l'acier doux ; 3° il prévient, mieux que tout autre corps, la production des soufflures. »

« 1° L'aluminium, bien qu'il soit difficile à oxyder directement, réduit à chaud presque tous les oxydes métalliques. Par sa combinaison avec un équivalent d'oxygène, il dégage plus de chaleur qu'aucun autre élément, sauf les métaux alcalins et alcalino-terreux. C'est donc à ce point de vue un réactif plus énergique que le silicium et le manganèse. Plusieurs circonstances viennent augmenter son efficacité pour éliminer l'oxyde de fer de l'acier fondu. Il est fusible, léger et se mélange facilement au bain ; il se répand dans toute la masse, il entre en contact intime avec toutes ses parties, ce qui facilite la réaction. En décomposant l'oxyde de fer, il donne l'alumine, corps léger, sans affinité pour l'oxyde de fer ni pour la silice ; cette alumine reste à l'état libre et se sépare facilement du métal ; on la retrouve en enduits blancs sur les géodes du haut du lingot : le manganèse, et surtout le silicium donnaient des oxydes qui formaient, avec celui du fer, des scories lourdes, plus sujettes à rester mélangées à l'acier. Il n'est donc pas étonnant qu'on obtienne plus facilement avec l'aluminium des lingots sains. »

« D'ailleurs, l'énergie de ce réactif permet de l'employer sans excès. Une dose d'un millième suffit en général : on dépasse rarement deux ou trois millièmes ; presque tout s'élimine par l'oxydation : il ne reste dans le métal, à l'état d'aluminium allié, que des traces qui, souvent, échappent à l'analyse. C'est un avantage considérable de pouvoir opérer le raffinage avec de si petites quantités ; on n'est plus exposé à introduire dans le métal des corps étrangers en proportion assez forte pour altérer ses propriétés.

2° Un autre effet, moins facile à expliquer, mais incontestable, c'est que l'aluminium augmente la fluidité de l'acier. Un lingot auquel on en a ajouté se creuse beaucoup plus

par le refroidissement, parce que le centre reste plus longtemps liquide et susceptible de se tasser. Il peut même en
résulter des inconvénients : quand on coule directement
dans les lingotières, comme cela se fait dans certaines usines, et qu'on place des morceaux d'aluminium au fond,
comme le métal se solidifie instantanément sur les parois,
le retassement produit au milieu un vide qui peut atteindre
une longueur exagérée et rendre le lingot impropre à tout
usage. »

« Pour expliquer cette fluidité, on a dit que la présence
de l'aluminium abaissait sensiblement le point de fusion
de l'acier : cette hypothèse est invraisemblable. si on songe
qu'il ne reste dans le métal que des traces du réactif ; d'ailleurs, M. Osmond a reconnu qu'un acier à 5 0/0 d'aluminium, c'est-à-dire en contenant 20 ou 30 fois plus que la
dose ordinaire, a son point de fusion à peine inférieur de
25° à celui d'un acier pur.

On a proposé une application plus rationnelle dans l'é-
chauffement de température produit par l'oxydation de
l'aluminium. Cet échauffement est réel, mais il doit être
très limité. On l'a évalué à 40 ou 50° par des calculs qui me
semblent peu rigoureux. La combinaison d'un équivalent
d'oxygène avec l'aluminium dégage 65 calories ; mais il
faut en défalquer 34, absorbées par la réduction d'un équivalent d'oxyde de fer.

La chaleur de combinaison de l'aluminium avec le fer
est certainement très faible par rapport à celle de l'oxydation. Un gramme d'aluminium ne dégagera donc pas plus
de 4 calories. Réparties sur 1 kilogramme de fer, dont la
chaleur spécifique à l'état liquide est au moins de 0,20
(c'est à peu près sa valeur à la température de 1500°),

elles ne produiront qu'un échauffement de 20º. C'est peu de chose par rapport aux effets constatés.

Il est probable que la fluidité s'accroît surtout par l'élimination plus complète de l'oxyde de fer : car il suffit d'un peu d'oxyde mélangé pour rendre un métal pâteux »

« L'emploi de l'aluminium offre l'avantage de ne pas introduire du tout de carbone ; il est donc spécialement indiqué pour la fabrication des aciers doux. Le métal connu sous le nom de fer Mitis est du fer presque pur coulé sous forme de moulages, grâce à l'addition d'un peu d'aluminium.

Pour les aciers durs, ce réactif réussit moins bien : on dit même qu'il les épaissit au lieu de les rendre plus liquides. Cela doit arriver, surtout quand on ajoute des doses trop fortes, et qu'une portion considérable échappe à l'oxydation pour rester alliée au fer. Sous cette forme, l'aluminium, comme le silicium, jouit de la propriété de déterminer la séparation du carbone à l'état de graphite. Il détruit donc une partie du carbure de fer et modifie profondément la constitution de l'acier. Mais cet effet ne doit pas se produire avec de faibles doses.

3º L'expérience montre que l'aluminium ajouté, même en très petites quantités, arrête le bouillonnement de l'acier, bien mieux encore que les réactifs siliceux et permet d'obtenir des aciers sans soufflure. L'augmentation de fluidité, déjà signalée, diminue certainement les chances de soufflure. Mais par quel mécanisme ce réactif peut-il calmer subitement l'ébullition ? Cette question se rattache à celle de la nature et de la cause même des dégagements gazeux. Nous ne pouvons que l'effleurer ici.

On sait que, dans un bain d'acier contenant de l'oxyde dissous, le carbone réagit sur cet oxyde et produit de l'oxyde de carbone qui s'échappe avec bouillonnement. On admettait autrefois que c'était la cause principale, sinon unique des dégagements gazeux. Cette idée, soutenue notamment par M. Pourcel, a conduit à des découvertes utiles, car c'est elle qui a engagé à étudier l'action du silicium, et qui a mis sur la voie des moyens de fabriquer l'acier sans soufflures.

L'action spéciale du silicium s'expliquait tout naturellement : il s'empare de l'oxygène en formant un produit solide, la silice ; il prévient donc la formation de l'oxyde de carbone. L'aluminium doit évidemment produire le même effet, et d'une manière plus complète, parce qu'il a plus d'affinité pour l'oxygène. »

« Cette théorie simple, qui paraissait rendre compte de tous les faits, a cependant été battue en brèche par les expériences du Dr Müller. Il a montré que les gaz dégagés se composent, pour la majeure partie, d'hydrogène. Ainsi, le bouillonnement a surtout une cause physique : l'acier liquide contient, à l'état de dissolution, plus d'hydrogène qu'il ne peut en garder lorsqu'il est devenu solide. C'est cet excès qui se dégage pendant le refroidissement. Pour qu'il n'y eût pas de dégagement, il faudrait que tout le gaz dissout à chaud pût rester dans le métal, c'est-à-dire que sa solubilité ne diminuât pas avec la température.

Or, MM. Troost et Hautefeuille ont montré que le silicium diminue la solubilité à chaud, dans l'acier fondu : d'autre part, le manganèse augmente la solubilité à froid, dans l'acier solide. Les aciers manganésés, tout en n'ayant pas de soufflures, contiennent beaucoup plus d'hydrogène que les autres. »

Ainsi, la présence simultanée de ces corps (qu'on introduit par le silico-spiegel) peut réaliser la condition demandée ; la proportion d'hydrogène que dissout le bain cesse d'être supérieure à celle qui pourra rester occluse dans le lingot ; il n'y a plus de raison pour que ce gaz se dégage.

Ces réactifs n'auraient donc qu'une action physique. Cette explication, parfaite en théorie, n'est pas cependant de nature à satisfaire entièrement ceux qui ont observé le phénomène dans les usines. Elle ne rend pas bien compte de l'apaisement subit qui se produit par des additions de réactif en quantité très faible. Un corps étranger ne peut modifier les propriétés physiques d'un métal qu'à condition d'y rester en proportions sensibles : comment se fait-il que l'aluminium, celui des réactifs qu'on ajoute à la dose la plus faible, et qui s'élimine le plus complètement, soit en même temps celui qui apaise le mieux les dégagements gazeux?

N'y a-t-il pas là un fait de nature à montrer que l'action chimique a une importance prépondérante, car l'aluminium, qui s'oxyde presque en entier, ne saurait modifier notablement les propriétés du métal et son efficacité supérieure ne peut guère s'expliquer que par la réaction énergique exercée sur les oxydes.

Je proposerai, à ce sujet, une hypothèse qui m'est suggérée par la comparaison de phénomènes analogues plus faciles à étudier. On sait que, dans un liquide sursaturé de gaz dissous, l'agitation peut provoquer un dégagement qui n'avait pas lieu : c'est ainsi qu'on fait mousser le champagne ou la bière en frappant sur la bouteille. On produirait le même effet en y insufflant de l'air. D'autre part, la présence de bulles d'air libre dans un liquide facilite le dégagement des vapeurs : l'ébullition de l'eau est retardée quand elle est absolument privée d'air.

Si donc nous considérons un bain d'acier sursaturé d'hydrogène dissous, l'équilibre pourra se trouver rompu par la naissance, au sein de cette masse, de bulles d'un autre gaz libre, et ce phénomène provoquera le dégagement d'une partie de l'hydrogène. C'est ce qui arriverait quand il se produit de l'oxyde de carbone, et il suffirait d'empêcher sa formation pour que l'hydrogène restât dissous. »

« L'oxyde de carbone, tout en ne formant qu'une faible partie du dégagement gazeux, serait l'agent nécessaire et suffisant pour amorcer le bouillonnement. On s'expliquerait ainsi que les réactifs capables d'absorder l'oxygène sans produire des gaz calmassent l'ébullition, même à dose très faible. Les idées soutenues par M. Pourcel et confirmées par des résultats pratiques se trouveraient ainsi d'accord avec la théorie ; l'oxyde de carbone serait bien le véritable ennemi. non par lui-même, il est vrai, mais par son action indirecte sur les autres gaz dont il provoque le dégagement.

Je ne prétends pas nier l'action physique que ces mêmes corps peuvent exercer en modifiant la solubilité de l'hydrogène. Je la crois réelle surtout pour le manganèse, car cet élément ne prévient les soufflures qu'à condition de rester dans l'acier en proportion assez forte. Pour le silicium, qu'on emploie à dose beaucoup plus faible, et dont il reste peu dans le métal, s'il modifie avantageusement la solubilité, il doit aussi une partie, peut-être la plus importante, de son efficacité à son action chimique, à sa propriété d'empêcher la production d'oxyde de carbone. Enfin l'aluminium. qu'on emploie à dose homœopathique et qui disparaît presque tout entier, doit jouer exclusivement un rôle chimique, en absorbant tout l'oxygène sans production de gaz.

« En somme, tous les avantages de l'aluminium seraient

la conséquence indirecte de la facilité avec laquelle ce corps élimine l'oxyde de fer : ils se rattacheraient à une seule et même propriété, son affinité pour l'oxygène, jointe à sa fusibilité qui lui permet de réagir rapidement sur toute la masse liquide. A ce point de vue, les métaux alcalins et le magnésium pourraient seuls l'égaler, peut-être le surpasser, si leur emploi était pratique.

« Quoi qu'il en soit, on emploie avec succès l'aluminium pour éviter les soufflures dans les aciers moulés, qui ont en général une résistance de 50 à 60 kilos et une teneur en carbone de 5 à 6 millièmes. Souvent, on commence le raffinage avec du spiegel, qui sert en même temps à recarburer, puis on ajoute l'aluminium dans la poche de coulée, où sa présence calme instantanément l'ébullition. On obtient ainsi des moulages plus sains que par l'emploi du silico-spiegel.

« On a d'abord employé l'aluminium sous forme d'alliage avec le fer. Le ferro-aluminium, tel qu'on le fabriquait au début des procédés électriques, ne contenait pas plus de 10 0/0 de métal actif. Cet alliage avait l'inconvénient d'être très peu fusible. Il fallait le chauffer au blanc avant de l'ajouter à l'acier. D'ailleurs, il ne peut se conserver longtemps sans altération. Peu à peu, on a fabriqué des alliages plus riches. Aujourd'hui, on emploie de préférence l'aluminium pur (du moins celui qui est vendu sous ce nom, mais qui est loin d'approcher de l'état de pureté chimique). Grâce à sa grande fusibilité, on peut en placer les morceaux froids dans la poche de coulée. Ils fondent au contact de l'acier, et s'élèvent à travers le bain en réagissant vivement sur toutes ces parties. La réaction est immédiate et le contact intime.

« Plusieurs praticiens admettent aujourd'hui qu'il faut

employer, dans la fabrication de l'acier, de l'aluminium pur. Cette opinion ne me paraît pas exacte ; je serais bien tenté d'y voir une de ces superstitions qui s'accréditent souvent en métallurgie, par suite de la difficulté où l'on est d'analyser tous les facteurs des phénomènes complexes dont on ne saisit que le résultat pratique.

« Les deux corps qui se rencontrent dans l'aluminium pur sont le fer et le silicium. Au point de vue des réactions chimiques, il est bien évident que la présence du fer est indifférente. Quant au silicium, son action est la même que celle de l'aluminium, il n'y a qu'une différence d'intensité : sa présence, à dose modérée, ne peut donc être nuisible. La seule condition à remplir, c'est que ces deux corps ne soient pas en quantité suffisante pour modifier les propriétés physiques de l'alliage, surtout sa légèreté et sa fusibilité.

« Le fer, à moins de 5 ou 6 0/0, ne semble pas avoir d'action sensible. Le silicium ne modifie pas la densité, et il augmente la fusibilité.

« Je crois que des alliages à 10 ou 15 0/0 de silicium, 6 ou 100/0 de fer, remplaceraient parfaitement l'aluminium pur. Leur adoption par les fabricants d'acier offrirait un grand intérêt : on pourrait les fabriquer à beaucoup plus bas prix que l'aluminium, parce qu'on les obtiendrait en soumettant à l'électrolyse la bauxite brute (1). On pourrait même songer à utiliser le métal très siliceux extrait des argiles ordinaires.

« Il est à désirer que des essais méthodiques viennent trancher la question, déterminer l'effet que produit dans le

____

(1) Ce problème a été résolu déjà par M. Adolphe Minet. Comptes rendus de l'Académie des Sciences du 25 mai 1891.

traitement de l'acier l'aluminium siliceux, et la limite de teneur au-dessus de laquelle le silicium offrirait des inconvénients réels.

« L'aluminium étant un réactif cher, il y a intérêt à en réduire la consommation. Lorsqu'on n'aura pas de raison pour proscrire absolument le manganèse, il semble logique d'adopter la formule suivante : 1° Raffinage par le ferro-manganèse (aciers doux) ou par le spiegel (aciers durs), ces réactifs étant ajoutés dans le four ou dans une première poche de coulée, s'il faut éviter leur action sur les scories phosphoreuses ; 2° transvasement dans une poche où on a placé le carbone, en prendre le nécessaire pour achever la carburation, avec quelques fragments d'aluminium pour éviter les soufflures.

« Chaque élément est ainsi introduit à part à la dose juste convenable pour remplir son rôle spécifique : le manganèse intervient d'abord comme réducteur des oxydes, plus efficace que le carbone et moins coûteux que l'aluminium ; le carbone arrive à son tour pour se combiner au fer épuré, et l'aluminium est là pour empêcher le carbone de s'oxyder en provoquant des dégagements gazeux et des soufflures.

Le travail est ainsi parfaitement réparti ; l'élaboration complète, le procédé élastique, facile à régler, et on peut obtenir, à quelques millièmes près, un métal de composition déterminée.

« Le transvasement de la première poche de coulée dans la seconde, que j'ai indiqué d'une manière éventuelle, n'est pas, comme on pourrait le croire, une complication matérielle fâcheuse. Il a l'avantage de mieux brasser le métal, et de le rendre plus homogène : on l'a déjà, pour ce motif, adopté dans plusieurs aciéries où il n'a pas d'autre raison d'être et où on n'ajoute aucun réactif spécial dans la seconde poche.

« M. Xadfield a montré dans une série d'études sur l'acier à l'aluminium que ce corps avait sensiblement la même action que le silicium. Il se demande si sa supériorité n'est pas seulement apparente, et dûe à ce qu'on l'emploie à peu près pur, tandis que le silicium n'est introduit qu'à l'état d'alliages pauvres (le ferro-silicium ordinaire ne dépasse guère la teneur de 10 0/0 : il atteint au plus celle de 15 à 20). Dans cette hypothèse, le silicium pur, ou du moins des alliages riches de ce corps, si on arrivait à en préparer à bon marché, pourraient prendre dans la fabrication de l'acier la place de l'aluminium.

« Je ne partage pas entièrement cette opinion ; l'aluminium offre deux avantages qu'il ne perdra pas : 1° Son affinité plus grande pour l'oxygène, démontrée par ce fait qu'il réduit la silice, en fait un réactif plus énergique pour la désoxydation ; 2° sa fusibilité lui permet de se mélanger au bain plus rapidement, plus intimement que le silicium, et en rend l'emploi plus facile.

« Je crois donc que l'emploi de l'aluminium est appelé à se généraliser pour toutes les variétés d'acier, de même que le procédé Barby doit devenir d'une application courante pour les aciers durs. Bien compris et bien maniés, ces deux procédés permettront, sans doute, à l'industrie de sortir du cercle des aciers manganésés, et de fabriquer en grand, au Bessemer ou au Martin, les aciers supérieurs exclusivement carburés, qui jusqu'à présent, ne pouvaient se faire qu'au creuset. »

AFFINAGE DE LA FONTE

La grande utilité de l'emploi de l'aluminium avec la fonte est surtout de retarder le dégagement, à l'état de graphite, du carbone dissous, jusqu'au moment où la fonte passe de l'état liquide à l'état solide.

Mais au moment de la solidification, le carbone dissous se sépare brusquement et en plus grande quantité que sans l'adjonction d'aluminium, et, par suite du manque de fluidité du métal, ce carbone reste réparti d'une façon homogène dans toute la masse.

La fonte obtenue au moyen de l'aluminium est à grains plus réguliers et beaucoup plus fins ; elle est plus compacte également ; elle ne laisse pas transsuder les liquides, sous de fortes pressions ; elle est aussi plus facile à travailler. Sa tendance à se tremper, au moment de la coulée, diminue. Le départ instantané du carbone dissous, permet, en outre, aux parties les plus minces du moulage, de se solidifier aussi régulièrement que les parties les plus grosses.

L'action de l'aluminium diminue également le retrait, la précipitation subite du carbone eé tant accompagnée d'un gonflement de la pièce qui alors remplit mieux le moule et qui, de plus, est moins soumise à des efforts de tensions intérieures.

Les croûtes, formées par l'adhérence du sable à la surface des pièces moulées, sont supprimées ou considérablement diminuées, en raison du carbone qui s'étant porté à la surface, remplace les poudres carbonées que l'on employait avant, dans le but d'éviter ces croûtes.

L'aluminium réduit l'oxyde de fer que pourrait contenir la fonte, ce qui la rend plus fluide, et l'oxyde de carbone qui se dégage quelquefois dans la masse en fusion, ce qui supprime les soufflures.

Les quantités d'aluminium que l'on ajoute à la fonte sont très faibles ; elle ne dépassent guère quelques dix-millièmes.

Elles varient nécessairement avec la nature de la fonte à traiter.

L'alliage du ferro-silicium-aluminium, à 70 0/0 d'aluminium, convient bien pour l'affinage de la fonte.

On ajoute l'alliage d'aluminium dans la poche de coulée et non au cubilot, en petits morceaux qui ne dépassent pas 0^m05.

On verse par dessus la fonte en fusion.

Le mélange se fait très rapidement et d'une façon très homogène, grâce à la légèreté de l'aluminium.

On laisse reposer de façon que les scories remontent complètement à la surface.

Les moules doivent être bien secs, et portés. si c'est possible, à une température voisine de 200 à 300°.

Alliages lourds. — Sont compris naturellement dans cette catégorie les alliages pour lesquels la teneur en aluminium descend à moins de 50 0/0.

On les a employés d'abord à l'affinage de l'acier et de la fonte ; on y a renoncé pour n'employer plus, à cet usage, que de l'aluminium du commerce ou des alliages de densité moyenne.

FER MITIS

L'addition de l'aluminium au fer donne à ce métal la propriété d'être fondu aux températures qu'on peut atteindre dans les fours de l'industrie, ce qui permettrait de faire des moulages en fer.

Le métal ainsi obtenu est connu sous le nom de fer mitis et a été trouvé par M. Otsberg, ingénieur suédois.

Pour l'obtenir, il chauffe des rognures de fer dans des creusets de plombagine, au moyen d'un four chauffé au pétrole. Au moment où le fer atteint l'état pâteux, on ajoute des quantités d'aluminium, variant suivant les cas entre 2 et 7 dix-millièmes.à l'état de ferro aluminium.

Lorsque l'aluminium est en contact avec le fer en demi-fusion, la température s'élève considérablement ; le métal devient liquide et il peut être coulé comme l'acier.

Le fer mitis est très homogène, il est sans soufflures ni pailles. Il a perdu la texture fibreuse pour prendre celle de l'acier. Sa résistance à la traction peut atteindre 43 kil. environ.

Son allongement peut dépasser 20 0/0.

Il est aussi malléable et ductile que le fer et il présente une densité égale.

Le fer, traité par l'aluminium, perd ses propriété nouvelles, lorsqu'on le travaille à nouveau au four à puddler ; sans doute parce que, s'oxydant pendant une nouvelle fusion, les dernières traces d'aluminium disparaissent en désoxydant l'oxyde ferreux formé à nouveau.

L'aluminium, ajouté au fer à puddler, en quantité suffisante, au moment où le fer devient pâteux, rend le métal plus homogène et plus résistant.

Toutefois, les quantités d'aluminium qu'il faut ajouter dans ce cas sont plus fortes que pour le fer mitis.

Elles atteignent souvent 2 à 3 millièmes de la masse totale.

FIN.

TABLE DES MATIÈRES

DEUXIÈME PARTIE

Description des procédés de fabrication de l'aluminium

PREMIER CHAPITRE

MÉTHODES CHIMIQUES

DEUXIÈME CHAPITRE.

MÉTHODES ELECTRIQUES

TROISIÈME PARTIE

Propriétés et usages de l'aluminium et de ses alliages.

PREMIER CHAPITRE

ALUMINIUM PUR

DEUXIÈME CHAPITRE

ALLIAGES

FIN DE LA TABLE DES MATIÈRES.

INDEX

Laval, imprimerie et stéréotypie E. JAMIN, 41, rue de la Paix.

www.ingramcontent.com/pod-product-compliance
Lightning Source LLC
LaVergne TN
LVHW021524170726
843501LV00004B/946

LA CHASSE

ET LES CHASSEURS

PARIS. — IMP. SIMON RAÇON ET COMP., RUE D'ERFURTH, 1.